U0369985

大夏书系
十年经典

直面教育现场

书生校长的教育反思

程红兵 著

上海
著名商标市
ECNUP
华东师范大学出版社
全国百佳图书出版单位

图书在版编目（CIP）数据

直面教育现场：书生校长的教育反思/程红兵著. —上海：华东师范
大学出版社，2013.6

（大夏书系·十年经典）

ISBN 978-7-5675-0818-7

Ⅰ.①直… Ⅱ.①程… Ⅲ.①教育事业—研究—中国 Ⅳ.①G52

中国版本图书馆 CIP 数据核字（2013）第 131246 号

大夏书系·十年经典

直面教育现场
——书生校长的教育反思

著　　者	程红兵
策划编辑	李永梅
审读编辑	杨　坤
封面设计	奇文云海
责任印制	殷艳红

出版发行	华东师范大学出版社
社　　址	上海市中山北路 3663 号　邮编 200062
网　　址	www.ecnupress.com.cn
电　　话	021-60821666　行政传真　021-62572105
客服电话	021-62865537
邮购电话	021-62869887　地址　上海市中山北路 3663 号华东师范大学校内先锋路口
网　　店	http://hdsdcbs.tmall.com/

印 刷 者	北京密兴印刷有限公司
开　　本	710×980　16 开
插　　页	2
印　　张	17
字　　数	200 千字
版　　次	2013 年 8 月第一版
印　　次	2015 年 11 月第二次
书　　号	ISBN 978-7-5675-0818-7/G·6558
定　　价	39.00 元

出 版 人	朱杰人

（如发现本版图书有印订质量问题，请寄回本社市场部调换或电话 021-62865537 联系）

目录

Contents

自 序

当前教育正处于一个伟大的时代，在这个时代，我们教育工作者可以亲身感受到：教育从来没有像今天这么活跃，也从来没有像今天这么混乱；教育从来没有像今天这么多元，也从来没有像今天这么有分歧；教育从来没有像今天这么繁荣，也从来没有像今天这么芜杂。生活在这样的时代，我们教师必须始终保持清醒的头脑，保持我们对教育朴素的情怀，保持我们的定力，保持我们的反思批判精神。

纷至沓来的理论、学说、指示、观点、经验、做法充斥着整个教育现场，作为教师，我们是听之信之、趋之若鹜，是随波逐流、顺其自然，是充耳不闻、置之不理，还是审视明辨、批判选择，我们都会有一个态度。即使是批评、批判，也会有多种情况，我既反对那种媚评、俗评，即不加分辨地一味夸赞、一味讨好，也反对那种酷评、恶评，即不分青红皂白、一棍子打死的批评。我所主张的批评是直面现场的批评，是实事求是的批评，是始于论事终于说理的批评，不去恶意攻击他人的人格尊严以炒作自己，不去夸大事实、无中生有以哗众取宠，而是建设性地求真、求善、求美。当然，我现在的批评还远没有达到这样的境界，但是心中树立一个目标，努力去实践追求，我认为是责无旁贷的。该书汇集了我的一些反思批判性文章以及实践性思考，这些都是一个身处教育现场之人的所见所闻、所思所做，不揣浅陋，拿出来就教于方家。

程红兵

2011 年 11 月 22 日

第 1 章 ｜ 批评与自我批评

呼 唤 批 评

从 1979 年至今，中国的基础教育界非常热闹，轰轰烈烈的教学改革波澜壮阔。从理论方面来讲，经过许久的封闭之后，一朝开放，各种各样的理论思潮蜂拥而至，来自美国的、欧洲的、日本的各种思想学说，正向的、反向的冲击波冲击着中国的基础教育界，一浪高过一浪，波澜起伏，激起一朵朵浪花，引起一阵阵反响。毋庸置疑，改革开放以来的 30 多年是中国基础教育界有史以来最热闹的时期。

然而，我们许多人都清楚地看到，中国基础教育界的实践和研究虽然成绩不小，变化不小，但仍然存在许多问题，缺乏对教学思想的批评，缺乏对教学方法的批评，缺乏对教学理论的批评，缺乏对教学模式的批评，缺乏哲学意义上的批判。自然，中国基础教育落后于时代的现状仍然存在。所以，在这个时期，基础教育界急需批评。

面对现实，我们可以看到，现在的基础教育界还存在着许多问题。①对理论的生吞活剥。各种新理论给基础教育界刮来一阵阵新风，但也存在随意移植、任意嫁接的现象。刚刚接触的理论，尚未消化就急不可耐地在基础教育界派出新的分支，出现了不断更换标签的现象，食而不化，这实际上是一种形式主义的简单做法。②盲目趋时。基础教育应该联系实际，但有些人不是基于对基础教育的总体考察，而是对经济、政治、教育的社会思潮盲目跟从，这也是违反教育规律的。应时性地增删教材是极不严肃的，也是极不成熟的表现。③蜂拥从众。基础教育界有一种崇拜名家的心理，加上各种手段的宣传效应，导致许多教师唯名家是举、唯名家是从，这当中不无学习得法者，但也有许多是学而不得法者。或完全照搬，削足适履，迷失自我，淹没个性而不自知；或择有利于己者学之，避难就易，只拣皮毛，而不抓根本等。诸如此类的问题说明基础教育界需要批评，急需坦诚、及时、深刻、尖锐的批评。批评和争鸣对于提高教学实践、教学理论探索的意义在于，它能够弥补教师个人由于社会角色、生存空间、价值取向、知识结构、占有材料、思维方式等因素造成的认识上的局限性和片面性，把教师个人的努力和群体的协作结合起来。从这个意义上说，批评是促使基础教育发展的动力之一。

但现在又是十分缺乏批评的时期，现在的基础教育界教研刊物上的实用性文章较多，"匠"味太浓，教育研究类的文章有相当数量是大同小异，不断重复空话、套话，少数颇有价值的创见既引不起广泛的反响，也引不起不同看法的争鸣。翻一翻基础教育刊物上的争鸣文章，大都是就教材某一个提法、某一个知识点、某一点练习答案提一点不同看法并进行讨论，应该说这些还是属于低层次的。当然，这是就整体而言。不排除有的刊物做得不错，在教学思想、教学方法、管理模式等方面，刊载了不少尖锐、集中、有一定深度、有独到见解的争鸣文章，这当然应该予以肯定。

究其原因，除了实用性要求和各种升学压力之外，自顾不暇、事不关己、漠然视之，也是重要的原因。许多教师忙于自创体系，忙于自己建树，全心致力于研究一套自己独特的"法"，试图组建一个新的教学流派。自顾不暇，焉能他顾？教师自认为一切都看破了，看得明白了，看得淡了，与其管其他人的闲事，出力不讨好，不如独善其身，乐得自在，不愿他顾，一切都听凭自然，任其自生自灭。结果许多有意义的理论或实践探索，因缺乏批评导致半途而废、中途夭折，或者距真理仅几步之遥而不能达到，或者因超越真理而迈入误区，它们在基础教育的天空里仅仅停留了很短暂的一瞬间，有的甚至还没有闪光就消失在茫茫的夜空里，多么令人遗憾。

要改变这种状况，正确的批评必不可少！现在人们往往有一种误解，认为批评、批判就是搞人身攻击，就是挑起内乱，就是不务正业，就是犯"红眼"病，这种看法是不对的。正常的批评绝非如此，而是真诚的、善意的，对人、对己、对事业都是负责的。它首先是从中国基础教育事业的整体利益出发，是为中国基础教育的健康发展着想，其次是从被批评者的利益出发，主观、客观上促使对方作深入的思考、全面辩证的分析，进一步完善自己的学说、教法、经验等。

教改要深入、教学要发展，离不开批评、批判，没有批评、批判，哪里有真理？真理的诞生既需要探索，也需要批评、批判。或者说，批评、批判本身就是探索的一种形式。马克思、恩格斯就是在批判黑格尔、费尔巴哈、亚当·斯密、大卫·李嘉图、圣西门、傅立叶等人的基础上创立共产主义学说的，就是在批评与接受批评的过程中逐步完善自己的理论体系的。鲁迅正是在批评与批判中奠定了他在现代文学史上的地位。一部文明史就是人类在不断继承和批判中走向科学的。在人类追求真理的路途中，任何一步都留下了批判、探索、批评、争鸣的脚印。科学研究的过程本质上就是一个社会过程，离不开对人类文化的吸收或批判，离不开广泛的交流和相互作用。学术上争鸣论战的重要作用早已为科学史所证明。海森堡说，科学"扎根于交流，起源于讨论"；波普尔也强调，在思想世界里，"最重要的因素是讨论状态"。

著名学者李慎之认为，不能简单地把学历高的人称作知识分子，而只有那些能引导社会并对社会进行批判性思考的人才叫知识分子。李先生的这个观点是十分正确的，知识分子就应该具有强烈的社会使命感和事业责任感。我们的中小学教师和教育研究人员也都应该具有强烈的社会使命感和事业责任感。著名作家沈从文先生具有一种勇于批评的倔劲，他敢于自由挥洒他的思想，敢于对他所以为错的文坛现象，乃至一些政治问题和社会问题，发表自己的见解。他之所以这样做，原因在于他把这些见解、看法、议论看作自己的生命对世上万物万事做出的种种反应。他挥洒了它们，也就实现了生命的意义，这就是我们现在应倡导的"从文意识"、"从文风度"。我们的教育家们也应该具有这种风度，在基础教育的天地里"潇洒走一回"。

批评者大胆，被批评者大度，这是教育事业繁荣昌盛的前提和标志。如果留心观察，我们就会发现，教学界的名家们早已做出了示范。于漪、钱梦龙、魏书生都能微笑地面对批评，他们深刻地进行反思，执著地追求真理，显示了一代名流的大家风范。钱梦龙老师以平常心与和他商榷、争鸣的老师进行再商榷、再讨论，这看似平常的举动其实并不平常，难能可贵的是他的平常心。平常心是他对批评者的坦诚，没有一丝一毫的矫情和自傲；平常心是他对真理的执著，没有一丝一毫的怠慢和松懈，这无疑是我们的表率。

有人说，中国人比世界上任何一个国家的人都更在乎"面子"。比如文坛上因为批评某作品而和作者结下一世不解之仇的现象可谓多矣，鲁迅先生当年是这样，龙应台也是如此。但愿我们教育界不会如此，当然这只是一个美好的愿望。但是无论如何，身为师者就应该说真话，待人以诚，为文以真。只要是坦诚、真挚的，与人为善的，充分说理的，就可以大胆地去做。越是坦诚直言，越可能赢得广大读者的信赖；越是真挚，越可能沟通彼此之间的感情。真正的批评是一种不为地位、权势、私念所干扰的声音，是良知和才学所引发的正气。

从被批评者的角度来说，以开放的胸怀容纳对方与自己不同的意见，从正反两方面反思自己的观点，进一步商讨、交流，既充实、扩展了双方的见解和视野，又有益于教育事业的发展。

我们需要真诚的批评，摒弃畏首畏尾、裹足不前、明哲保身的心理。我们需要培养自身的科研气质，即实事求是、不断追求真理的精神，懂得认识在矛盾斗争中深化的精神，坚信真理具有相对性而勇于探索的精神。被誉为"科学社会学之父"的默顿认为，最重要的是"诚实性、竞争性和怀疑精神"，"只有具备了这种气质，才能获得最大的科学成果"。诚实性表现了实事求是的态度和待人以诚的态度，竞争性反映了追求真理、不回避矛盾的精神，而怀疑精神正是基于真理的相对性观点。从科学本身的发展来看，任何科学理论都是一定时间和空间条件下的产物，特别是当理论产生于经验的概括而不是假设实验时，它不情愿却又不得不排斥未来可能发生的事情。因此，一旦它所排斥的事物发生，它自身就可能被排斥。基于这一点，我们教育工作者应该具有勇于怀疑和批评的精神。提出"不完备性定理"的数学家歌德尔写道："在任何一个严格的数学系统中，必定有用本系统内的公理不能证明其成立的命题，不能说算术的基本公理不会出现矛盾。这就是说，任何具体的公理系统都不可能是完备的，因而不可能有终极的理论体系。"被认为最科学、最精密的数学尚且如此，更何况只有"似规律"意义的教育理论呢！如果已经提出的理论想达到科学意义上的正确性，就必须让自己投入竞争性理论的疆场上去厮杀，如果自封正确而拒绝论战，恐怕就暴露出虚弱了。教育工作者应该在论战中砥砺自身，或发展或修正或放弃自己的观点，或与相近派别融合而更加成熟，这正是科学发展的过程。正如有人所说，专业以讲求而成，人才以磨砺而出。

再从基础教育事业来看，善于发现核心问题是深化教育改革的突破口，也是教育思维敏捷性和批判性的集中表现。但凡真正的教育进步无不是在司空见惯的现象中发现了问题，在公认的"合理"中看到了"不合理"。美国教育家布卢姆在人们习以为常的并得到统计数据支持的学业成绩正态曲线分布中发现了"全效学习"的问题，认为正态曲线分布是教育失败的标志，并以超人的魄力把正态曲线扭转成正偏态，从而实现了"只要提供适当的先前与现时的条件，几乎所有人都能学会一个人在世上所能学会的东西"的伟大教育信念。布卢姆的成功经验对教师、教育研究工作者都很有启发意义。

我们需要既有理论修养，又有哲学高度和深厚的实践根基的批评家。我们曾经从一言堂的极端走到百花齐放的今天，而今却只有百花齐放，并无百家争鸣，各吹各的号、各唱各的调，看似热闹，却不是一曲和谐的交响乐章，这里潜伏着一种危机。从表面上看，基础教育界似乎已经有了不同侧面、不同观点的各种研究，但如果用"协同学"的理论来考察，这仅属于不同系参量之间的合作，形成了一个多方面的探讨而已，仍是无序状态。如果没有系参量之间的竞争，则永远只有"各吹各打"，无法形成新的有序结构。

由于无意识的习惯、定势等固着状态往往阻碍着人们对客观规律的正确认识，以及出于对其他社会方面、人际关系方面的考虑也会影响人们的态度，所以坚持真理并非易事。坚持真理首先要排除顾虑和杂念去认识真理，确信真理在握，只有这样才能谈得上真理。爱因斯坦在总结自己的一生时指出："科学的发展，以及一般的创造性精神活动的发展，还需要另一种自由，还可以称为内心的自由。这种精神上的自由在于思想上不受权威和社会偏见的束缚，也不受违背哲理的常规和习惯的束缚，这种内心的自由是大自然难得赋予的一种礼物，也是值得个人追求的目标。"只有内心的自由，才能使人保持清醒的开放状态，使人臣服于真理；只有开放，才能使人有效地交流和讨论，才能促进基础教育研究的发展。应该说明的是，我们呼唤批评，但决不搞人身攻击。进一步来说，我们针对的不是人，而是理论、实验、教学研究，我们无情地对待学说而真诚友好地对待作者。波普尔写道："在前科学水平上，我们由于错误的理论而遭到打击和消灭，我们和错误的理论一同灭亡。在科学水平上，我们可以系统地消除我们的错误理论——让我们的错误理论代替我们死亡"，"而只有当人不再同理论一起死亡时，他才有胆量冒险。然而在以前整个理智传统的力量都是防御性的，它被用来保存已有的学说。现在，它第一次具有怀疑的态度，并且成为变革的力量"。现在，时代已经给我们提供了对事不对人的条件，我们不必再顾虑"文革"时那种随意"戴帽子"、"打棍子"的做法，因为历史已经把它们清除了。

为了我们的教育事业，我们呼唤批评，呼唤具有高度责任感和使命感的批评家！

对批评的批评

我这不是故意说绕口令，而是真的有感而发、不吐不快。1992～1993 年，笔者曾经在教育刊物上大声疾呼语文教改呼唤批评，而且一段时间里笔者也身体力行，努力实践自己的主张，在刊物上发表了一系列批评文章，直接点名，毫不遮掩，文章也规规矩矩地署上自己的真实姓名，以示负责。这并不一定是敢作敢当的侠义心肠，更重要的是对对方公平。否则，别人在明里而自己在暗里，有一种"打冷枪"的味道，怎么说都是不地道的。批评不是为了批评本身，也不是自己逞能、体现自己高人一筹，说到底是为了帮助或者提醒别人，也是为了在事业上相互切磋、共同探讨，为了他人和事业的健康发展。但现在读批评文章，感慨颇深，总感觉有些不是味道。现提出来，就教于专家学者。

教育是关乎价值的事情，有价值的领域就有批评的必要，因此基础教育离不开批评，批评是基础教育改革的必要条件。以语文为例，自 1997 年以来，社会各界都一起来谈语文教学，不能否认其中有很多积极意义，特别是提醒了我们要关注圈内存在的许多问题。圈内人对圈内事见得多了，便会习以为常，见怪不怪，甚至麻木不仁，而圈外人大吼一声，使人们猛然醒悟过来，这无疑是很有必要的。但也有不少所谓的专家，他们俨然以权威自居，炮轰语文教学，批评原本是允许的，但问题是看怎么批评。有的文章是借着批评语文却又不谈语文，或者主要不是谈语文而是顾左右而言他，以语文为话头然后大发一通牢骚，不着边际。有的文章撇开具体考题的测试目标而对题目大发不满，比如对考标点符号的考题不说标点问题而大谈其他，对考逻辑顺序的考题不说逻辑问题而谈由此产生的感觉和联想，使人不知其目标指向到底是什么，甚至让人怀疑大学教授的逻辑知识水平何以如此低下。有的文章总是停留在语文门外谈语文，进不去，也不想进去，抓住一个话柄就扯开去。比如谈高考语文时，一味地强调标准化试题不好，理由就是弯弯绕、题目模棱两可，著名作家王蒙只能得多少分、北大中文系著名学者钱理群只能得多少分，以此作为反证来说明高考试题如何不好，此外就没有更多的道理了。这种简单的说法几乎没有任何作用，名家大家做不好中学题目，只能说明他们对此不熟悉而已，不能证明什么。大家可以批评高考试题，但前提是你要进去，对你批评的对象有所了解，而且要作比较透彻的研究。这个要求并不过分，比如对这道题目的考试目标是什么、目标有无问题、试题的表述是否清晰地指向考试目标、答案是否精确、可否有其他答案、试题的信度和效度如何等应该有所了解（题目清晰与否，不能以王蒙等人是否清楚作为标准，而应以考生能否确切地读懂为评判标准，因为隔行如隔山，今天的高考卷毕竟不是用来考王蒙的）。否则，你只是发牢骚而已，不是真正意义上的批评。沈韬先生提出的"语文教学呼唤学科批评"，就是基于这样一种批评现状提出的。那种"现象 + 牢骚"式的批评，看起来热闹，但仔细想想于事无补。

沈韬先生在其文章《语文教学呼唤学科批评》中说："语文是一门独立存在的自成系统的学科，语文教学的学科批评，就是研究其作为一门学科存在的必然性与可能性的统一。所谓必然性，就是从社会历史发展的角度来认识语文学科的价值、地位；所谓可能性，就是在各种可能性的发展空间中，语文学科以怎样的方式和方法来最理想地体现其价值与地位。学科批评就是研究这二者的相互关系。所以，学科批评本身是一个严密的逻辑体系，孤立的就事论事式的批评，是难以完成这样的任务的。"（《中学语文教学》1999 年第 8 期）沈先生的这一段话，可谓一语中的。

教育的批评应该是学术的批评，应该讲究学理，必然性和可能性是我们的批评应该予以考虑的，不可忽略不计。批评并不意味着谴责或抱怨某种现象，也不意味着单纯的否定和驳斥。相反，批评的含义远比"抱怨"、"否定"深刻得多，它是指某种理智的、最终注重实效的努力，是一种"以社会本身为对象的人类活动"，这种活动视人类活动的合理组织为己任。因而，倡导一种以反思和质疑为本质特征的批评意识，其目标在于追求社会的合理状态。"批评"的这种含义，是我们教育改革得以展开和成功的必要条件。

科学研究是讲究规范性的，知识的发展为特定的历史背景、研究手段和实证资料所束缚，因此知识永远被当作一个阶段性成果来看待。从这个意义上说，许多社会科学研究成果具有"猜想"的性质。数学上的猜想需要由逻辑推理加以证明，而社会科学中的"猜想"需要在实证研究中加以检验。所以克鲁格曼说："任何观点如果未能模式化（实证化），其影响必将很快衰弱。"教育的批评也当属此列，媒体的炒作可能使人目眩一时，但终究因其浅表化而必然衰弱。有人说，凡是没有经过严谨（实证）研究而得出的观点结论，充其量不过是文人的无聊鼓噪而已。此话或许尖刻，但并没有什么关系，不愿听则不听罢了。正是由于缺乏具有建设意义的学科批评，语文教学中的一些痼疾才无法被消除，鼓噪、炒作式的批评徒然煽起了许多善良人的热情，但最终使他们由希望的巅峰跌入失望的谷底，无效的劳动常常会转化为无聊的情绪。令笔者感到忧虑的是，不知道今后还有多少人仍然对基础教育抱有很大的热情，因为这是关系到基础教育发展前景的重要问题。

语文教改必须扎根于现实的土壤
——30 年语文教学的回顾与反思

要全面推进素质教育，就必须通过深化教育改革来实现。要在语文教学中实施素质教育，也必须加大语文教学改革的力度。无数事实证明，语文教改要取得成功，必须扎根于现实的土壤。

一、成绩

自 1978 年党的十一届三中全会以来，语文教学拨乱反正，正本清源，回归本体，摒弃政治替代、政文合一的局面，语文教学恢复有序状态，取得了一系列成绩。

（一）语文教改风起云涌

1978年3月18日，著名语文教育家吕叔湘先生在《人民日报》上发表文章，指出语文教学效率不高的现象，从此拉开了语文教学改革的大幕，轰轰烈烈的语文教改在全国各地开展起来。我们可以自豪地说，语文是最早提出并实施改革的学科。于漪、颜振遥、洪宗礼、时雁行、潘凤湘、陆继椿等一大批语文教师钟情于语文教育事业，他们甘于寂寞、不求名利，纷纷行动起来，投身于语文教学改革，全心全意提高学生的语文能力，立足现实、着眼未来，作了许多可贵的探索，积累了许多宝贵的经验。他们的教学异彩纷呈，各具特色，具有很强的实践性和创造性。有些人已经形成了自己的风格，创造了许多新的教学方法，编制了很有独具特色的语文教材，且在实践中证明是行之有效的。山西师范大学陶本一首创《语文报》，众多语文报刊如雨后春笋般涌现，传播先进的语文教育思想、语文教育理论，介绍优秀的语文教改经验、先进的语文教学方法，为语文教育改革推波助澜，一时间，人们传诵语文教改的春天来了。大江南北，长城内外，从大城市到小县城，从重点中学到乡村中学，许多语文教师都在搞教改，不同程度地缓解了语文教学"少慢差费"的现象。可以说，语文学科的公开课最多、研讨会最多、报刊最多，这种可喜的现象一直持续到20世纪80年代中后期，形势非常喜人。

（二）语文教育观念不断更新

广大语文教育工作者解放思想，呼唤改革，更新观念。30多年的语文教育改革，使我们端正了思想，吸收了许多新的知识，接受了许多新的信息，更新了教育观念。例如，我们对语文教学的任务有了新的认识，由培养双基到培养能力，进而由发展智力到我们的语文教学大纲所说的提高学生的思想道德素质、科学文化素质，实现知识、能力、素质的和谐统一。每一次的认识发展并不是简单的抛弃过去的认识，而是对过去认识的超越，是不断的升华。1996年国家教委基础教育司编订的《全日制普通高级中学语文教学大纲》明确提出语文教学的任务，除了培养学生的语文能力外，还要"指导学生进一步开阔视野，增长知识，陶冶情操，发展智力，发展个性和特长，培养学生热爱祖国语言文字、热爱中华民族优秀传统文化的感情，培养健康高尚的审美情趣和一定的审美能力，培养社会主义思想道德和爱国主义精神"。这是第一次在大纲中提出发展个性，表明语文教育界已经深切认识到语文课的意义不仅仅在于教给学生某种语文知识和技能，更重要的是，它通过一篇篇凝聚着作家灵感、激情和思想的文章，潜移默化地影响着每一个人的情感、情趣和情操，影响着每一个人对世界的感知、思考及表达方式，并最终积淀成为人的精神世界中最深层、最基本的东西——价值观和人生观，最终造就学生的健康人格。

关于语文学科的性质，我们的认识也在一步步地发展。在过去一段时间内，由于受"左倾"思想的影响，我们曾经认为语文是政治工具，是阶级斗争的工具。"拨乱反正"以后，1978 年颁布的中学语文教学大纲已经基本消除了语文是政治工具的说法，应该说这个观点在当时是一个了不起的进步，它决定了培养和提高学生理解、运用语言文字能力的教学目的，以及进行语文训练的教学模式。1986 年和1988 年颁布的语文教学大纲完全明确了"语文是学习和工作的基础工具"这种说法，但是这个表述没有突出语文所特有的交际功能以及文化内涵。1996 年 5 月新版的《全日制普通高级中学语文教学大纲》第一句话就是："语文是最重要的交际工具，也是最重要的文化载体。"这又是一个了不起的进步，它突出了交际功能，使学生在交际过程中培养和提高运用语文工具的交际能力，这正是提高语文教学效率的高速公路，是正确的方向；突出文化载体，也是有其深意的，因为语文反映人类社会的事、理、情、志，语文是一门综合性的基础课，其内容包罗万象，涉及古今中外，上自天文，下自地理，旁及哲学、历史、艺术、宗教、民俗和自然科学等相关内容，语文是一种广义的文化现象，几乎涉及人类文化生活的一切领域。语文表现民族精神、民族情操、民族审美情趣等，负载丰富多彩的文化。在语文训练过程中，如果不理解这些文化内容，就不能理解语言的表现力，就不能很好地运用语言表情达意，就不能有效地塑造学生的健康人格。大纲变化的轨迹，反映了语文界对语文教学认识的变化过程，因为大纲是人们认识的结晶。

（三）语文学科建设稳步进行

实践推动着理论的进展，语文理论工作者初步建立起语文学科教育学的理论框架。从研究内容的深度和广度上看，借助教育学、心理学基本原理的支持，广泛吸收国内外语文教学论、课程论、教育技术学、教学心理学的最新理论与方法，立足语文学科，对语文教育活动的目标、内容、过程方法以及教育效果的评价作了可贵的探索，取得了显著的成绩。此外，还引进、借鉴其他有关理论阐述语文学科，丰富语文学科的建设。比如运用系统论对语文教学作整体系统研究，系统论的整体性原则、有序性原则、动态性原则、目的性原则以及自主性原则被广泛运用于语文教育中，人们开始以系统论的思维方法研究语文教育，把语文教育看成是语文教育系统，这个系统是由多种要素、多个层次组成的动态有机整体。又如运用信息论阐述语文教育活动中的信息交流、教学反馈与调控，运用接受美学阐述对作品的个性解读、创造性解读等。

课程建设逐步推进。以前的语文教学改革往往是在教学方法层面上的改革，现在已经逐步走向内容的改革、课程教材的改革。在总结了新中国成立以来语文教学正反两方面经验的基础上，国家教委颁布了"中学语文教学大纲"，恢复了语文课程应有的性质和功能，并不断修订大纲，使之日趋科学，这对30多年的语文教学起到了重要的指导作用。

进入21世纪以来，上海率先研制并颁布"语文课程标准"，教育部随后研制并颁布了"语文课程标准"，指导教材编写、教学活动和教学评价。语文教材由一趋多，我国过去只有一套教材，难以适应不同地区的需要，现在实行"一纲多本"，已经审定并通过的实验课本就有八套之多。这些教材自成体系，各有所长，体现新的教育理念，在教学实践中积累了成功的经验。

初步建立了一套语文能力训练体系和语文评价体系。进入 21 世纪以来，通过各方面的努力，特别是高考的特殊推动作用，我们建立了一套语文能力训练体系和语文评价体系，内容包括"字词句篇语修逻文"，覆盖面很广。高考语文测试是对语文能力训练现状的高度抽象，又极大地影响着语文教学现状，改变着语文能力训练格局：开始是考一篇作文，然后由语文基础、写作到语文基础、阅读、写作，再到阅读（语文基础）、写作，逐步淡化语文基础，强化阅读和写作，阅读从语文基础的附庸逐渐独立，与写作并重。

二、语文教学的现实困境

进入 20 世纪 90 年代，愈演愈烈的高考竞争使应试教育走向了极端，语文教学深受其害，出现了种种弊端，语文教学步入现实困境。

（一）脱离实际，远离现实生活

把学生框在教室里、框在语文教材里、框在题海里，以致学生缺乏必要的生活积累和生活常识，远离社会实践，这是极其有害的。直接的社会实践不仅能增加学生的生活经验、生活阅历，而且对学生意会大量的语文模糊性知识，积累审美经验，形成健康的审美情趣，具有极为重要的作用。语文的外延和生活的外延相通，作为社会交际工具，语文与社会生活密切相关，它源于社会生活，应用于社会生活，一旦离开了社会生活，就丧失了生命力。观察、调查、参观、访问等生活体验和社会实践，是学生学好语文、增加积累、培养审美情操的有效途径。课文学习是"一杯水"，课外学习是"江河湖海"，把学生关在教室里而忽略生活实践，这无疑是"小学而大遗"。

（二）积淀太浅，缺乏语文功底

现在的学生识字量少，阅读量少，写作量少，练习册多。学生的课余时间被大量的数理化、英语作业占据，此外还要参加形形色色的辅导班，或者请家教辅导，以致剩下的一点时间，学生就用来看电视，而很少看书，或者根本不看书。学生在语文课堂上读书的时间也不多，大部分时间都被老师的烦琐分析和提问占去了，正如苏霍姆林斯基所批评的那样："学生在课堂上阅读得很少，而关于阅读的谈话却很多。"其实我们知道，任何能力都是学习主体"悟"后"练"出来的，而不是"讲"或"听"出来的。缺少阅读，对语文教学是釜底抽薪；缺少阅读，对学生能力的养成是致命一击。越来越多的大学教授痛感现在的学生文化积淀太少，文学感受力在下降，知识面越来越窄，无法和教师产生共鸣。文化积淀太少，不但学不好语文，而且妨碍学生个人的成长；文学素养的缺乏会造成人生与社会经验的缺乏。读文学作品，不仅是为了弄懂语词的含义和文法的规律，更重要的是让青少年通过阅读文学作品，获得一种对善与美的把握和领悟，对人类代代相传的美好心灵、美好情操培养特殊的感受。应该让孩子们成为读书人，而不能成为做题人，把书本还给学生，把语文课堂还给学生。语文本身就是一种历史深厚的文化，乌申斯基说得好："在民族语言明亮而透彻的深处，不但反映着祖国的自然，而且反映着民族精神生活的全部的历史。"不读中外名著，学生的人文素养就无法提高，必然导致文化的匮乏、语文积累的肤浅、语文功底的不扎实。

（三）重术轻人，偏离培养目标

这一点主要体现在阅读教学程式化、作文教学模式化、能力训练机械化三个方面。

1. 阅读教学程式化

现在的语文阅读教学由满堂灌转向满堂问或者是满堂灌加满堂问，琐碎的分析一统天下，肢解了一篇篇优美的课文。串讲串问，把具有一定思维价值的问题掰开揉碎，肢解成无数个毫无价值的问题，不利于学生自学能力的形成，影响其"消化"、"吸收"功能的正常发育。多余的讲解、提问、板书，导致语文课堂教学效率低下。而且，教师的分析多半来源于教学参考书，而教学参考书上的观点大都比较陈旧，滞后于新形势的发展，假大空的东西依然存在，任意拔高，整齐划一，缺乏个性。实际上是教师戴上旧框框去框学生，教师和参考书的标准答案代替了学生的自主思考，理性的分析代替了感性、丰富的体验。这样不仅遏止了师生独立思考，抑制和削弱了师生的创造力，而且大大降低了学生学习语文的兴趣。

2. 作文教学模式化

现在的作文教学喜欢教方法，美其名曰方法，其实是套路，即教给学生一些套路，让学生去套，而不考虑学生的真情实感。如此写出来的文章当然无灵性，学生在作文里表露的不是内心的真情实感。有时也讲感情，诸如写"最敬爱的人"、"难忘的一件事"等，但是往往不切实际地任意拔高，任意升华、圣化主题和作者的情感，导致学生说假话，虚情假意，这样容易使学生养成双面人格。作文即做人，人以诚为信，文以诚为本，失去了真情实感，文章就如枯枝败叶一般，毫无生气。

3. 能力训练机械化

题海泛滥，荒诞离奇；机械操练，刻板僵化。学生的思维能力、想象能力、创造能力、个性灵气都被抹杀了，教师成了解题"操作工"，学生成了做题"机器人"。强烈的功利主义、技术主义的价值取向，将充满人性美、最具趣味的语文变成枯燥无味的技艺之学或知识之学，乃至变成一种高度工具化、技术化的应试训练。

三、原因探究

（一）理论落后于实践

语文学科发展到今天，仍缺乏让大家普遍接受的理论阐述，对语文学科教育学的研究对象、性质任务、目标定位、结构体系、研究方法、语文基础性学力、语文发展性学力、语文评价体系以及它与相邻学科的关系等基本问题的认识还不够清晰，还没有形成比较一致的看法，还没能建立起语文学科的概念体系。语文本来是最有利于培养学生创造力的学科，但现行的语文课程体系忽视了语文课程本身所具有的创新价值。认识到这种价值就会发挥它的功能，忽视了这种价值就会抑制这种功能的发挥。以往，人们所理解的语文课程的概念很狭窄，只把语文课程看作是传递知识的载体和工具，严重忽视了其创新价值。语文课程目标缺乏对学生创新素质培养的明确要求和具体规定，语文课程结构不尽合理。如何使语文课程结构有利于师生创造性的发挥和培养，如何在语文教学中培养学生的创造力尚不明确。21世纪的社会发展与科技进步对人才的要求以及社会主义市场经济与现代信息技术对语文教学到底产生了哪些影响，我们如何面对世界科学文化高速发展和高度信息化对语文课程的严重挑战，如何处理好学校教育时间的有限性与科学文化新知识高速无限增长的矛盾以实现语文课程设置的现代化，如何适应我国国情以充分发挥汉语言文字的优势，如何继承和发展我国母语教育中的优良传统以形成具有中国语文教学特色的课程体系、实现语文课程设置的民族化，对于这些理论界都不能予以清楚的解说。总之，对曲折发展的语文教学实践，语文学科理论不能予以深刻的阐释。在知识经济社会，语文的诸多问题不明，很可能导致高中语文的地位摇摇欲坠，现在偏向外语和计算机的倾向已经非常明显。语文学科理论的贫乏，导致理论不能有效地指导语文教学实践，最终导致语文教学实践的徘徊不前，甚至倒退。

（二）缺乏常态下的语文教学科学实验

由于功利心、功名心甚至一些腐败因素在作怪，现在人们很少静下心来踏踏实实地搞教学实验，特别是缺乏常态下的语文教学科学实验，务虚的多、务实的少，形式主义满天飞。虽不乏一些理论探索，但终因无可操作性，而不能给教师以切实的帮助；虽不乏一些教学改革，但终因无可再现性，而没有多大价值。缺乏科学调查，缺乏大规模的跟踪考察，导致语文教学中许多该清楚的问题不清楚。比如小学、初中、高中各个年龄段的学生语文能力的层级差异是什么，小学各年级分别掌握多少汉字为最佳等，对此很多地方缺乏科学的量化研究。科学认识的发展一般经历现象论阶段、实体论阶段和本质论阶段，这和马克思主义哲学认识论中的三个基本范畴——感性认识、知性认识和理性认识基本是相对应的。语文教育研究正处于现象论、实体论向本质论过渡的阶段，既需要理论分析，也需要科学实验、科学调查。

（三）落后于现实的哲学理念

计划经济向市场经济过渡，整个社会也由一元向多元过渡。经济形式的变革，对人类的影响是多方面的、深层次的，人们的生活方式、价值取向也在发生着深刻的变化。"选择"已经成为一种人们习惯的行为方式，以自选为特征的超市成为备受人们青睐的购物方式，就是一个典型的例子。个性需要成为人们选择的主要依据，应该说这是符合人性特征的。人是有不同个性的，文学也是多元的，我们的语文教学也应该是多元的。然而，现在的语文教学恰恰是一元的。

语文教材的一元化。全国绝大多数地区使用的中小学教材都是人教版的。四川也曾编过自己的教材，但最终无法和人民教育出版社竞争，匆匆退出历史舞台。虽然有些省市也使用自编教材，但也是一种教材一统天下，而且大都是文选式教材，都是一种教材模式。不同的人（阅读兴趣不同、个性爱好不同、理解能力不同、语文水平不同）读的却是同样的教材，毫无选择余地，甚至学校也没有选择教材的权利。为什么教材就不可以有多种形式呢？教材可以是文选式的，也可以是专著式的；可以按照文体编排，也可以按照语文能力编排，还可以按照年代的先后编排，等等。

语文教法的一元化。从总体情况看，现在的语文教学依然是按照时代背景、主题思想、写作特点，从头至尾分析一遍，以前是满堂灌，现在是满堂问，或者是问和讲的综合，始终脱不了分析课文这种模式。我们很想问一下：语文教学可不可以不分析课文？在语文课上，可不可以只朗读课文、背诵课文？

文章解读方式的一元化。对选入教材的文章，语文教师和同学只能从好的角度去分析理解、欣赏吸收，不能说一个"不"字；我们的解读必须紧扣教学参考书，紧扣各种标准答案、标准说法，不能越雷池半步。若不如此，就会没有统一的评判标准，就无法评定分数的高低。一篇文章应该分三段还是分四段，不必争论，就按照教学参考书的说法。诸如此类的问题本来是可以有多种答案的，因为语文本来就是多义的，人们看文章的角度可以是不同的，何必要千篇一律、人人一样呢?

话语形式的一元化。用规范划一的话语形式来套住一个个可爱的孩子,使他们的谈吐呈现出同一种腔调,写的文章也是千篇一律,套话连篇,甚至在课堂上回答问题时也是如此,比如概括中心思想时就用"通过……赞扬了……揭露了……唤醒了……揭示了……"这样一种话语形式,像套子一样把活泼可爱的孩子束缚住了,少年偏说大人话,孩子却发成人腔。这种单一的话语形式,体现了呆板的个性。

评价测试的一元化。现在的语文考试只有一种形式,就是用由语文基础、阅读、写作组合而成的一张试卷来考评学生。这种形式统一、内容统一、答案统一、时间统一、地点统一的测试形式,不但使被评价者处于受动状态,就连评价者的主观意愿也很难介入。让如此众多的学生接受同一张测试试卷、同一种答案评判,如何体现学生的个性以及创新精神?如果语文评分标准不允许"不拘一格",那么如何才能出现有思想、有能力、有创造性的人才呢?可否让不同的学生选择不同的测试形式、不同的试卷、不同的测试时间、不同的测试地点?这个问题值得我们思考。单一的测试模式会造成教学追逐考试的现象。日本也是一个升学竞争非常激烈的国家,但日本的升学考试对中学教学的影响相对较弱,原因之一就是日本的考试形式多样。日本的私立学校在招生上有自主权,他们多采用单独考试的方法来招收学生;公立学校除了采用大学入学考试中心举办的考试外,还要单独举行考试,考试分笔试和面试,由于考试类型多,内容不同,形式不一,中学教学不便模仿,自然也就放弃了这种追逐。

那么,提倡多元会不会削弱规范,会不会使教师和学生无所适从呢?笔者以为是不会的。我们说的多元是从不同层面切入的,是在掌握了基本原则的基础上切入的,打破的是枷锁、僵化的教条,获得的是选择的权力、自由。

当然,这里面还有很多文章可做,还需要我们认真深入地研究。

综上所述,语文教改必须扎根于现实的土壤。只有这样,语文教学才会有生命力。

第 2 章 | 反思教育价值观

关注价值思想

我们正在进行课程改革，不少地方的学校和教育行政部门也已经开始进行课程改革的经验介绍。在课程改革的大潮中，我们耳熟能详的一句话就是：以学生发展为本。但是，我们真正做到了吗？在我们的教育行为、教育话语以及课程改革的一切细枝末节中，我们真正做到了吗？我们应该时时自问！我们学会了呼喊时尚的、漂亮的口号，但口号只有化为教育工作者的言行，才能成为他们的价值取向、文化行为，才能有意义。

有这样一个故事：

一位年轻漂亮的小学女教师参加新课程教学比赛，课前经过群策群力，做了充分准备。比赛那天，她穿了一条漂亮的裙子，裙子上贴了许多五角星，信心十足地走上讲台，一切都在预料之中。学生的积极性被充分调动起来，每当学生做了一个很好的回答，老师都会从裙子上摘下一颗五角星贴在孩子的脑门上，孩子开心极了，课上得很顺利。这时老师裙子上的一颗五角星掉了下来，恰好掉到现在还没有得到一颗五角星的一个同学旁边。这位同学捡了起来，犹豫了好半天，他很想把这颗五角星贴在自己的脑门上，但矛盾了一会儿，他还是把五角星交给了老师。老师接过五角星，没作任何表示，继续上她的课。很多听课的老师为这位老师感到遗憾：她经验不足，应该顺势就把那颗五角星贴在那个孩子的脑门上。课继续往下上，在整堂课快要结束的时候，一颗五角星掉在了另一个到现在为止还没有得到五角星的同学的旁边，很快就下课了。这位同学也很想将这颗五角星据为己有，但思想斗争了一会儿，还是决定还给老师，于是匆匆跑到老师办公室将五角星还给老师。这位女教师却说了这样一句话："课上完了，五角星没用了，你把它扔了吧。"孩子听了这话，一下子愣住了。他无法理解老师的话语，更无法理解老师。

这位老师的这堂课完全是功利性的价值取向，根本没有以学生发展为本的价值思想。这个事例给我们的课程改革重重地敲了一下警钟：如果只注重形式的变革而没有真正在价值思想上发生变革，我们的课程改革很可能是低效的甚至是无效的。作为校长，我们应该关注价值思想。

北京大学在任最长的校长蒋梦麟说："教育如果不能启发一个人的理想、希望和意志，单单强调学生的兴趣，那是舍本逐末的办法。"教育的真谛是培植真心、培育爱心、培养美感、牵引灵魂。

一、什么是价值思想

价值思想是一根香烟，是一杯浓茶，是一杯咖啡，是一支雪茄，是一个教学行为，是一本教科书，是黑板上的板书，是一次暑假作业。但一根香烟不是价值思想，一杯浓茶不是价值思想，一杯咖啡不是价值思想，一个教学行为不是价值思想，一本教科书不是价值思想，黑板上的板书不是价值思想，一次暑假作业也不是价值思想。

那么，价值思想是什么呢？价值思想是形而上的，价值思想当然关乎价值，附着于外物、附着于行为、附着于语言的内在的关乎价值的东西。价值思想从终极上思考：外物为谁而存在？行为为谁而表现？为什么存在？为什么要表现？

二、为什么需要价值思想

从理论上讲，无论是教育还是课程改革，都要有价值思想。教育就是文化的传承，课程改革就是要更好地实现文化的传承，文化的核心就是价值思想。抽去了价值思想，我们还有文化吗？文化赋予一切活动以生命与意义，文化的缺失就意味着生命的贬值与枯萎。真正意义上的教育实际上就是一个文化过程，教育一旦失去文化，所剩的只是知识的位移、技能的训练和应试的准备。

从现实来看，我们的课程改革有价值思想吗？我们似乎有价值思想，教育以学生发展为本，既是思想，但又不是思想。当这句话蕴涵在一个个具体的教育物、具体的教育行为中时，它就是教育思想；当这句话成为一种标语口号，成为一种标签，随处张贴、随时呼喊时，它就不是教育思想。

一位纳粹集中营的幸存者，后来当上了美国一所中学的校长。每当一位新老师来到学校，他就会交给那位老师一封信。信中说："亲爱的老师，我亲眼看到人类不应当见到的情景：毒气室由学有专长的工程师建造；儿童被学识渊博的医生毒死；幼儿被训练有素的护士杀害。看到这一切，我怀疑：教育究竟是为了什么？我的请求是：请你帮助学生成长为具有人性的人。只有在使我们的孩子具有人性的情况下，读写算的能力才有价值。"这位校长身上有着非常自觉的价值思想意识，并传导给他的老师。

当前的课程改革急需价值思想。任何一项教育教学活动，不仅要从事实层面（教什么）和技术层面（如何教）做出思考，更要从价值层面（为什么教）做出追问。爱因斯坦说得好："仅凭知识与技术并不能给人类的生活以幸福和尊严，人类完全有理由把高尚的道德标准和价值观的倡导者及力行者置于客观真理的发现者之上。"

当前，我们正在进行着教育改革，进行着技术操作层面的变革。比如课型，过去的改革我们说必修课、选修课、活动课，现在我们说基础型、拓展型、研究型。我们是否思考过：我们为谁而改？为什么改？必修课、选修课、活动课是否失去了存在的理由，而基础型、拓展型、研究型是不是要取而代之？如果是，其理由何在？其课型及其改革的生存条件是什么？再以语文教材为例。就组元方式来看，原来的语文教材有的是以体裁组元，也有的是以能力为线索组元，现在大多改为以题材、话题组元。就课文来看，有的课文依然保留，有的课文被调换，高一有许多新课文，而到高三又出现了许多老课文。这是为什么呢？因为课文有的有价值思想，有的未必有价值思想。茨威格的《世间最美的坟墓》有价值思想，何为最美？朴素最美。为什么朴素最美？朴素的背后是托尔斯泰的伟大人格。这里蕴涵了作者的价值判断。我不反对改革，但是对此我们要问：①为谁而改？是为教师而改还是为学生而改？是为知识而改还是为改而改？②改的意义何在、价值何在？

任何课程改革的背后都有理性在支配，有的是工具理性，有的是价值理性。

夏丏尊曾说："学校教育如果单从外形的制度与方法上走马灯似地变更迎合，好像掘池，有人说四方形好，有人又说圆形好，朝三暮四地改个不休，而于池之所以为池的要素的水，反无人注意。"由此我要说，作为校长的我们，更应该关注价值思想。

所有的教育行为都应该有价值思想。

湖北有个语文特级教师杨先武先在网上批评我，后来又在《中国教育报》（2004年9月21日）上刊登《读不懂的程红兵》（读不懂是正常的，因为他并不完全了解我）一文批评我，批评我在《中国教育报》一篇访谈文章中提到对《教师之友》刊发"那一代"三篇文章的看法。我觉得那三篇文章有点"损"，而且是组织进行的"集束"炸弹，有炒作的特征。杨老师对此颇有不同意见，其立意主要是批评有作用，组织的批评有作用，程红兵失去了批评的锐气，让他很失望等。对此我不想与之争辩，因为一不小心就会与之在同一个层面绕圈子，那是毫无意义的。这基本上是站在工具的层面上谈问题，谈批评的作用。

但是批评也是要讲究价值的，必然要进入价值理性的层面思考。我所说的"损"，就是基于价值理性的思考，批评应该尊重人、尊重被批评者的人格，而不能有损于他人的人格。"那一代"系列，其中批评魏书生的那篇文章，我的理解涉及被批评者的修养，明显过分了。这样的文章非常典型地超越了学术批评的范畴，置被批评者的人格于不顾，从这个意义上说，我不赞成，我主张批评应严格限制在学术范畴内。

关于组织进行的炒作式批评，我也不赞同。我主张自然的、常态的批评，这也是一种价值观的体现。自然为真（出于真心的）、常态为实（就事论事的），组织的有可能失真（在某种要求下进行的），炒作的有可能失实（夹杂了别样的目的）。

三、价值思想缺席的后果

价值思想的缺席是最可怕的缺席，价值思想的缺席是灵魂的缺席。我们过多地沉浸于热潮中，一种热潮来了，往往就是思想的缺席，因为只有一个声音、一种话语、一种热情。从众固然不孤独，但却没有了自己，没有了思想。我们都在大家的、时尚的思潮中淹没了自我的个性。我们不能自说自话，这是我们话语能力丧失的一个显现。我们习惯于跟风走，我们喜欢讲模式、讲网络技术、讲教学方法、讲研究性学习、讲课程；我们习惯于把话语权拱手让给代表西方发达国家教育思想的学术权威们、大学教授们，因为他们有宽广的视野、厚重的专著，于是把我们镇住了，我们更多的是关注技术、关注操作，因此思想的缺席、话语权的丧失是自然而然的了。话语权的丧失，从根本上反映了我们校长思想力的弱化，思想力的弱化是价值思想深度缺席的表征。

他们有他们的优势，我们有我们的优势。我们的优势就在于我们有丰富的实践体验，个人化的、不可替代的理论思想既可以是演绎迁移的，也可以是归纳提炼的。他们有他们的话语权，我们有我们的话语权，我们为什么要把属于我们自己的话语权拱手相让呢？

我有一个直觉：我们的中学教育曾经是阶级论的附庸、政治观的附庸，后来又成为社会学的附庸；经济学的附庸；以前是阶级论、政治论的话语系统，后来是社会学、经济学的话语系统，社会学、经济学的目标指向十分明显。中学教育始终没有独立性，也不知何时能够独立。

思想的缺席，使我们发育不良。缺乏价值思想的醍醐灌顶，我们的群体就会发育不良。

语文教育价值观管窥

在马克思主义哲学的视野中，价值是人的需要与满足需要的对象之间的关系。马克思说："'价值'这个普遍的概念是从人们对待满足他们需要的外界物的关系中产生的。"（《马克思恩格斯全集》第 19 卷，第 406 页）马克思认为，价值不单纯是客体的属性，也不再是单纯的主体的需要，而是客体属性和主体需要之间的现实关系。也就是说，价值所概括的对象不是实体，而是主客体之间的一种关系。教育价值观是对教育领域主客体价值关系系统化、理论化的认识，是教育评价的内在尺度，也是选择和确立教育目的的理论依据。如何认识语文教育的基本矛盾——教师与学生的矛盾，如何看待语文教育的主客体关系，集中反映了语文教育价值观。本文主要从语文教育主客体关系的角度，来讲述语文教育的价值观。

我们先简单回顾一下关于语文教育主客体关系的几种说法。受教学论的影响，语文教育主客体关系说也经历了从单主体到双主体的过程。单主体有两种：一种是以教师为主体，即教师中心说；另一种是以学生为主体，即学生中心说。出现这两种情况的根本原因在于社会本位教育价值观和个体本位教育价值观的分野。在教育社会本位论者看来，教学活动就是"教育者进行的有目的、有计划、有组织的培养人的活动。教育者受过专门训练，具有专门的科学文化知识和思想道德修养，拥有专门的教育技能，受社会的委托，代表一定的社会，以系统、科学的教育影响作为教育活动的手段，把受教育者作为改造和发展的对象，使受教育者身心发生合目的的变化"。在此，教师表现出主体的一般特征：自觉能动性、创造性、自主性，其主体地位毋庸置疑。学生作为教师活动的对象，其客体性明显表现为被反映和被改造。教育个体本位论者则认为，教学过程同样是学生个体成长发展的过程，只不过是一种在教师指导和帮助的特殊条件下的学习过程。根据"内因是条件、是根据，外因通过内因而起作用"这一基本原理，可以肯定一切教育活动和教育工作，对学生主体来说都是外因。既然教学活动是一种学习和发展的活动，其主体自然是学生。教师作为学生学习的条件和认识的对象，其客体地位是显然的。

概而言之，社会本位论者立足于教，将教学活动主要看成教师职业劳动的工作实践过程，学生是实践活动的对象，教师自然是其中唯一的主体。个体本位论者立足于学，将教学活动主要看成个体成长发展的学习、认识过程，教师是认识活动的对象，学生自然是其中唯一的主体。

"单主体说"都偏执一端，而忽视了另一端，故而不可能正确地解释教学过程中教师和学生的关系，在教学实践中不可能很好地解决和处理实际问题，说到底其理论前提是错误的。持单主体说法的人不但不承认教学认识的特殊性，甚至否认教学在本质上是一种认识活动，而把教学活动等同于一般的物质实践活动。究其原因，这种观点不但未以教学认识论为理论基础，甚至也不以一般认识论为理论基础，而是以不彻底的认识论为理论基础。

1983 年前后，语文教育界对主客体关系问题有了新的认识，钱梦龙先生提出了著名的"三主说"，即以教师为主导、学生为主体、训练为主线。这个观点提出后引起了人们的普遍关注，赞扬、肯定者有之，反对、批评者有之，客观评价者有之。实事求是地说，"主导主体说"相对于"单主体说"是一个进步，再拔高一点，甚至可以说是一个了不起的进步。"单主体说"或片面强调教师在教学过程中的权威，把教师视作凌驾于学生之上的主宰人物，学生成为被动的容器、教师的附属物；或竭力弘扬学生的主体地位，把学生当成教学活动的中心，教师只是"向导"。两者都陷入顾此失彼的圈子之中。"主导主体说"事实上是个合题，充分肯定了教师与学生的主体地位，有利于调动教师和学生的积极性、主动性。

甘其勋、蔡明、谭惟翰、权曙明、顾菊生等同志先后对钱梦龙的"三主说"提出异议，虽然他们的表述不完全相同，但基本观点还是一致的。他们认为强调学生的主体地位是必要的，但不应排斥教师的主体地位（认为"教师为主导"没有明确教师的主体地位）；只有同时明确教师的主体地位，才能真正发挥教师的主体作用；师生都是教学活动的主体，除去教材作为教师与学生的共同客体外，师生在教学过程中是互为主客体关系的，当师生互为主客体的时候，都是把对方作为认识、研究的对象来看待的；忽视了教师的主体地位，也就等于忽视了对学生的研究以及对教材的钻研。我以为争论双方从总体上看没有太大差异，本质上都是双主体论，产生争议的原因主要在于各自所依据的理论基础不同。"主导主体说"的理论基础是教学认识论。教学认识论认为，教学过程在本质上是一种认识过程，同时它又是一种特殊的认识过程，具有自己的特点，即领导性、间接性和教育性。正如钱梦龙所说，教师在教学过程中处于领导、支配地位，这个地位只能通过"导"而不是"牵"或其他方式来实现，"导"即因势利导。"师生双主体说"的理论基础是一般认识论。一般认识论认为，主体是具有认识世界和改造世界能力的认识者和实践者。在教学过程中，教师和学生"同样是主体，同样要从不知到有知，由适应到不适应，又由不适应到适应，形成循环往复、不断向前运动的认识与实践过程，并且同样永远是认识者与实践者"。

"主导主体说"和"师生双主体说"与"单主体说"相比是一个不小的进步，但只能说这两种说法更接近真理、更接近科学。它们有一个共同的弱点，即静止地看待师生关系，都是从横截面的角度来看问题，这显然是不够的。我们还应该从纵向来考察师生主客体关系，还其动态的本来面目。因此我以为，师生主客体关系应该是相互主体渐变关系，简言之为"相互主体渐变说"。具体来说，教师是教授过程的主体，学生是学习过程的主体，教师的主体作用是逐渐隐蔽、逐渐减少的，而学生的主体作用是逐渐增强的（见下图）。

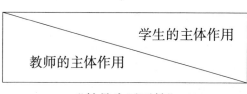

"教是为了不教"

从语文的教与学的过程来看，一个是受教育者的学习过程，另一个是教育者的教授过程。从学习过程来看，受教育者是语文学习活动的主体，而教育者（包括教育者所选择的教学内容，所采用的教学手段和方法等）则是受教育者学习和认识的对象，因此是学习过程的客体；从教授过程来看，教育者是主体，教材和学生都是客体。"相互主体渐变说"是有哲学依据的，没有两个主体，语文学科教学便不能成立。然而两个主体在语文教学过程中是变化的，特别是学生的成长变化是非常明显的，教师自身也在变化，而且教师顺应学生的变化不断调节自身的主体作用。学生的主体作用逐渐增强，教师的主体作用逐渐隐蔽、逐渐减少。放大一些看，更能看出其区别。比如由小学到中学，由中学到大学，由本科到硕士、博士，很显然学生的主体作用逐渐增强，由依赖教师到依靠教师再到独立学习；教师的主体作用由保姆式到师傅式（手把手教）再到导师式，教师的主体作用越来越少、越来越隐蔽。叶圣陶先生的一句名言道出了其实质："教是为了不教。"也就是说，教师是由教逐渐走向不教的。从小处来看，比如某个学段（小学段、初中段、高中段）或某个阶段也是如此。原因主要有两个：①语文教育活动从总体上看一直处于层次不断变化、发展和上升的过程中，这必然从外部对学生的主体性和客体性以及与教师的关系产生重大影响；②学生自身随着年龄的增长，其生理和心理也一直处于变化、发展之中，这必然从内部直接影响着学生的主体性和客体性以及与教师的关系的变化、发展。因此，我们说师生主客体关系是相互主体渐变关系，显然是符合唯物辩证法的发展变化原理的。

"相互主体渐变说"从纵横两方面剖析了教师与学生在语文教学过程中的主客体关系，分析他们的动态结构，对语文教学实践有什么实际指导意义吗？回答是肯定的，探讨教学主体问题的实质是探究和规范教学过程中师生各自的职能和责任以及相关的关系和作用。长期以来，教学主体研究使用的是结构—功能方法，即试图通过教学系统内部结构，特别是教师—学生结构方式（即相互间的主客体关系和地位）的揭示，来明晰教和学的元功能和构功能（即教、学各自的职能和教学的职能）。其实更进一步的任务应该是考察师生双方如何实现各自的职能，构成最优化的双向良性互动，从而达成最大的教学效益。从方法上讲，就是要从结构—功能方法转向重动态、重联系、重实践、重操作的功能—结构—功能的研究方法。其实结构研究的目的还是为了功能的具备和发挥，因而应该强化功能研究，促进教学系统结构的优化。"师生双主体说"有利于发挥学生、教师在语文教学中的主动性、创造性、积极性，关于这一点，已有许多行家论述，在此不作赘述。"相互主体渐变说"的语文教育价值观还影响着语文教学过程，正因为学生的主体地位、主体作用是逐渐增强的，我们的语文教学就必须把握这一规律，顺应这一趋势。语文教师应该明确自己的主体作用是渐趋隐蔽、逐渐减少的，应该有意识地创造一系列教学模式、教学方法，使学生尽快适应教师与学生在教学中主客体关系的渐进变化。必须强调的是，要顺应变化而不是超越变化，因此必须渐进而不能跳跃，这是一个按部就班的渐进变化过程。美国学者玛斯卡·莫斯托恩根据教师与学生在教学过程中主体程度的渐次变化设计了"A—K11"种教学风格（详见《外国教育资料》1995 年第 2、3、4 期，高文《教学风格谱系的研究》），研究教学中如何实施，以及对学生身体、情感认知、道德和社会等方面的发展，很值得借鉴。

自进入 21 世纪以来，许多语文教师都致力于探讨语文课堂教学模式。其中有人就一篇课文或一堂课的上法设计教学模式，如颜振遥借鉴中科院心理研究所卢仲衡初中数学自学辅导法而创建的语文自学辅导教学模式，分成启发、阅读、练习、当时知道结果、小结五个步骤，就是一堂课的教学程序。又如魏书生的"自学六步法"教学模式，分为定向（明确教学目标）、自学（根据教学目的自学教材）、讨论（自学中不能解决的问题引入讨论）、解答（经讨论仍未解决的问题，由教师解答）、自测（根据定向的要求自我测试当堂评分，及时反馈）、自结（在教师引导下让学生总结知识的规律），也是就一堂课而设计的教学模式。其他还有洪镇涛老师提出的"五阶段"教学模式（提示、设问阶段，阅读、思考阶段，讨论、切磋阶段，归纳、总结阶段，练读、练习阶段），张建华老师提出的"引发—展开—归结"教学模式，宁鸿彬老师提出的"熟读—质疑—总结—运用"的教学模式。模式多种多样，各有千秋，但从总体上看没有实质的不同，都是截取一堂课来设计的。在此基础上，一些教师进而设计单元教学模式，如武汉师范学院黎世法教授创建的"六课型单元教学"模式，以一个单元教学为整体，将单元教学分为自学、启发、复习、作业、改错、小结六个环节；张晴华老师提出的"五步三课型反复式单元教学"模式，将一个单元的教学分为导读、仿读、自读、检查、写评，每一步又分自练、自改、自结三课型。设计单元教学模式相对于每堂课的教学模式，显然是一个进步，但其局限性还是很明显的：只限于一个单元，没有考虑单元与单元之间，甚至年级与年级之间的差异、层进关系。此外还有一些课堂教学模式是介于课文与单元之间的。在整个语文课堂教学过程中，这些教学模式可以说是截取了一个横断面、一小段，当然这些也是必需的，但仅仅停留在这一步也是不够的。我们不能只有局部而没有整体，应该在把握语文整体过程的前提下来考虑局部问题，将局部与整体结合起来。

在作文教学中，每当谈到作文批改，人们常常争论不休。从批的作文数来看，有的主张全批全改，有的主张部分批改，有的主张由学生交叉批改或学生自改；从批的质来看，有的主张精批细改，有的主张粗批略改，有的主张分等不改。其实，这些争论都是在一个层面上看问题，各说各有理。但是他们都忽略了语文教学中师生主客体关系是渐进变化的，都是从静止的角度看问题，忽略了语文教学的动态过程，说到底是缺乏一个科学的理论指导。如果我们能正确把握语文教学中师生主客体关系的理论，这些实践性问题将迎刃而解。

第3章 | 反思中学与大学

话说中学教师与大学教授

大学教授谈起中学教育改革很轻松，很潇洒，很有思想见地。中学教师听完后最初的感觉是很振奋，很新鲜，有一种茅塞顿开的感觉，但时间一长，他们发觉不对，因为在现实中根本无法实现，于是颇有微词。大学教授是理想主义者，中学教师是现实主义者，要面对中考、高考，谁都不能拿学生的前途开玩笑。

大学教授的长处似乎很明确——他们视野开阔，总是忙于建立学科体系，出一本本砖头大小的著作是他们努力的目标，因此他们中的大多数人无暇也不屑到中学去实际研究、解决一些问题。在这种情况下，他们与中学教师有隔膜是正常的，没有隔膜才是不正常的。他们的研究方法是理论的而非行动的，他们的逻辑思维是演绎的而非归纳的。因此，有些中学教师得出了极端的结论：大学教授是发射空对空导弹，虽有高度，但对地面一线教师毫无用处。理论当然有其价值，但是你只要读10本"教育学"或"教学概论"之类的书（绝无攻击教育学教授之意，只是举例而已），就会知道他们的问题出在哪里了，而且你只需读它们的目录，就会吃惊地发现这些书连目录都是惊人的相似。问题很清楚，教授们的著作有多少原创性是值得一问的，多看几本书，我们就有似曾相识的感觉，不由得人不想：是英雄所见略同，还是剪刀加糨糊似的拼凑？如果理论既没有原创性，又没有指导实践的价值，那么要理论何用？你也许会想，给你一年的时间，你也能编出一本这样的"理论书"。

大学教授进行教育研究的出发点应该在于他所感受到的教育中存在的问题。事实上，所有的学科最初也是因其中存在的问题而设置的，目的是为了求真。但是在后来的发展过程中，人们似乎忘了它的真正目的，而热衷于构建体系。学科分类本来只是一种手段，但现在似乎已经成为目的，而且是唯一的目的。任何研究包括学科教育研究，如果对存在缺乏体验、对生命缺乏敏感，那么无论怎样的理论和材料，都只是外在的摆设，只是一种没有转化成最终价值的手段。我不知道大学教授能否摆脱体系情结，但实际上，无体系的论述恰恰说明了其论述具有不可模仿的原创风格。面对基础教育现实中各种激荡的现象，大学教授可能有两种态度。一种是全然退避，退避到永远正确却几乎没有任何作用的体系建构中。这种退避从表面上看与世无关，实际上却是一种对现实不屑一顾的姿态。另一种是试图去理解正在发生的一切，借这种理解来超越现实。前者是安全的、稳健的，但容易流于无聊；后者是危险的、创造性的，虽然往往会被质疑是否具有学术性，但却常常具有开拓的气象，只是鱼龙混杂，难以判断。前者需要的是当代氛围的无形渗透；后者需要的则是历史基础，如房子的地基那样隐于不可见的深处。

中学教师的确很现实，现实到每天都得上课，每天都要面对学生，甚至每天都要改作业（当然节假日除外，然而有些学校连节假日都不放过），关心每一个学生的身心健康和学业成绩，关心他们的前途。一方面这是社会现实使然，另一方面现实本没有错，问题是现实不能拒绝理想，实践不能排斥理论。我们可以不必写一本本砖头大小的理论著作，甚至可以不必阅读那些泛泛而谈的"教育学"或"学科教学概论"之类的书（有真知灼见的除外），但中学教育改革必须有理想主义的激励，必须有现代先进教育理论的指导。理想主义是内在的驱动力，理论则是我们进行教育改革的依据和蓝图。教育改革其实是可为的，只要你想有所作为，虽然压力很大，困难重重。说句大话，很多困难是你主观上的错觉，是你无形中放大了压力，现实并没有你想象的那么艰难，是你的习惯导致你一味地采取守势，是你的思维定势和谨小慎微的个性使你不敢放开来大胆改革。中国足球的经验足以使我们认识到，一味地死守最终是要丢球的，只有进攻才是最佳的防守，只有进攻才是获胜的最佳出路。你千万别以为我真的是在说大话，因为我也是中学教师，带高三也有 11 年的经验，也有过和你一样的心路历程。当我最终把高考看透，彻底放开时，高考的结果反倒是出奇的好，于是我才能说出上面这些看似轻巧的话。

理想和理论也是中学教师成长、发展的主要因素，一线教师应该有理论素养，应该有理想主义精神在胸中激荡。没有理论，即使我们能够提出诸如"成功教育"、"愉快教育"之类的口号，而且在教育实践中不乏一定的功用，但因为缺乏深入的研究，许多经验上升到理论层面就显得十分苍白，流变为一种概念的炒作；没有理想，我们就走不远，因为教育者不能没有"乌托邦"，如果我们被现实冲刷得一点浪漫情怀都没有了，那不仅可悲，甚至有点可怜了。

现行教学方式中有碍创造力培养的几个因素

据报载，我国近年来涌现的发明家，绝大多数是在 45 岁以上。他们的创造能力并非直接来源于我们的高等教育，而是以半个人生为代价，是在实践中摸索出来的。在恢复正规高等教育后的 10 年内，我国高等教育的规模已逾 400 万人，毕业生达 300 多万人。然而，以 1987 年为例，在当年 217 个国家发明奖获得者当中，19 ~ 39 岁的青年只占 7.6%。而科学史表明：科技人员创造的最佳年龄为 25 ~ 45 岁。一方面是产生几百万大学毕业生而发明家却凤毛麟角，另一方面是大学生毕业后还需要一二十年的磨砺。[1] 法国著名创造学学者 B·德莫利说："学校应该是创造的摇篮。"日本著名学者乾侑的研究表明，9 岁以前是儿

---

①王伟群：《晚成的能力——创新教育与学校》，《中国青年报》1990 年 12 月 10 日

童创造力的启蒙阶段，9～22岁是培养创造力的关键时期，而这正是学生在学校接受教育的阶段。从某种意义上说，我们的学校教育延缓甚至延误了学生创造能力的培养和发挥，不能不令为人师者汗颜！

反思我们大学、中学现行教学方式中存在着的不利于学生创造力培养的几个因素，我们可以看出产生这一现象的一些原因。

一、中学阶段

创造力是个性的重要品质，是个性的灵魂。它集中反映了个体的智能、性格、意志、情操等各方面的素质水平，这些素质的高质量的组合就体现出一个人的创造力。这是个性发展的一个极为重要的方面和具体表现，也是一个重要的教学目标。在教学过程中，保护学生的好奇心和异样行为，解除学生的恐惧心理，鼓励多样性，让学生有充分的心理安全和心理自由，是培养学生创造力的必要条件。一般来说，只有民主化的师生关系才能创造出这种条件，而我们现在中学阶段教学的终端验证是中考、高考。社会衡量、评价教师的标准是单一的，就连宣传模范教师都会带上较高的平均分和升学率这个尾巴。显然，很多人只认高分数和高升学率。在这样的社会背景之下，教师所采用的一些教学方式，在一定程度上抑制了学生创造力的发展。

（一）教学目标单一化

中学教育的目标只有一个，就是高分升学。一切教学活动都是围绕着这个中心，与此无关的学生言行、思想即为闲事、闲话和胡思乱想，都将遭到严格的限制，学习之余的玩耍、幻想就在此列。这样一来，学生的行为集中在学习上，也许分数会有所提高，但是学生的想象力却受到很大的抑制。笔者以为，自由玩耍有利于创造力的培养，玩耍使得学生有机会发现许多事物的新特征，能刺激学生的幻想，从而使创造性行为有了出现的可能。心理学家皮亚杰把玩耍称为"创造想象的源泉"。教学目标单一化，学生的理性认知随文化水平的提高可能会升高，但情感体验不一定与之同步发展，特别是以逻辑——理智思维加工方式为尺度的现行教育评价和选拔制度，使相当多的学生的自尊心严重受挫。这不仅使他们对学习有自卑、焦虑情绪，面对挫折、失败时的心理承受能力低，兴趣狭窄、情绪不稳定，而且由此导致自信心、成就感以及对集体和他人的责任感下降。当代心理学家和伦理学家从不同研究角度共同认为，自尊感与责任感是迁移能力最强的人类情感，并且认定它们之间有密切的相关性，即自尊心的丧失是社会责任意识淡薄最大的情感因素。

（二）教学程序化

在中学教学中，许多人热衷于程序化，课堂教学如此，教学管理也如此。大小计划十分严密，步调一致，学生的一切行动必须按计划进行，学生简直成了机器，这极不利于学生创造人格的养成。教育家布卢姆在和创造性较强的作曲家、数学家的谈话中发现，在那些人和专业有关的早期行为中，大部分行为都不是计划好了的，而是"玩耍"的。教学应该规范，但不能刻板；教学应该有序，但不能机械。有人说：当一个人必须处在前进步伐一致的班级之下时，那正是学校作用的失败。罗素说："富有才华的个人发展需要有一个对他们来说几乎没有任何强求一致的青年时代。"这一现象值得我们深思。

（三）动机取向外部化

创造性理论认为，内部动机有利于创造性，外部动机有害于创造性。高考升学，参加竞争的人数之多，录取比例之小，社会、家长、教师期待之热切，导致学生的学习动机趋于外部化，为升学而读书，为求职而读书，为家长而读书，为教师而读书；沉浸于学习本身的动机在衰减，对学习的好奇心、兴趣在衰减；每次考试都使众多失败者的自尊心、自信心受到打击和摧残；以学习为乐，觉得学习既是一种挑战又是一种满足的学生越来越少。这对学生创造意识的培养产生了较大的消极影响。爱因斯坦在少年时代曾经就读于德国一所组织严密的学校，在那里，考试期间的压力重重地压迫着他，使他对科学失去了兴趣。由此我们可以看出，过多、过滥的考试，过于沉重的压力和负担，将严重破坏学生的创造意识。学校教育的宗旨在于从教育意义上帮助孩子培养一种热爱学习的动机——重视和追求阅读、写作、思考、计算、解决问题之类的动机，当孩子的学习动机因得到了精心培养而成为一种个性品质时，他们在未来的人生旅程中也将会充满创造、发明、贡献。

（四）测试标准化

测试标准化导致学生认识的绝对化。标准化考试只重视结果，而不重视思维过程，这显然对学生思维的发展是不利的。标准化考试强调精准，排斥模糊，长期的训练使学生养成这样一种习惯：无论碰到什么问题，只求明确、具体的答案。对事物的认识趋于绝对化，非此即彼、非彼即此。这种排斥模糊的思维方式，对创造性思维的培养起到了破坏作用。因为发散思维、创造性思维说到底是一种高级的模糊整合能力，当个体进入发散思维、创造性思维的发达阶段，个体的直觉、灵感、顿悟等发散型认识模式，实际上是对形式化确定思维的一种积极扬弃，是一种较高水平的综合思维，是一种高级的模糊化思维，对创造起重要作用。例如科学家通过模糊思维重视瞬间直觉和记忆中的知识，能使思路触类旁通，使科学探索在"山重水复疑无路"之际，又得独创之新天地。从模糊性和精准性的辩证关系来讲，作为矛盾对立的双方，模糊性是绝对的、普遍的，而精准性是相对的，是模糊性的特例。模糊性和精准性只存在于相互依存的关系之中，在一定条件下彼此转化。所以，在一切认识上只求精准、排斥模糊，是片面的、不科学的，这违反了认识规律，有碍于思维能力的发展。美国斯坦福大学教授埃斯纳曾在1986年出版的《教育视野》中指出："美国许多学校都把注意力放在可操作的标准化测试上，放在因此达到分类目标的要求上。除此之外，他们还把对学生的期待标准化。这种做法的程序本身常常对教与学做出写实化的反映。正是这种事先安排好的程序，虽然其目的是提高学习成绩，却使许多老师忽视了其不愿再去鼓励学生去探寻自己成功的独特道路。同时，为了完成成绩责任制而产生的学校气氛，常常对那些学生创造性发展最重要的过程起阻碍作用。"① 埃斯纳先生的这番经验之谈值得我们借鉴。

基于上述几个方面的问题，加上课程内容的统一化、教学过程的严谨化、课程秩序的强制性，几乎没有创造性地处理、加工信息的余地。中学生的创造意识和创造能力，不同程度地受到抑制和破坏。受无知和惯性的影响，许多人甚至成为发展潜能退化过程不可逆性的牺牲品，这正是我们缺少创造型人才的根本原因。而那些升入大学的学生，他们的创造力在大学里是不是能够得到很好的开发呢？

二、大学阶段

大学阶段的教学目的主要是继承。这里所说的目的，不是写在教学计划和教科书上的目的，而是通过一系列教育行动所体现出来的教学目的。继承前人的知识是必须的，但以此为满足，只停留在继承上，就没有发展、没有创造。

（一）灌输式的教学方法

大学阶段的教学方法主要是灌输，这在文科更为突出，教师念讲义、学生记讲义、考试考讲义。学生得到了系统的知识，却没有掌握科学的思维方法。而且师生之间的距离较大，教师就像布道者，学生则是虔诚的信徒，唯道是听，很少参与教师的研究，教师思考、研究的示范作用不能影响学生。然而事实上，优秀教师的思考方式和工作方式对学生创造能起积极作用。纯粹再现型的考试方法，削弱了学生的学习兴趣。赵鑫珊先生在谈到读书的五种动力时曾说："应付学校考试而读书恐怕是读书人的悲哀。当你把书打开，你好像是同你的冤家对头相对而坐，真是大倒胃口，这实在是无聊又无奈的事情。"（《解放日报》1991 年 1 月 5 日）爱因斯坦认为，教师不应当是一部图书馆的目录，照着本本刻板地讲课。爱因斯坦在某大学任教期间，头一堂课就预先声明，他不追求论述的优美和体系的完整，只希望把物

①王长纯：《当代西方教育艺术论初探》，《外国教育研究》1992 年第 4 期

理学的思想精神和方法教给学生；他允许、鼓励学生打断教授讲课，当场提出问题。他就是要启发学生丰富的想象、敏锐的直觉和大胆的创造精神。① 爱因斯坦应该成为我们大学教师学习的榜样。

（二）封闭式的教学特征

封闭式的教学特征表现为：第一，系科之间相互隔离。系科、学科之间界限分明，不是互相交融而是壁垒森严，教师很少跨系科交流，学生不能跨系科听课，教师的知识结构专而又专，学生的知识库存纯而又纯，这极不利于学生迸发出创造的火花。第二，学生与社会隔离。大学生的社会实践虽然近年来有所改观，但仍是机会少、时间短、效果不佳。学生对社会现实既缺乏微观的、具体切实的体验，又缺乏宏观的整体把握，不能深入了解国情、民情，学生的学习基本封闭在大学课堂里，从理论到理论，脱离实际。教学方法多用演绎式，忽视了归纳式的教学方法，即从现象的、实际的东西到理论的方法，这种方法接近实际，容易触发创造的灵感。第三，学生与科学研究隔离。大学生参与正规、系统的科学研究本是一桩很有益的事情，既有助于培养学生的创造意识和科研能力，又有利于科学研究本身。青年学生基本上没有保守思想，他们精力旺盛，想象丰富，让他们投身科研，无疑给科学研究注入了活力。一些著名大学大都把创造活动引入教学过程，美国麻省理工学院在教学计划中明文规定大学生从低年级起就参加科学研究，纽约州立大学的科研班子中三、四年级的学生占多数。前苏联每年有100万大学生参加科研，并纳入国家科研规划。② 而在我们的一些大学里，虽然也有完成毕业论文的任务，但培养学生的科研能力并没有具体、科学、系统地落到实处，学生基本上与正规科研无缘，无论从哪个方面来说，这都是极大的损失。

（三）"词典"型的人才模式

长期以来，我们的大学教育重视再现型评价，对知识评价过高，势

①陈亚先：《爱因斯坦的教育思想》，《科技导报》1992年第8期
②参见《教育研究》1991年第1期，第45、53页

必对创造能力评价过低，从而忽略和阻滞了创造能力的发展。经过三四年的大学学习，学生只是掌握了较为系统的本学科知识。长期以来，他们习惯于接受组织好的知识，对已建立的规则过分依赖，从而导致他们对模式的机械模仿，循规蹈矩，亦步亦趋，创造意识消磨殆尽，结果培养了大批"词典"型人才。这种"词典"型人才，有扎实的理论基本功，却缺乏实验动手能力；头脑里有系统的知识树，却缺乏创新意识；有"知之为知之，不知为不知"的求学态度，却缺少科学创新所必备的怀疑和求异精神；他们能够对现有的事物进行常规的解释，却难以建立新的秩序。有人说得好，如果一个人缺乏创造力，那么他在学术和职业方面的潜能就得不到发挥，甚至变得没有意义。从这个意义上说，我们的大学给了学生学术知识，然而给的只是知识的外壳而不是知识的精神，给了学生美丽的羽毛却没有给学生插上想象的翅膀，学生只能在原有的轨迹上行走而不能飞向更高的天空。

托兰斯和哈尔曼对西方国家的一些学校作了深入的调查研究后发现，现在，学校存在着许多阻碍创造力发展的因素。在此转录于下，作为镜子，对照一下自身情况，看看自己有没有类似的问题，这不无益处。

（1）过分追求成功，导致学生注意力偏移到实现个人的意图上来，从而使学生的创造冲动化为乌有。学生只顾体现个人价值和提高威望，很少接触所要真正学习的东西。

（2）以同龄人的行为做楷模，其后果是不仅修正自己的行为，而且还得小心翼翼地控制自己，使自己跟别人保持一致，不能表现"出众"，也不要发展什么个性。

（3）禁止提问阻塞了学生的创造活动。教师把学习目标看得过重，认为学生的提问是干扰因素。

（4）游戏的方法往往使教师和教育家不可容忍。

（5）经常有人对创造行为抱有偏见，把它看成是一种偏见，把它看成是一种变态，并常常进行讥讽。

（6）强大的随俗压力使创造性得不到发挥。

（7）严格的时间压力把思维活动局限在规定的时间内，使学生不得不死记硬背。

（8）权威式教育体制以畏惧心理作为一种教育方式，阻碍了创造性思维活动的展开。因为这种教育靠指示、规定和命令来使学生服帖，学生则抱着接受的态度。学生只顾接受别人的解决方法，却从不自己考虑解决的途径。①

我们要转变教育观念。教学目的应该是继承和创造并重，这必须体现在每一个教学环节当中。布道式的教学形式要减少，学生自学为主、教师个别辅导的形式要加强，考试的方式要改革，鼓励创造，对有独到见解、言之成理的答案应给高分。要让学生有机会参与正规的科研活动，培养他们的科研能力，让他们享受到创造的喜悦和欢乐，从而形成这样一种新的教学程序：视听——质疑——分析——评判——取舍——创造发展。事实上，有些大学生并不是按部就班、亦步亦趋，而是独立自主、自己钻研，其结果往往是学有所成、论有独创。

对高师中文专业教育的反思

作为一名合格的语文教师，其素质应包括：①有较深厚的语言、文学知识功底，掌握较广博的相关学科知识，具备较强的各类文体的文学鉴赏能力和写作能力。②有较强的语文教学能力。③具备较高的思想教育水平、较强的组织管理能力。④具备从事语文教学、教育的研究能力。我们将这四个方面简称为知识系列、教学系列、教育系列和研究系列。与之相呼应，高等师范院校中文系在培养学生时也应该从这四个方面入手。

---

①参见《外国教育资料》1993 年第 5 期，第 74 页

一、知识系列

高等师范院校以往在知识教学中，明显存在许多问题：①教学目的、核心目标不明确，各门课只有量的不同，没有质的主次区别。以古代文学为例，从授课时数看，课时最多，但这并不等于古代文学最为重要，传授这些知识的核心目标是什么不甚明确。②知识的"点"不够深入。无论是语言课还是文学课，各科教学都停留在一般性的介绍上，没有深入进去。③知识的"面"不够广。中学教学中所需要的一些重要知识都被忽略，如文艺鉴赏理论、比较文学、文艺心理学、文体知识等没有专门开课。一些特殊知识、技能也被忽略，如书法、朗诵、演讲、美术等均未引起足够的重视。④知识老化。许多教师手头上就只有一本"经"，年复一年地向学生"念"，没有接受新的知识、新的方法、新的理论、新的思想，满足于几十年"一贯制"。⑤传授知识的方法陈旧。教师念讲义，学生记讲义，课后学生背讲义，最后教师考讲义。这种方法已成为大学中文系教学的永恒模式。

针对上述问题，我认为：首先，必须解决知识教学的目的问题。知识教学的目的有两个，一是增加语言、文学知识及相关学科的知识，二是提高文学鉴赏能力和写作能力。前者是扩大师范生的知识储备，后者是解决师范生根本的能力问题；后者是核心，前者是为后者服务的。其次，师范院校培养的主要是师资，对于教师来讲，既要专又要博。中文专业的毕业生必须达到一定高度的学术水平，努力成为这方面的"专家"、"学者"。如果教师与中学生处于同一水平上，那就无法指导学生。同时，师范生还必须具备较为广博的思想知识、历史知识、艺术知识、教育基础知识，尤其要鼓励他们吸收与时代发展息息相关的新知识。这些知识的传授不必长篇大论，只求基本了解其大概、掌握其精神即可。

据此，中文系应开设语言知识、文学知识、思想知识、历史知识、教育理论知识、艺术知识和特殊知识等七大类课程。①语言知识包括汉语和外语，中文系的外语教学应增加一项内容，就是将外语与汉语进行比较教学，比较它们的共同点和不同点，找出其内在规律。采取这种教授法，对师范生以后从事语言教学将有很大益处，对中学生掌握语言知识也有很大帮助。语言知识的教学除了语言学概论、现代汉语、古代汉语之外，还应重视汉语史方面的知识。事实上，不但讲古代汉语要有汉语史知识，教授现代汉语也要有汉语史知识。中学语文课本选录了许多现代作品，同是现代作品，五四运动前后的一些语言用法与20世纪三四十年代的一些语言用法不同；新中国成立以前的一些语言用法与新中国成立以后的一些语言用法也有不同；今天文坛上又出现了一些新的语言现象，也应列入教学内容并加以比较。②文学知识包括各种文体的一般知识与鉴赏、写作知识以及古今中外的文学史知识，这些知识的教学要以培养能力为核心，突出培养师范院校学生的文学鉴赏和写作能力，这一部分的教学是重点，而且教学方法亟待改进。③思想知识。在中学学习的基础上，高等院校的学生应该进一步学习哲学原理，尤其要与当前的社会现实紧密联系，从而避免理论学习的"虚"与"空"。为了深入学习，教师应该讲授中国哲学史、西方哲学史，还应该讲一点当代西方哲学。事实上，许多学生都饶有兴趣地读一些西方哲学名著，与其让他们自发地、盲目地读，不如由教师指导，有目的地阅读。④历史知识。除了中国史的教学之外，很多青年人都喜欢横向比较。因此，教师不妨讲一点世界史，使之在更广阔、纵深的背景下进行比较。学一点世界史，也有助于学生对外国文学的鉴赏。⑤教育基础知识。除了教育学、心理学、语文教育学之外，还应介绍一些语文教学心理学、社会心理学以及教育传播学等学科的相关知识。⑥艺术知识。这里特指除文学以外的其他艺术鉴赏知识，如摄影、绘画、音乐、雕塑等。实践证明，学生掌握一定的艺术知识，具备一定的艺术鉴赏能力，既能开阔视野、陶冶情操，又有助于文学鉴赏水平的提高。⑦特殊知识技能，如书法、朗诵、演讲等，这些都是师范生应该具备的。现在，很多人写出的字很难看、难认，很多人说出的话很难听、难懂。要改变这种状况就只能从中小学抓起，这就要先训练"先生"、训练师范生，要知道，一个语文教师有可能会影响数千人。这一点无论如何都不能含糊。应该明确规定师范生没有拿到书法、朗诵的学分就不能算作合格毕业生。

拓展学习领域，挖掘学习深度，势必会延长学习时间。然而客观上时间又极其有限，这就迫使我们改进教学方法。教师少念讲义，多指导；学生精记笔记，多读、多问、勤思考。很多课程都可以采用教师粗线条教授的方式，传授方法，学习要点，发放讲义，介绍参考书，指导学生阅读，组织学生讨论，经常答疑，这有助于大学教师自身水平的提高。对于新知识、新学科，要多开选修课、多搞讲座，讲座可以由教师讲，也可以由研究生讲，还可以由学有所长的本科生讲，这有利于他们演讲水平、讲课能力的提高。考试方法也应改进，改变那种单一的背讲义的方式，可采用演讲式、论文式、辩论式、答疑式等考试方法。①演讲式：规定内容，规定时间，把所学的知识向老师和同学们讲述，允许发挥，鼓励提出不同的意见和见解。②论文式：规定大致范围，自由选题，写出论文。③辩论式：布置论题，预先给予时间准备，准备好了以后让双方展开辩论。④答疑式：规定某章某节，预先准备，然后回答老师、同学们的提问。上述几种方法可以改变中文系过去那种死读书、读死书的状态，有助于学生学术水平的提高，有助于师范生讲课水平的提高；同时，教师也可以从学生的智慧里吸收许多养料；考试时间灵活，无须集中在同一个时间，还可以减轻师生负担。

二、教学系列和教育系列

目前，师范院校与其他普通院校相比，没有显示出其应有的个性。不少师范毕业生分配到中学以后，不能很快适应教师生活，进入教师角色。究其原因，最重要的是师范院校在培养学生的教学能力方面非常薄弱。具体表现为：第一，师资力量薄弱。除教育系之外，其他科系的教育学、心理学、教学法的师资整体水平与专业课师资水平相比要低很多。这里有一定的客观原因，即从事教育理论教学的教师本来就少，优秀的教师又都集中到教育系去为教育学专业的学生上课。此外，很多教师的教学不注重实用性，不联系瞬息万变的现实，不研究今天中学生的特性，讲课从书本到书本，致使一些理论显得空洞乏味、苍白无力。许多师范生上了一年的教育理论课，居然不知道违反校纪的学生在什么情况下应该受什么等级的处分。第二，领导不够重视。长期以来，衡量师范院校的办学成就与衡量综合性大学的标准差不多，都突出学术、科研成果。有些人认为教育学、心理学是副科，甚至认为学不学这些课都无所谓，不学教育学照样能教书，这在很大程度上影响了师生的主观态度，导致大家都不重视这些课程。可想而知，在这样的情况下，如何能学好教育理论。事实上，并非因为这两门课没有作用，而是我们的领导看不到它们的作用，我们的教师没有充分挖掘出它们的作用，我们的学生也就忽视了它们的作用。当了几年中学教师后才感到教育理论重要时，就已经悔之晚矣。第三，实习期短，实习效果不佳。高等师范院校学生的实习期一般都在四个星期左右，只能简单了解一点教书生活，且教学实习的内容笼统单一，一般都是讲三四篇课文就算完事，其他教学环节基本被忽略。比如考试，怎样设置精确的双向细目表，怎样出好一份试卷，如何达到有效区分度、信度等都被忽略。至于教育实习，即班主任实习，在多数情况下属于走过场，大都是以旁观者的身份看看而已，并未承担实际责任。组织能力、管理水平、谈话艺术、思想工作能力一般得不到什么提高，因为没有多少实践，没有实际锻炼。正是由于上述原因，不少师范生对教师职业缺乏角色准备，在理论修养和实际能力方面都不适应教师的工作，不能胜任教师岗位。

针对这些问题，笔者认为首先应该调动学生学习教育理论的兴趣。①教师要讲好课，加强课程的实用性，理论不能空乏，要务实，紧密结合实际，不能枯燥，要有艺术性，给人以美的享受，吸引学生注意，同时也为他们今后的教学做出榜样。②与实习结合起来。教育理论可以在实习前讲授，也可以在实习后讲授，或者在实习前后各讲授一部分。很多师范毕业生当了一两年教师后，都深切体会到教育学、心理学、教学法的重要性。实践能使学生提高认识、提高兴趣，实践之后再来上教育理论课，效果定佳。③教学内容不能过于陈旧，尽可能向学生介绍一些专题研究的新成果。④教学形式也应该改进，可以组织上一些专题课和专题讨论课。前苏联在对未来教师进行职业训练时，很重视专题课和专题讨论课，利用这种教学形式有助于巩固、加深和扩充师范生的知识，帮助他们了解研究的新成果。⑤让师范生参与教育方面的研究工作，这也能提高学生的学习兴趣，有助于提高他们的思维能力和创造积极性。

其次，在学习和生活中努力培养学生的组织管理能力、思想政治工作能力。师范生的特殊性决定了他们每个人都必须具备这种能力，因此建议废除师范院校学生干部的"终身制"，改为"轮流执政"，每个师范生都要当当"学生官"，从小到大，逐步适应，逐渐提高他们的组织管理水平，定期考核他们的能力、评比他们的"政绩"，作为一项学分载入档案，不合格的延长"官龄"，直到合格为止。学生会、班委会、团支部，一人一职，各司其职，"轮流执政"，各显神通。如"官职"不够分配，还可以到附近中学的学生会、团委会挂职工作。

再次，延长实习期。要使师范生真正具有教育、教学能力，成为一名合格的教师，最有效的方法就是实习，时间应从现在的四周延长到一个学期或更长时间，内容要充实。让师范生真正走到教师的队列中，以主人翁的身份承担起教育的重担，任课并担任班主任，做到有职、有责、有权。只有这样，才能使师范生的教学水平、管理能力真正得到锻炼和提高，才能使师范生熟悉教学的全过程，如课时计划的安排，课堂实施教学，课余辅导、答问，课后的复习总结及命题检测等。这种实习能够使学生真正品尝到教师生活的酸甜苦辣，亲身体验教师的辛劳、光荣、幸福和欢乐，并为将来从教打下良好的基础。

三、研究系列

研究能力是一种较高层次的能力。师范院校中文系的毕业生，在毕业前都要提交一篇论文。然而，这方面也存在不少问题：①选题有失偏颇，大多是在中文专业的知识领域里选题立论，忽视教育方面的问题。而事实上，师范生在未来的教学中，重点是教学、教育方面的研究，它更有利于教师自己的成长。②对学生研究能力的培养缺乏系统性，这项工作基本上处于"无政府状态"。四年布置一两篇论文，根据选题，指定一个教师看看、指导指导，如此而已。没有科学的、系统的方法介绍，没有一定的量化训练措施，没有由浅入深的训练过程。因此，一般学生除了一篇论文之外，科研能力并无多大提高。

要解决以上问题，我以为：①师范院校中文系的学生起码应该通过两篇论文，一是中文专业的论文，二是教育方面的论文，以求师范性与学术性相统一。②研究能力的培养作为一项专门工作独立计划、独立安排，应该贯穿于整个大学阶段。第一至第三学年主要是知识教学期，也应是研究的准备期，这三年应系统地介绍研究方法，如文献的查阅与来源、变量的识别与标记、变量的操作与控制技术，还有历史法、测量法和观察记录法、问卷法和面谈法、个案研究法、统计分析法、数据处理的方法等，教会学生如何选题，如何确立论据的角度，如何积累材料、提炼材料，如何撰写。指导教师应该不时地选择一些优秀论文、优秀科研成果给学生分析解剖，鼓励学生借鉴学习，练笔写小论文，做读书笔记，逐步试写大论文。第四年的实习期也应是师范生从事教育、教学研究的研究期，教师先要把学生引导到科研的前沿阵地，让他们把握有关项目的最新动态；然后学生以实习学校为研究基地，联系实际，进行科研活动；最后是论文的形成时期，把科研成果写成文章，通过答辩。

综上所述，我认为师范院校在知识、教学、教育、科研等几个方面都应设有相应的详细指数，学生只有达到了各项指数的要求才能合格毕业；其中达不到要求的应留级补课，直到全部合格方能毕业离校；对于一些补课仍不合格者应降级使用，如本科降为专科，不再分配到学校任教。学校应严格控制，把好质量关。高等师范院校强调质量意识关系重大，因为师范院校是中学教师之源，这直接关系到为中学输送的教师的水平。师范院校的教学质量提高了，中学教师的水平自然也就提高了；中学教师的教学能力提高了，就能培养出一批批合格的建设人才。这之间的锁链关系环环相扣，而源头正是师范院校。

试论白居易的后期思想

关于白居易的后期思想，人民教育出版社出版的《高级中学语文第六册（必修）教学参考书》说道：白居易"晚年锐气大减，思想消沉，过着半退隐的生活"。这个说法源于中国古代文学史。游国恩等学者编的《中国文学史》，把白居易一生分成两个时期，以白居易被贬为江州司马为界，前期是积极的，后期是消极的，这个观点基本上成为文学史家的共识。中国社会科学院文学研究所编的《中国文学史》，刘大杰先生编的《中国文学发展史》，以及后来一些大专院校编的《中国文学史》，都持有类似的观点。

我在广泛研究白居易的诗文及其有关活动资料的基础上对此提出了质疑，现不揣浅陋，提出来求教于专家学者。

白居易作为一个杰出的历史人物，其社会角色是多维的。其最主要的角色有二：一是诗人，二是官吏。在文学的殿堂上，他成功扮演了诗人的角色，赢得了骚人墨客的赞赏；在社会的舞台上，他成功扮演了地方官的角色，赢得了人民的喝彩。首先，白居易是一位诗人，我们在评价白居易的思想时无疑应辨析其诗作的思想意义；其次，白居易又是一名官吏，我们在评价其思想时应考察其政绩的社会价值。以此为依据，不可偏废，倘若忽略其中之一，都无以全面而准确地还白居易思想以本来面目。衡量思想的积极与否，当以其对待人民的态度为尺度，以是否有益于人民为准则。我认为，白居易的后期思想和前期思想都是以积极为主，而且从一定意义上说，其后期思想比前期思想更进一步。为了认清这个问题，我们当从前期说起。

白居易所处的时代是唐朝逐步趋向没落的时期，安史之乱过后，各种矛盾日益尖锐，统治阶级和人民的矛盾加深了，地主、官僚疯狂地兼并土地，致使广大农民丧失土地，纷纷破产逃亡，有的则聚众起义。统治阶级内部矛盾激化，中央政府与地方藩镇为了争夺权益而发生混战，宦官掌握禁军大权，专横暴虐，无恶不作，牛李党争，此起彼伏，无休无止。租庸调、两税法先后遭到贪官污吏以及地主豪绅的破坏，经济发生混乱。一切都表明，唐朝已病入膏肓，行趋没落。

一、前期

作为官吏，白居易为官之初是比较顺利的，在通过了各种考试之后，中进士、当县尉、做翰林学士，遇上了比较明智、能干的宪宗皇帝。当时，宪宗皇帝正需要一批年轻的有识之士来充实政权力量，消平藩镇势力，重振中央权威。公元808年，白居易被授左拾遗，从理论上树立了一个比较完整的政治理想，"重礼教以归化人心"，"遵贤能以澄清吏治"，"罢兵革以苏民困"，"薄赋敛以安民生"。行动上，为了实现自己的理想，白居易与宦官、旧官僚展开激烈的斗争。他年轻气盛，疾恶如仇，锋芒毕露，直言进谏，毫无顾忌。白居易后来所进的数千百言，皆人难言者，致使宪宗皇帝不乐说："白居易小子，是朕拔擢致名位，而无礼于朕，朕实难奈。"在谏官的岗位上如此，改官后也是如此。在元和九年的左赞善大夫的位上，因官非谏职，而先谏官而言事，被斥为"浮华言行"，贬为江州司马。

白居易如此表现的目的何在？他自己多有表述，"救济人病，裨补时阙"（《与元九书》）。这个时期白居易的所作所为是为了"补天"，想重新恢复唐王朝兴盛的局面，妄想通过皇帝、官僚地主来实现自己兼济天下的理想。应该说他的表现是积极的，而且他的政治主张和积极努力，从其主观上说是想有益于人民，客观上也一定程度地有益于人民，但是这个程度是很有限的。有例为证：公元809年正月，南方很多地区受旱灾，3月长安城附近也大旱，农民衣食困难，官府豪绅依然催租逼税。白居易知道这种情况后，上疏请求"减收租税"以"实惠及人"，宪宗皇帝果然降了"德音"，但是当减免租税的"德音"传到乡村的时候，大多数农民在官吏的威逼下已"典桑卖地"缴纳了租税（见《杜陵叟》）。由此可见，大多数贪官污吏贪赃枉法已经成性。白居易前期借皇帝、官僚地主来实现自己兼济之志，然而人民所获实益是十分有限的。

作为诗人，白居易这一时期的诗作有着非常鲜明的战斗性，闪耀着现实主义的光辉，著名的《秦中吟》和《新乐府》就是在这一时期所作，大胆地批判统治阶级的丑行，深刻揭露社会矛盾，对人民寄予了深切的同情。"唯歌生民病"，目的还是"愿得天子知"（《寄唐生》），还是想通过皇帝来实现兼济天下的理想，因而对皇帝除了讽喻、忠告，也有歌颂——"乃知王者心，忧乐与众同"（《贺雨》）。对待官僚地主的不法行为，白居易予以揭露，加以规劝和警告——"地不知寒人要暖，少夺人衣作地衣"（《红线毯》），有时看到统治阶级的丑行他会禁不住怒骂起来——"虐人害物即豺狼，何必钩爪锯牙食人肉！"对待忠臣贤相，白居易予以歌颂：《道州民》表扬道州刺史阳城废除当地进贡矮人的恶俗；《青石》表扬段秀实、颜真卿两位贤臣对国家忠心耿耿、宁死不屈的精神，这是为了在官僚地主当中树立榜样，提供学习效法的楷模。

歌颂赞扬与揭露怒骂这两种截然相反的态度落在同一对象——官僚地主阶级身上，恰好说明白居易对他们怀有信心，相信他们能够成为好皇帝、好官吏、好地主，对他们寄予了极大的希望，唯其如此，他才孜孜不倦地把工作精力放在他们身上。白居易在《新乐府序》中说得很明白，他写新乐府，"欲见之者易谕也"，"欲闻之者深诫也"。并公开申明第一是"为君"，其次是"为臣"，第三是"为民"。其中的原因与白居易在官场的时间不长有关系，他还比较年轻，受到的打击和挫折相对较少，对统治阶级、唐王朝历史命运的认识有一定限度，因而雄心勃勃、信心满怀，很想成就一番事业。

二、后期

要明确白居易后期的思想，必须搞清楚以下几个问题。在后期，作为诗人，白居易写了不少闲适诗，对此我们应该怎样看？作为官吏，白居易自求外任，原因是什么？白居易在地方任上有何作为？

　　白居易后期，大量的社会矛盾一步步激化，随着在官场时间的一天天长久，他看到了许多问题，对统治阶级自中央到地方的黑暗腐朽有了更加深刻的认识，看到了皇帝、宦官、旧官僚、新官僚的凶恶面目以及他们之间不断倾轧攻杀，官僚们在大旱之年骄奢淫逸依旧，挥霍无度依旧，许多忠臣、挚友遭到无辜的诬陷、打击和迫害，特别是自己身遭打击，使他看清了唐王朝的必然命运，认识到自己在朝廷将不能有所作为。公元 815 年，白居易被贬为江州司马。这次被贬，对诗人的打击是相当大的，诗人感叹："卧逃秦乱起安刘，舒卷如云得自由。若有精灵应笑我，不成一事谪江州。"（《题四皓庙》）自己虽然作了不懈的努力，但结果却一事无成，横遭贬谪。他痛苦地看到唐王朝逐渐走向灭亡，而且这是无可挽回的，因而他开始对统治阶级感到失望。公元 816 年，白居易作了《端居咏怀》："贾生俟罪心相似，张翰思归事不如。斜日早知惊鵩鸟，秋风悔不忆鲈鱼。胸襟曾贮匡时策，怀袖犹残谏猎书。从此万缘都摆落，欲携妻子买山居。"这是借贾生来表白自己的心迹，尽管胸怀"匡时策"，但却动了归隐的念头，什么原因呢？他对皇帝不再信任、不再寄予希望了。白居易对官僚地主也失去了信心，甚至对于多年的朋友也不再信任了。初闻被贬时，白居易作《寓意诗》，其中谈到了他与杨虞卿的友谊——"与君定交日，久要如弟兄"，但是"云雨一为别，飞沉两难并。君为得风鹏，我为失水鲸。音信日已疏，恩分日已轻。穷通尚如此，何况死与生"。白居易与杨虞卿有十七八年的交情，当白居易遭受打击时，杨虞卿竟见利忘义，出卖戚友。白居易极为怨愤，他感叹道："乃知择交难，须有知人明。莫将山上松，结托水上萍。"

　　作为诗人，由于失望，白居易写了不少闲适诗，他曾一度产生归隐的念头，积极奋斗的热情减退，开始仰慕陶渊明、谢灵运，写了不少诸如《访陶公旧宅》之类的诗。有时白居易借诵读佛经以慰藉自己，如《晚春登大云寺南楼赠常禅师》等诗。白居易对自己的归隐思想曾有过明确的说明："饱谙荣辱事，无意恋人间。"（《寻李道士山居兼呈元明府》）正是由于白居易前期对统治阶级寄予了很大希望，而且作出了很多努力，所以一旦认识到这一切都是徒劳，他就会感到极其失望。

但是，白居易并没有放弃自己的理想。公元 817 年，白居易作了《栽杉》："……昨为山中树，今为檐下条。虽然遇赏玩，无乃近尘嚣。犹胜涧谷底，埋没随众樵。不见郁郁松，委质山上苗？"末两句说明朝廷有达官贵族专权，乡村有土豪恶霸逞凶。在朝在野都是一样，与其退隐独善其身，不如出仕兼济他人。白居易在思想深处是不忍撇下人民于不顾的，他认识到退隐的错误，他说："案《唐典》，上州司马秩五品，岁廪数百石，月俸六七万。官足以庇身，食足以给家。州民康，非司马功；郡政坏，非司马罪，无言责，无事忧。噫！为国谋则尸素之尤蠹者，为身谋则禄仕之优稳者。"（《江州司马后记》）以国家利益为重，诗人放弃了归隐的念头。他说道："常恐不才身，复作无名死！"（《初入峡有感》）他决心要把自己为国为民的事业进行到底。他说："赠君一法决狐疑，不用钻龟与祝蓍。试玉要烧三日满。辨材须待七年期。周公恐惧流言日，王莽谦恭未篡时。向使当初身便死，一生真伪复谁知？"（《放言五首》）表现了诗人坚定的信念。

白居易后期的诗作既表现了他的动摇、归隐、回避，也表现了他的坚定、入世、参与；既表现了他的清醒、沉着，也表现了他的迷惘、感伤。其实白居易的思想的确有着明显的二重组合，积极、消极确实存乎其身，这本属一般中国古代文人常有的一种正常心态。唯其矛盾，更可见其真实。狄德罗说："说人是一种力量与软弱、光明与盲目、渺小与伟大的复合物，这并不是责难人，而是为人下定义。"伟大的人物常常是复杂的人物，在社会动荡时期尤其如此，如果一个伟人没有任何矛盾，没有任何自我战胜、自我克服的过程，那么这个伟人的思想就是不真实的、不可感的、不可信的。但二重组合并非平分秋色，自然有主次之分。鲁迅说："一个战士并不是全部可歌可泣的，但又无不与可歌可泣相联系，这才是真正的战士。"鲁迅的这一观点是二点论与重点论的统一，这才是辩证法。

对于白居易的闲适诗与感伤诗我们不能不看，但对有些诗也不能过于认真。其实说穿了，白居易有时不过是借诗来发发牢骚、发泄不满，是一种情绪的宣泄，是看破世事的一种愤极之语，诗人自己有时并不很认真，有些闲适诗纯粹玩儿似的，读者何必一定要从中加以定性定质呢？现实生活中的我们有很多人也是这样，发发牢骚、讲讲过头话，难道我们能够据此给个定性的结论吗？白居易曾说："面上灭除忧喜色，胸中消尽是非心。"还说"世间尽不关吾事"，"世事从今口不言"。（游国恩等主编《中国文学史（二）》，第119页）这是一些文学史家认定白居易后期思想消极所引作论据的几句诗。其实对这几句诗我们不必较真，一较真反而出笑话，因为这是根本不可能的事。如果我们信以为真，那么后来他造福于民的举措又该如何解释？白居易的一些诗作本身就有矛盾的地方，我们关键还应看其行动。

作为官吏，白居易始终不忘怀人民，后期的他以更多的时间、更多的精力、更实际的举动投身于为人民造福的工作中，在地方任上写下了辉煌的一页。我以为，白居易的后期思想主要体现于此。

他要把自己的事业进行到底，但朝廷又不可能实现，那么只好到地方上当一个有实权的官吏，才能得以在某个地方实现自己的理想。公元818年十二月，白居易升迁为忠州刺史。诗人受命之后，欣喜若狂。在实现理想的征途上他重新看到了希望，他高兴地唱道："遗簪承旧念，剖竹授新官。乡觉前程近，心随外事宽。生还应有分，西笑问长安。"（《自江州司马授忠州刺史仰荷圣泽聊书鄙诚》）"感旧两行年老泪，酬恩一寸岁寒心。忠州好恶何须问，鸟得辞笼不择林。"（《除忠州寄谢崔相公》）虽然忠州地僻荒凉，白居易并没有过多地考虑它，他到任之后最注重、最关心的是如何改善郡政。他看见满山遍野的农民起早贪黑地劳作，然而却衣不蔽体、食不果腹，内心十分烦闷。每当听到那些无衣无食的人唱起竹枝词时，他心里非常痛苦："竹枝苦怨怨何人，夜静山空歇又闻。蛮儿巴女齐声唱，愁杀江楼病使君。"（《竹枝词四首》）之二）白居易根据忠州的情况，从三方面做起。首先是"劝农"，使州民努力生产。其次是"均赋税"，就是按生产纳税，这样就打击了不纳税的土豪劣绅。再次是"省事宽刑"，就是尽可能地减少人民差役和减轻刑罚。这三项措施收到了很好的效果，给人民带来了较大的实际利益。不仅如此，诗人还率先躬行地引导人民造林，在城东严颜桥附近种植很多柳树，又在城东的坡上种植了一千棵果树。在不满两年的任职期间，白居易取得了明显的政绩，为人民带来了实际利益。实践使白居易认识到人民的痛苦和需要，认识到任地方官是实现其理想唯一切实可行的途径。离开忠州时他依依不舍，认为自己事情还是做得太少了，感到不安："我去自惭遗爱少，不教君得似甘棠。"（《别桥上行》）

公元 820 年初冬，白居易回到长安，担任司门员外郎。工作轻闲，当然不可能实现他的理想，哪怕是部分的，所以诗人非常苦闷，时常发牢骚。公元 822 年正月，弓高被幽州兵攻入。情势已极为严重，白居易出于对祖国的热爱，上了《论行营状》，就整个战局作了全面的分析、研究，并指出制胜的策略，白居易的主张基本上是正确的，但没有得到穆宗应有的重视。白居易见朝政日非，"累上疏论事，天子不能用"（《旧唐书·白居易传》）。多次冷遇，加深了白居易的失望，看到朝廷朋党倾轧得厉害，多年的好友也逢迎宦官，以换取高官厚禄，白居易心冷似铁，毅然决定"乞求外任"。

对于白居易避开党争之祸自求外任，一些文学史家以为是消极的，而笔者认为当以其目的和到任以后的作为来判断。白居易在《衰病无趣因吟所怀》中说："终当求一郡，聚少渔樵费。合口便归山，不问人间事。"意思是说求任地方官是为了聚财，以便日后归隐。对照事实，此说可首先排除。王谠《唐语林·文学》中记载了白居易的行为："及罢，俸钱多留官库，继守者公用不足，则假而复填，如是者五十余年。"后代不少人作诗赞扬白居易的廉洁俸公。清代诗人舒位《又题元白长庆集合》一诗云："湖山春管红，禄俸吏收藏。"祁隽藻《书香山诗集后感帅中丞事》云："冷吟闲醉忙杭州，谁识清风宦迹留，一样私钱付官府，白香山后帅仙舟。"由此可见，白居易自求外任绝不是为了聚钱屯财。

其次，我们还可以排除白居易自求外任是为了纵情山水作逍遥游之说。的确，白居易是个喜欢游山玩水的人，在杭州、苏州任上少不了要游山玩水。但是我们必须看到，在杭州他是"凌晨亲政事，向玩恣游遨"，早上一起来就忙于处理政事，直到晚上才出去游玩，所以诗人描写晚游夜宴的诗句最多——"褰帘待月出，把火看潮来"（《郡楼夜宴留客》），"谁留使君饮，红烛在舟中"（《湖上夜饮》）。有时诗人利用假日游玩，在苏州他是忙了九天再玩一天，九天里，他"朝亦视簿书，暮亦视簿书"（《题西亭》），"清旦方堆案，黄昏始退公。可怜朝暮里，消在两衙中"（《秋寄微之十二韵》）。诗人说道："无轻一日醉，用犒九日勤。微彼九日勤，何以治吾民。微此一日醉，何以乐吾身。"（《郡斋旬假命宴呈座客示郡寮》）可见，白居易是在工作之余利用休息时间游玩的，这是无可指责的。

说到这里，白居易自求外任的目的已初见端倪。我们再往下看。白居易到任杭州以后，就把大量的时间和精力投入到为民治郡的工作中去，他本着"勤恤人庶，下苏凋瘵"的精神，事无大小，都亲自动手，"鳏茕心所念，简牍手自操。何言符竹贵，未免州县劳。……烦襟与滞念，一望皆遁逃。"（《初领郡政，衙退登东楼作》）他着手解决了杭州人民最大的事——水的问题。增筑湖堤，蓄积湖水，引湖水灌田。提高湖水的水位，做到湖、河、田畅通无阻。除此之外，白居易还把从前李泌在杭时淘过的六个大井重新浚治，为市民用水提供了方便。在其他方面，白居易对役政、赋税、文化都有所改进。诗人在《醉后狂言酬赠萧殷二协律》诗中说："……我有大裘君未见，宽广和暖如阳春。此裘非缯亦非纩，裁以法度絮以仁。刀尺钝拙制未毕，出亦不独裹一身。若令在郡得五考，与君展覆杭州人。"由此可见，白居易避开党争自求外任原因是对皇帝、官僚们彻底失望，目的是为了在地方上实施他的政治主张，实现他的理想。这个结论既符合白居易到任杭州以后的所作所为，同时也是顺理成章的。在忠州任上他已经尝到了"甜头"，转到中央任职以后，遭穆宗冷遇，使他又一次感到失望，回顾忠州任上，他越加感到当地方官是他实现理想行之有效的方法，所以他提出了外任。

　　其实，这些在白居易的诗文中都已有所表露，白居易到杭州作了一首《郡亭》，诗道："山林太寂寞，朝阙空喧烦。唯兹郡阁内，嚣静得中间。"一个"空"字说明在朝廷徒然诤谏争斗，于国于民毫无益处，怎么办呢？像陶渊明那样逃归山林、洁身自好，还是像谢灵运、王维那样名官实隐，纵情山水？但这些都等于自己放弃了自己的职责，这也意味着政治生命的结束。白居易是不甘寂寞的，他选择了一个既不是空自烦喧不能有所作为的朝廷，又不是放弃政治生命的寂寞山林，而是能够实现理想的地方州官，这才是白居易的真实心态。应该说白居易的后期为官，虽然脱去了前期的锋芒，然而比起前期更成熟、更老练、更实际，对官僚地主有着更清醒的认识。

　　弄清了白居易自求外任的目的之后，我们可以毫不犹豫地断定，他这种思想显然是积极的，而且以实际行动给人民带来了实际利益。从这个意义上看，其后期比起前期来可以说是一个进步。值得我们注意的是，白居易的这种思想贯穿于白居易后期的始终。公元 815 年在江州，白居易的这种思想可以说是酝酿萌芽阶段。公元 819～820 年在忠州，是白居易这种思想的实验阶段，取得了明显的效果，得到了人民的好评，人们为了纪念他，建有白公祠，这个阶段为以后的继续实行奠定了坚实的思想基础。公元 822～824 年，白居易主动乞求外任，在杭州努力实现他的理想。公元 825～826 年在苏州，白居易继续他的事业，到郡之初，诗人以全部精力研讨民间疾苦，根据实际情况确定了一些办法，然后马上投入紧张的工作。白居易的"自到郡斋，仅经旬日，方专公务，未及宴游，偷闲走笔题二十四韵，兼寄常州贡舍人，湖州崔郎中，仍呈吴中诸客"有比较详细的记载，苏州人民得了不少实惠。苏州任后，白居易虽然不再做地方官，但是白居易的思想信念毫无减退。公元 833 年，杨虞卿被贬为常州刺史，白居易写了一篇寓意深长的诗给杨虞卿，用自己的亲身体会和经验规劝杨虞卿，希望他能退出党争，切实为老百姓做点实事："须勤念黎庶，莫苦忆交亲。此外无过醉，毗陵何限春。"(《送杨八给事赴常州》)在生命的最后几年里，白居易曾在洛阳发动当地僧俗人等，用"贫者出力，仁者施财"的办法，开凿了八节滩、九峭石这两个险滩。从那以后，"夜舟过此无倾覆，朝胫从今免苦辛"（《开龙门八节石滩二首》之二），为当地百姓做了一件大好事。

总而言之，积极工作、努力造福于人民，是白居易后期思想的主导。对一个人的思想，要全面地看，不能忽略其主要的社会角色。白居易思想前后期都是以积极为主，只是前后采用的方式不同。前期是通过歌颂、批判、揭露、讽谏、规劝来追求理想；后期是通过地方任上的一系列具体行动部分地实现他的理想，后者比前者更实际，于民更有利。方式不同，来源于认识不同。前期白居易对统治阶级的认识不够透彻，对皇帝、官僚充满信心，寄予希望；后期白居易对统治阶级有了清醒的认识，因而产生了很大的失望。认识不同也有两方面的原因：一是他的个人实践，前期白居易在官场时间较短，仕途相对顺利，后期在官场时间已经比较长，且多次遭到贬谪；另一个是时代的原因，前期唐朝社会的各种矛盾比后期较为和缓。

文学史家们更多地专注于白居易后期的"诗人"角色，而忽略了白居易的"官吏"角色，因而对白居易后期思想的评价得出了不适当的结论。

第4章 | 反思课堂教学

质疑公开课

课听得多了，觉得有必要反思一下观摩课、示范课和公开课。

我认为，此类课应该分级。根据上课教师的不同，起码应分为两大类：一类是参加工作不久的青年教师，完全可以沿用现在流行的方式，反复备课，反复试教，个人备课，集体备课，不断接受来自各方面的修理意见，最后上台表演。这一系列反复的过程是青年教师掌握规范的过程，是青年教师明确如何上好课的过程，是激发青年教师精益求精的过程，从而使青年教师学会上课。另一类则是已经工作好几年的教师，绝对不能采用上述形式，因为在掌握规范多年之后，再来表演规范，很明显会让人感到做作，是在演戏，而不是教学实验。在掌握规范之后，应该超越规范。

听课与看戏不同：教师听课明显是带着学习目的而来的，观众看戏一般是为了观赏。观赏就是看你表演，你就应该表演得非常漂亮、圆满，具有可观赏性。听课是为了学习，就应该具有可学性，因此它必须在常态下进行，这是教育实验的一个基本要求。观摩课虽然不拒绝漂亮，但应该拒绝为表演而表演，拒绝为刻意追求漂亮、完美而失常。失去常态，就失去了真实，失去了其实验的价值和意义，失去了可学性。虽然我们并不拒绝漂亮，但在目前观摩课更多地追求表演性的时候，为了力纠时弊，我倒觉得现在有必要提倡否定表演、杜绝表演。说到这里，我想到一个问题：为什么我们上了这么多的语文公开课、观摩课和示范课（在众多学科中，公开课之多没有超过语文的），而语文课依然问题很多（是不是最多我不敢说，但受到抨击、批判最厉害是不争的事实），而且从总体上看，学生对语文课兴趣不大，甚至一些学生讨厌语文（有调查表明，语文课仅好于政治课）？原因多种多样，其中之一就是这种观摩课没有可学性，仅有表演性；没有学习意义，仅有欣赏价值；没有学习价值，甚至执教者本人在平常教学时也不这么上。可见其假到什么程度，虚到什么程度，脱离实际到什么程度。

观摩课到底观摩什么，示范课到底示范什么，听课到底听什么，这是值得我们思考的问题。我认为，公开课的目的在于实验，听课的目的在于学习、交流。因此，我们就应该考虑实验的目的、学习的目的。语文课堂教学实验无非是要探索一种新的教育思想在课堂教学中的实践，探索一种新的教学手段的运用，探索一种新的教学模式、教学方法、教学课型、反馈系统、评价方式在教学常态下的呈现（这里用"呈现"而不用"展示"，因为"展示"很容易走向表演）。

正因为是新的探索，才能给人以新的启发、思索；正因为是常态下的呈现，才能给人以学习、借鉴的意义；也正因为是探索，才无需圆满，也不求十全十美，一扫表演的痕迹，即使那些不成功的地方，也能从反面给人以启迪和教训。

如果这个观点能够得到认可，进而成为大家的一种共识，那么结果和意义是显而易见的。第一，我们的语文公开课就会呈现一种百花齐放、百家争鸣的喜人局面，而不像今天的各种观摩课给人以千人一面、千课一味的感觉。第二，语文教学的实验探索就会逐步推向深入，语文教学及其研究就会逐步走向科学化，而不像今天的公开课徘徊在原有层面上，始终脱不了分析的路子，形式或许有些变化，但始终是在分析。分析在很大程度上肢解了一篇篇美文，使许多学生对语文缺乏兴趣，甚至讨厌语文。语文课为什么一定要分析呢？不分析难道就不行吗？我并不是绝对反对分析，而是反对分析一统天下。正是因为缺乏逐步深入的科学探索，我们的语文教学才总是止步不前。可以说，20世纪80年代初和90年代末的语文课基本上没有什么区别，没有多大发展，而且旧有的问题没有得到解决，甚至越来越多、愈演愈烈。我们期待真正的科学探索能一点一点地解决问题，一步一步地向前发展。第三，常态下的实验值得学习、借鉴，能够逐步影响一些人，慢慢扩大，最终渐成气候，而不像现在的观摩课，听完以后，许多人觉得的确很漂亮，但根本无法学习，于是依然故我，还是老一套。必须指出的是，我们这里所说的学习是真正意义上的学习，而不是简单的模仿照搬，我们绝不是忽略教师的个性风格，而是尊重教师的个性。

我们总在说素质教育是以培养创新精神和实践能力为核心的，要培养学生的创新精神，然而我们教师自己是不是更应该具备创新精神呢？语文课堂正是语文教师创新的一块田地。如果语文教师能够具有创新精神、创新能力，那将在人格上给学生以极大的正面影响。

观课评课的视角
——评《瓦尔登湖》一课

研究课的上课很重要，但更重要的还是评课。研究课的上课其实是给老师们研究评课竖一个靶子，或者是为讨论搭一个台子。刚才大家基本是从教学层面来谈的，而作为一个名师后备人选，就不能仅仅局限在这个层面上，还应该从课程的层面来谈，S老师就是从课程层面来谈的。我想评课应该有高度，不能就事论事、就课论课，如果仅仅站在教学层面来谈那就太狭隘了。

我从三个层面来谈。最上位的是教育的角度。从育人的角度来谈，当前社会消解崇高，消解伟大，社会中低俗、渺小的事情太多，人们面对低俗不觉低俗，面对渺小不觉渺小，而是津津乐道。法国总统萨科奇上任之初，新学期一开始，法国全国85万名教师收到萨科奇总统的一封信，他倡导"重建学校"，"培育对真、善、美、伟大与深刻事物的欣赏，对假、恶、丑、渺小与平庸事物的厌恶，这便是教育者为儿童所承担的工作，这便是对儿童最好的爱，这便是对儿童的尊重"。

第二个层面是课程层面。Z 老师事先给我们的评课提纲主要提到两个问题：一是最适合的教学内容是什么，二是学生通过这堂课能学到什么。这两个问题的答案都要涉及这篇课文的教学目的，而教学目的的确定必须站在课程的角度，从整个高中语文教学来看，我们要充分认识这篇文章在整个高中语文教材中的意义和地位。刚才 S 老师谈了这篇文章是近代外国优秀作品的一个代表，我们不能总是让我们的孩子停留在批判现实主义的久远年代，近一两百年的作品也应该教学生读懂，读懂外国人的文化、思维。通过这篇文章的教学，让一部分基础不是很好的学生知道还有这样一种作品，让文化底蕴较好的学生有更进一步阅读原著的愿望。

第三个层面是教学层面。这是一篇经典作品的鉴赏。所谓鉴赏，首先是要读进去，然后再跳出来。大家刚才都觉得此文难度大，学生很难进去。在这个问题上，我们最要紧的是让孩子们读进去，以什么样的心境走进文本至关重要。J 老师的课一开始我觉得挺好，请学生想象梭罗走在瓦尔登湖畔的时候是怎样呼吸、怎样的脚步。当时我感觉自己的一只脚已经踏进去了，但是很可惜，J 老师急急忙忙让学生讨论。其实，J 老师应该让孩子们静静地读进去，想象自己就是梭罗，走进瓦尔登湖那个宁静的世界。但 J 老师害怕冷场，要学生讨论、说话，而且节奏跳跃太快，找什么圆涡，一下进入问题意识，学生还没有进去就开始解决问题了。我认为教学设计一定要讲究逻辑化，但教学过程一定要自然化，顺着学生阅读的节奏来，一旦打乱了这个节奏，学生的兴致就减弱了许多。Y 老师的朗读我觉得很好，让学生对文字、文字所描绘的画面产生了兴趣，但是节奏可以再慢点。T 老师语速太快，更不符合这篇文章的特点。T 老师把这篇文章作为高考现代文来教，与文本风格不符。不能将此文降格为高考的阅读材料，用太功利的教法无法走进这篇文章纯净的精神世界。至于这篇文章的超验主义写法，我觉得对中学生不必过多地讲理论概念术语，还是要从文本出发，从语言出发，从文句出发，慢慢品读，学生总会有所感悟。我也是第一次读这篇文章，我觉得这篇文章是用写实的笔法来写虚，是大写意，是大象征，让孩子们通过品味有所得、有所获就可以了。

今天的评课我们交锋的不多，也许与文章本身难度高有关，今后评课时我们还是要多讨论、多碰撞，互相启迪。

课程·目标·教师
——南汇听评新诗单元的教学

上课要怎么上，评课要怎么评，都值得我们反思。讲的是一篇课文，但我们不能局限在一篇课文上来思考；评的是一堂课，但也不能局限在一篇课文的教学来评价。我们必须有宏观意识、全局意识，也就是要有课程意识、语文课程目标意识。

通过课堂教学，我们的目标无非是让学生由不知是什么到知道是什么，即知识的变化；由不会什么到会什么，即能力的变化；由不爱什么到爱什么，即情感态度的变化。这些就是课堂教学的效用所在，而这一切需要通过学生在课堂上思考来达到。要想让学生进行有价值的思考，关键在于我们教师先要进行有价值的思考。于是，在课堂上我们设置什么让学生思考就成为一个关键所在。

上海高中语文教材只有这一单元是新诗单元，也就是说，高中生在新诗方面的基本素养要在这几篇课文的教学中得以落实。

最让我失望的是 D 老师的课。一开始他非常大气，把我的胃口提了起来。他首先提出了第一个问题：同学们，你们喜欢这一单元中的哪篇课文？学生都说不太喜欢《雪落在中国的土地上》；然后提出了第二个问题：你们在课外时间读新诗吗？学生回答基本上不读。这两个问题的潜台词很清楚：通过这篇课文的教学，我要让你们由不喜欢这篇课文到喜欢这篇课文，由不喜欢课外阅读新诗到喜欢阅读新诗。

应该说，这样的开头一下子就使这堂课的氛围不同寻常。如果能够成功，这样的开头就非常大气。紧接着，D 老师呈现 PPT：1937 年中国发生了什么事情？1937 年 7 月 7 日北平陷落，7 月 30 日天津陷落，8 月 13 日上海陷落，12 月 1 日南京陷落。在音乐的伴奏声中，教师朗读课文，很快就把学生的情绪调动起来，气氛渲染得非常成功。紧接着教师开始分析，毫无情感的分析以及琐碎的提问、回答，使学生的情绪一落千丈。配乐 PPT "1937 年中国发生了什么事情" 向学生展示之后，教师可以设置以下问题：在这样的情况下，一个诗人、一个有着高尚情感的公共知识分子，应该做什么？答案当然是当时的国人最需要什么，诗人就应该给读者什么，这就凸显了诗的价值、诗人的意义。诗歌既有私人化写作，也有公共写作，艾青的诗无疑是后者。读者读了这首诗会有什么感受，情感会产生什么变化，会起什么样的情感波澜，最后探究诗人是如何表达的。要用几个宏观的问题把一首诗歌的阅读提起来，做到牵一发而动全身。

T 老师上的是《双桅船》，学生预习非常充分，但整堂课几乎没有生成什么有价值的内容，思维的含量也不高，在浅表层次上交流，对学生思维品质的提高意义不大。我的观点是，当学生在浅层次思维的时候，教师应该引导学生深入一步思考，提升思维的层次。比如将《双桅船》与《再别康桥》作一些比较，这也是一种课程意识，一种课程的单元意识。《双桅船》是女性作者的诗作，但却有着男性的刚性；《再别康桥》是男性作者的诗作，却有女性的柔美。什么原因呢？其实这和时代有关系，《双桅船》的第二段语言、意象明显都带上了那个时代的烙印。当然也和诗人的个性气质有关系。

我把在浅表层次上交流称为无障碍阅读，这在当下的语文教学中比较常见。我曾听过一位初二教师上的说明文，任务是让学生学会把握说明对象及其特征，先是解释几个生字、词，然后找说明对象、说出对象特征，最后概括阅读方法（标题法、中心句）。整堂课下来，学生根本没有任何障碍，非常轻松地完成了任务，完全是无障碍学习。无障碍学习其实就是效率低下的学习，这篇文章就这样轻轻滑过了。阅读文章一般要经过认字、识词、明句、知段，进而读懂文意，把握对象，结果这位教师直接从认字跳到把握对象。事实上，学生在阅读文章时提出了不少有价值的问题，但都被教师简单跳过了。

学校是为学生服务的，学校的价值在于教师，起作用的、创造价值的主要不是学生而是教师；课堂是为学生服务的，课堂的价值在于教师，起作用的、创造价值的主要不是学生而是教师。如果不是这样，学校、教师、课堂就没有存在的意义了。我反对把课堂还给学生的提法，把课堂还给学生就没有课堂了，课堂最本质的特征就是教师与学生即时性的互动交流。教师在课堂上的作用主要表现为：于无向处指向，即学生没有方向的时候教师要为学生指明方向；于无路处指路，即学生无路可走的时候教师要给学生指路；于无疑处生疑，即学生觉得没有问题的时候教师应该引导学生深入思考；于无助处支助，即学生缺乏帮助的时候教师应该给予帮助；于无光处点灯，即学生在黑暗中摸索的时候教师一定要给他们光明；于止步处鞭策，即学生停滞不前的时候教师要给学生强有力的鞭策推动。

T 老师就应该在学生无疑之时及时生疑，引导学生深入思考；D 老师就应该在学生无方向时为学生指明方向，及时给予帮助。

Y 老师上的《再别康桥》一课煞费苦心。由"别"到"康桥"又到"再"，最后论及诗人徐志摩，逻辑线条非常清晰，但是关于"康桥"与"剑桥"的讨论毫无价值，这仅仅是一个地名，诗人采用什么叫法在诗作中并没有特殊的意义，这完全是一个伪问题。也许教学参考书上有这个说法，但教学参考书常常存在许多问题，我们不能不加分辨地加以采用。

我认为，语文教师应该站在学生的角度想一想：一首诗学完了，学生学到了什么？最起码学生应该知道这首诗到底好在哪里，但是 Y 老师的课堂上只有大量的细节分析，却没有整体的宏观把握。《再别康桥》原本是一个并没有多少愁苦生活体验的青年在谈论离情别绪，或许有那么一点青年人特有的矫情，但诗作一旦出来，它就活了，就有生命了。《再别康桥》为何能打动如此多的读者？认真读读原诗就可以明白，诗作的开头和结尾就是让人难以忘怀的诗句："轻轻的我走了，正如我轻轻的来；我轻轻的招手，作别西天的云彩"，"悄悄的我走了，正如我悄悄的来，我挥一挥衣袖，不带走一片云彩"。这是本诗最经典的诗句，因为它触及许多人内心深处的柔软之处。经典作品都具有无限的张力，这个"康桥"在每个人心中都有特定的含义，这就是经典的价值所在。

什么是真正的尊重学生
——评郑朝晖执教《中国新诗的审美范式与民族心理》

郑朝晖老师选择《中国新诗的审美范式与民族心理》来上公开课，让许多老师都感到很新鲜，因为这篇课文在许多学校的语文教学中，都被教师"放逐"了——不专门用一节课来教，只是让学生随便读读。此文是高中语文教材第一册"诗歌及其欣赏"单元的末篇，教材编者的本意也只是让它作为前面三篇现代诗歌文本的"背景"，并无具体的教学任务。再加上课文内容属于专业性较强的议论文，趣味性几乎没有，术语又很多，这些都是学生阅读的障碍，同时也减少了教学点的选择，这让许多语文教师认为此篇文章缺乏"可教性"，上公开课更是对这类文章避之唯恐不及。

选择什么内容来教，能够体现出这个老师的气度。这是一节有探讨价值的课，是一节非常态的课，是一节实验与探索的课。

这节课是有课程意识的。教学有三维：在事实层面上教什么，这是课程的问题；在技术层面上怎么教，这是教学的问题；在价值层面上为什么教，这是课程文化的问题。

目前，大多数教学研讨的重心往往落在第二个层面上，实际上更应该重视第一个层面，而第三个层面当然更不能忽视。

这节课的教学目标是"论文的阅读方法指导"。为什么是这个目标？从教材编者的意图来讲，把它配在新诗课文的后面，就是通过读文章，加深对新诗的理解。为什么不从这个角度着眼呢？实际上，教师是从学生高中三年的发展着眼，为学生进入大学以后应该具备的阅读能力而考虑。从这个意义上说，这个教学目标的确定，突破了教材编者的意图，从学生长远发展的实际需要出发。说他大气，指的就是这个。国家语委副主任、教育部语言文字信息管理司司长李宇明教授在接受记者访谈时曾经提到，不必把课标看做语文教学的不二规范，最好把它看做一种指引，看做一种提倡。中国太大了，文化、教育发展很不平衡，不应该幻想用一个课标来通管天下。如果不考虑各种差异性，不提倡多样性，语文教学无论如何也活跃不起来。

课标不是唯一正确的，不要把课标当《圣经》，课标有时候也是值得推敲的。中国很大，各地的情况不一样，统一的课标难免会适应性不强，所以课程的校本化很重要。教师确定教学目标，可以遵从教材的意图，也可以另辟蹊径，弥补缺憾，换一个角度来教，同样也能够达到效果。总之，教学目标的确定应该立足于培养学生的基点上。

这节课教了什么？教给学生阅读论文的方法。有时候，语文教师必须在课堂上教给学生一些基本的方法。目前，语文课堂教学中笼统、模糊的东西太多了。在技术层面上教给学生一些方法是对的，有效的方法指导、技术化的方法指导能够提高学生的学习效率。但我们在这方面做得还不够。

这节课在技术层面的方法指导上做得比较好。由这一点出发，一个价值取向方面的问题就浮现出来了：以学生发展为本，尊重学生。究竟什么叫做尊重学生？我们在很多课堂中看到，教师是在讨好、迁就、取悦学生，学生喜欢什么我们就做什么，投其所好。说白了，这是在讨好学生，是在降格。

然而事实上，那些一味讨好学生的教师并不怎么受学生的欢迎。教师要"指引"学生，引导学生做自己该做的事情。在这样的价值体系下，教师将自己的思考和判断、自己独特的理解教给学生，这才是真正的尊重学生。

我们的名师培养基地属于双名工程，目的是要培养高端教师。"高"在哪里？应该"高"在教师的气质、思想力和判断力上。这是一个多元化时代，教师首先需要有很强的判断力和思想力。思想从哪里来？从读书学习中来，从文化熏陶中来，从交锋辩论中来；思想要从"思想"中来，要学习、思考，要读书、读脑，这是培养思想力的两条途径。我们的基地创造了一个环境，搭建了一个平台，希望通过阅读、思考、批判、辨析，锻造大家的思想力和判断力。

评课三维度：效果·目标·过程

我认为，观课评课应该有几个常规的角度。虽然不必将评课模式化、套路化，但相对全面的视角、适当的程序也是需要的。当然，每个人评课的角度、习惯未必相同，我在评课时一般从以下三个方面来考虑：第一，看这堂课老师上得怎么样；第二，看这堂课老师到底想干什么；第三，看过程，即我们从他想干什么和上得怎么样这二者之间的联系，也就是他怎么来实现自己的课堂目标的角度来探讨。

一、评郑朝晖执教《百代法书》（纲要型）

（一）看效果：郑老师做得怎样

这要看学生学得怎样。

1. 从认知角度而言

学生关于书法有一个不太清晰的印象；关于中国文化只能得出一个结论式的简单判断：天人合一；关于本文的章法写法、遣词造句，更是一无所知，因为根本就没有探讨。

2. 从情感角度而言

多数孩子对法书的确产生了兴趣，甚至产生了一种膜拜的心理，我们可以从孩子们的眼神、表情以及话语中看出来。一张张书法呈现出来，有一种视觉冲击，我们被书法本身所征服，也被郑朝晖老师的赏析所征服。

（二）看目标：郑老师要干什么

他说："增进对于中国书法的审美体验，了解中国书法审美批评的思维方式，从而了解中国文化中与之相关的核心内容。"

我的理解是，按照教材的要求，让学生了解一点书法，进而管窥中国文化的一个特性。

此外，他还希望通过这堂课让孩子们喜欢上中国的书法，让他们欣赏之，进而膜拜之。

为什么会有这样的目标取向呢？①来自教材：单元导语中"领略汉字书法的神采"提示了单元目标。②来自课文：课文内容的重要性超越了课文形式的重要性，或者可以说，书法（课文内容）的意义超过了这篇文章言语形式的意义。③来自教师：郑老师由衷地热爱书法，在郑老师看来，书法是中国灵魂的特有园地，是中国独有的审美样式，是中国文化独特的载体。

1. 是非判断

符合课标。在高中语文课程目标中有这样一段话："在阅读中……感受艺术和科学中的美，提升审美境界。通过阅读和鉴赏，深化热爱祖国语文的感情，体会中华文化的博大精深、源远流长。"

这样教学是否"去语文化"？一篇文章这样教可以，所有文章（或大多数文章）这样教就"去语文化"了。我同意王尚文老师曾经提出的"其他学科重在'说什么'，语文学科则重在教材'怎么说'"。"重在"意味着是重点但又不是全部，并不是"仅在"。

这样教有"去语文化"的嫌疑，因为人们的思维习惯是以点带面，只见树木、不见森林，当然就是以偏概全。

2. 价值判断

就这篇文章而言，如果把目标定在"怎么说"的言语形式上，当然可以，但我以为不如郑老师的定位有价值。

（三）看过程：郑老师怎么做的

给几张图片看书法，切一个小口看文化。

第一部分：给几张图片看书法，形象刺激，直观体验——"增进对于中国书法的审美体验"。

第二部分：切一个小口看文化，以点带面，窥一斑而知全豹。

一篇文章从文字的角度讲，教学只涉及评论王羲之《上虞贴》中的那几句话——"了解中国书法审美批评的思维方式，从而了解中国文化中与之相关的核心内容"。

效果：学生了解了一点。但后者（"天人合一"）显得有些勉强、匆忙，这样的逻辑结论下得草率——因为这样的逻辑推论是不牢靠的，以点带面常常就是以偏概全。

这节课是以教师讲解为主，为什么要这样做呢？

教师说什么——赏析解说课文中涉及的书法作品。

教师为什么说（不说行吗）——学生对此感到陌生，缺乏相关的知识积淀和书法修养，无法与教师对话。

教师说得怎样——说得正确到位，说得很多，但话语简洁而不累赘，流畅动听。

嫌疑：忽略学生的主体作用。

流行判断：学生多说，以学生为主体；教师多说，以教师为主体（潜台词——没有以学生为主体）——机械判断。

正确判断：师生都是课程主体，将课堂还给教师和学生。

即便如此，仍有嫌疑，因为即使是一堂课，也可以给学生留出较多的空间，让孩子们自己去体验。比如第一部分可以省出时间。

（四）感想

教师与学生虽然都是课程主体，但其作用是不同的，教师应该是学生精神上的引路人、学习上的指导者。

教师自身的人格修养、知识修养至关重要，尤其是背景性知识和本体性知识。

在课程改革中，教师要勇于尝试、勇于探索。

二、评张强执教《老王》（实录型）

我们先看第一个方面：这堂课上得怎么样？

课堂效果如何，关键是看学生的学习效果。从认知的角度来讲，听过这堂课以后，学生已经把文本读进去了，不少学生已经深入到文本的内涵当中去了。从情感的角度来讲，学生已经感知到了作者在文章当中所表现出来的真挚情感。这些可以从孩子们在发言过程当中的那些话语、表情以及老师和孩子们的对话交流看出来。有些地方不需要老师过多的指导，孩子们通过讨论，已经了解到文本的一些内涵；有些地方难度比较大，经过教师的点拨之后，孩子们领悟到其中的深刻内涵，最后从孩子们的朗读中可以看出来，他们已经或多或少地体会到了作者那种悲天悯人的情怀。应该说，这堂课的教学效果是不错的。

通过这堂课，张强老师想达到什么样的目的？也就是说，这堂课的目标是什么？张老师在他的教案中提到两句话：一是解读杨绛平和、冲淡的文字背后的文化内涵；二是学习中国知识分子的豁达、忘我、悲天悯人的情怀。很显然，他这个目标包含两个方面：一是认知方面的目标。他想借助文本来感悟文本当中深厚的文化内涵，进而学习这类文章的阅读方式。二是情感方面的目标。即体验作者的情感，并接受这种情感的熏陶。

为什么要这样设置这两个目标？我的体会是，教学目标源自教材。这一模块学习的主题是文化名人，而文化名人模块一个重要的目标就是感悟文化、熏陶情感，所以从这个意义上讲，它和我们的教材有紧密关系；这篇文章是文化名人写的文化散文，其中的文化内涵是需要我们好好品味的，所以将这堂课的教学目标定位在体会文化内涵上面，我觉得是恰切的；从学生成长的角度来说，讲述中国知识分子的豁达、忘我、悲天悯人，对孩子们的积极影响也是显而易见的。基于这三个理由，我认为张老师所设置的教学目标是恰当的。

目标设定好之后，张强老师是用什么方式来达成他的课堂教学目标的呢？

首先是"以阅读教阅读"，主要体现为：第一，课前阅读。这是一篇有文化内涵的文章，字里行间流露出作者的情感，体现出作者对生活、对人生的一些认识。基于这一点，张强老师做了前期的铺垫。他让学生在课前阅读了许多杨绛本人的作品，如《我们仨》、《干校六记》、《丙午丁未年纪事》等。这些前期阅读对于孩子们解读这篇文章，体会作者的情感很有好处。没有前面的铺垫，这篇文章的教学就深入不下去。第二，课堂阅读。问题出现之后，张强老师反复提示孩子们看书，从文章中寻找答案。第三，唤醒式阅读。在分析、讨论的过程当中，教师不时提醒孩子们杨绛先生《干校六记》、《我们仨》当中的一些话语。这都是通过唤醒孩子们记忆，帮助孩子们理解文本的例子。第四，推进式阅读。整堂课上完之后，张强老师还提供了一些书目，鼓励孩子们课后继续阅读相关著作，如《杨绛评传》、《中国心像》。对一篇文章的解读不是一蹴而就的，通过一堂课我们只能理解相关部分，要想真正落实可能还有很长的过程。所以就需要孩子们在课后继续阅读相关著作，以加深对作者的理解。

其次是"以对话教阅读"。张老师在课前就布置孩子们阅读很多相关的东西，和大师对话、和作者对话、和文本对话，此外还从文章当中提出自己的问题。据张老师介绍，孩子们一共提了 82 个问题，这就是和文本对话的结果。在课堂上，老师和学生一起与文本进行对话，老师和学生对话，学生和学生对话，组成了一个对话空间。围绕一个问题，孩子们从不同的角度展开讨论，如果老师觉得他们的分析、讨论不够到位，可以适时点拨；老师还可以用提问的方式来引导学生进行思考，从而有助于营造对话空间。可以说，阅读、思考、答问、对话贯穿于整个课堂教学的始终。所以，我认为这是一种"对话式教学"。

为什么要采取这种"对话式教学"呢？这与课程标准的要求有很大关系。高中语文课程标准给阅读教学下了这样一个定义："阅读教学是学生、教师、教科书编者、文本之间的多重对话"。这是一种多重对话，是思想碰撞和心灵交流的动态过程。我觉得张强老师在这堂课中把握得非常到位，既体现了多重对话，又体现了一种心灵交流的动态过程。

我们继续探讨第三个问题——老师的引导体现在哪里？在这堂课上，老师的话并不多，但关键是老师说了什么。我们可以仔细看一下：

第一个方面就是出示问题。一上课，他首先出示的是"问题"——学生们在阅读文本时发掘出来的"问题"，当然这也是张强老师经过反复比较、筛选后提炼出来的。学生提出的问题并不是都有价值，其重要性并不都是一致的，教师应该具有挑选最重要、最有价值的问题的眼光。因此，教师在"定向"方面应该发挥积极的作用。

第二个方面就是揭示矛盾。课文当中矛盾的地方，恰恰是我们应该着重阅读、讨论的。比如，张强老师在这堂课上提出这样一个问题："他简直像棺材里倒出来的，就像我想象里的僵尸"，文章中的"我"为什么会得出这样的感触？和"我"以前一贯的想法以及对于老王的情感是不是有点矛盾？我认为，把这样的矛盾揭示出来，以引发孩子们的思考，对于学生的思维发展也是非常重要的。

第三个方面就是指出错误。在孩子们回答问题、讨论问题的过程中，张强老师能适时指出他们所犯的一些小小的错误，适时给予提醒和指导，而不是简单的、一味的肯定。坦率地讲，一味的肯定对孩子们的帮助不大。

第四个方面就是引向深入。在讨论问题的过程当中，当孩子们在浅表层次上兜来兜去、不能深入进去的时候，张老师能够适时地加以点拨，把问题引向深入。比如，我特别欣赏的是关于"组织"的讨论。"组织"这个概念，应该说在文章当中确实是一个值得注意的概念。老王因为没赶上趟儿，所以没有加入"组织"，而杨绛等人则是因为被"组织"遗弃，也离开了"组织"，两个人都没有"组织"依靠，都是落单的人。所以，从"组织"的角度深入挖掘，体会那个时代对人产生的重大影响，从而揭示文章中人物的情感、思想，我觉得非常有意义。老师的这番话不说可以吗？当然是不行的。因为老师这番话对于孩子们阅读文章，深入把握文章内涵是很有价值的。

我们再来评价一下张老师说得怎么样。张老师的话语虽然不多，但是说得准确、到位、不累赘，没有长篇大论的独白，给孩子们留下了比较深刻的印象。

前面我们着重探讨了张强老师这堂课的优势，接下来我想简单谈谈这堂课的遗憾。从整堂课来讲，我感觉张老师在情感的渲染方面做得还不够充分。教师在课堂教学过程当中驾驭课堂、点拨学生，体现出来的教学智慧是非常鲜明突出的，但是令人感到遗憾的是，文章本身所包含的那种浓浓的情感氛围还没有被充分挖掘出来。当然，这是我们更高的要求。我们希望张强老师在下一堂课能够上得更加精彩。

三、评朱震国执教《荷花淀》（文章型）

朱老师的这堂课上得非常成功，其成功之处就在于学生由不太喜欢文本，到逐渐走进文本、喜欢文本；由对文本所反映的时代感到陌生，到深入文本的细处、体会人物的情感、理解作者的用意。可以说，这堂课达到了教师的预期目标。成功的原因就在于执教者非常自然地引导学生自主阅读，引导学生亲自体会、表达，整个课堂十分和谐。

首先是从学生的兴趣开始聊起的。教师始终没有处于那种居高临下的姿态，而是十分亲切地和学生聊天，与学生形成一种伙伴关系，从学生喜欢的文学作品聊起。当孩子们表露出对课文不喜欢、对课文人物不喜欢的真实情感时，执教者并没有简单地否定学生、把学生教育一通，而是引导学生读课文。先读课文第一段，让学生体会文本创造的意境，学生就被老师悄悄地带了进去，能够感受到文字所表现的环境很美、气氛很和谐。开头无疑是非常漂亮的，四两拨千斤，不经意间就让学生转变了对文本的看法，愿意继续读下去。好的开头就是成功的一半。

接下来教师交代了阅读文本的要求，并让孩子们自己去阅读发现，阅读之后再进行班级交流。执教者采取了完全开放的态势，让学生畅所欲言，喜欢什么说什么，发现什么交流什么，非常尊重阅读主体的主观感受。但是这种方式操作起来十分不易，因为是非预设的，所以难以控制，一不小心就会失控。这种开放式的教学方法对教师的要求很高，首先，教师需要对文本有很深、很全面的理解，每一个细枝末节都应该关注到；其次，教师要有非常敏锐的观察力，思维要敏捷，针对学生的发言能够及时发现问题，并迅速做出反应，给学生以有效指导。应该说，这一点朱老师做到了。第一个交流的学生在批评文本时暴露出了问题，朱老师发现之后，并不是简单地批评指正，而是以一种巧妙的方式诱其深入，然后得出一个可笑的结果，大家明白之后会心地笑了。这是朱老师的高明之处，这种方法有点像议论文写作中的归谬法，或者叫引申论证。也就是说，按照学生自己的逻辑延伸下去，得出一个非常阴显的错误结论，从而实现对学生的有效指导。

当学生的交流局限于某一个点的时候，朱老师善于引导学生进行更广泛、更深入的研读、交流。比如，当学生对"女人笑着问"的"笑"进行解读时，朱老师就会不失时机地把它延伸开去，提醒学生文章中有三处很有意思的"笑"，让学生逐个去分析、体会，充分领悟文章细节的妙处，体会人物细腻的感情，体会作者的思想、用意。在阅读体验暂告一段落后，教师又引导学生去想象、创作"半年以后水生回来，夫妻之间的对话"。这种方法在教学过程中值得运用，因为这是对阅读的进一步深化，有助于进一步体会作品的内容与形式。

课堂是一个"场"，如果经营不善，就容易变得僵硬。朱老师的这堂课非常和谐，一堂课下来出现了 20 多次笑声，说明学生非常放松，大家是在轻松愉悦的氛围中学习的，单就这一点而言就是很不容易的。这与朱老师对学生公平、尊重的态度有关，与朱老师敏锐的眼光、思维有关，与朱老师善于联想、类比有关，也与朱老师幽默的气质有关。

至于这堂课值得商榷的地方，我认为主要有以下两点。首先，教师高度关注文本的细节，这是好事，但同样不能忽略文章的整体。这堂课对文章整体的关注还不到位，特别是没有让学生自己去充分感知、理解，只体现在教师的讲述上面，这显然是不够的。其次，课堂上教师让学生去想象水生的长相，我以为大可不必。教师原本的用意是让学生感知"闻其声，如见其人"，正所谓寻声觅人，但是以这种描述长相的方式来实现，显得过于机械，而且破坏了文本给学生带来的朦胧感。模糊的未必一定要显性化，模糊的本来很美，一旦显性化反而破坏了它的美感。事实上，从学生的回答可以看出，此举既与理解文本无关，又显得琐屑。

第5章 ｜ 反思科学有序

语文教学科学化刍议
——与魏书生老师商榷

教育不能离开人，教学的科学性不能离开人；人不仅是教育的对象，而且是教育的出发点和归宿。任何教育、教学活动形式，如果忽视了人，看不到教育对象的人格特质，就根本没有教育的科学性可言。

一、有序无序的对立统一

在语文教育界，很多人热衷于追求教育的科学化，热衷于寻找语文教学的"序"，以为找到了"序"，语文教学就走向了科学。

事实上，教育、教学活动是十分复杂的。它既是明确的，又是模糊的；既是有意识的，又是无意识的；既是自觉的，又是不自觉的。或者说，有时是明确的，有时是模糊的；有时是有意识的，有时是无意识的。以一种"序"来涵盖、贯穿语文教学的整个过程，既是不可能的，也是不科学的。教育、教学活动之所以如此复杂，有时可以理喻，有时却不可以言传，就是因为教育的对象是人，而不是物、机器。和其他学科的教学教育一样，语文教学也是有序与无序的统一。这个看似矛盾的地方，其实正是这项活动本身科学性的体现。忽视有序与无序的对立统一，撇开一方，以一方替代另一方，盲目追求机械的"序"，走向极端，那一定会背离教育的科学性。说到底，这是一种急功近利的浮躁心理在作祟。

现以魏书生老师所论为例（本文所列举的魏书生老师的做法均见于1990年第1期、第2期《语文学习》上刊登的魏老师的文章《论语文教学的科学管理》）。魏老师在他的文章中介绍，他给学生安排了一个非常详尽的计划，从小事到大事、从事到人，各个系统、各个方面都兼顾，每人每天必须做的六件事，每天按学号轮流做的三件事，每周做一次的三件事，每学期做一次的九件事，不定期的六件事，渗透于语文教学之中的七件事，等等，每件事都有非常周密的安排。按照魏书生老师的原话说就是，要做到"人人有事干，事事有人干，时时有事干，事事有时干"。而且他还有一套严密的监督检查系统，除自检之外，还有互检、班干部检查、班集体检查、语文老师抽查，同时还有相应的处理措施，简直是滴水不漏！在这样一张密而无缝的大网里，学生只能一切按计划行动。魏书生老师这样安排，不是把他的教育对象作为十二三岁、十五六岁的学生来看待，而是作为机器来对待。魏老师所追求的教学管理之"序"，不是教育科学的"序"，而是不考虑工作对象刻板的、机械的"序"，学生成了魏书生手中操作的自动、半自动机器。或者说，魏书生老师把企业管理之"序"搬到了语文教学中，用来管理孩子们。

十分的严谨、十分的有序，十分的细致、十分的规范，用于生产可以产出标准、规范的器件，用于育人则并不妥当。千篇一律、标准、规范的器件是好器件，但这样的文章绝不是好文章。用一个模子塑造出统一的、标准化的人，那只是对人性的扼杀，绝不是教育。

二、正极负极的双向思维

一种做法、一个事物往往会有两极走向，其正极是你的期望走向，其负极不是你的期望走向，或者是你的期望反向。有些事情、有些做法一出现就是朝着你希望的方向发展，而且没有多少副作用；有些事情虽然是朝着你希望的方向发展，但同时也有很大的副作用，要付出很大的代价；有些则完全走向你希望的反面。美国著名社会学家默顿明确提出了关于功能的两对重要概念，一对是正向功能与负向功能，另一对是显性功能与隐性功能。正向功能是指那些"贡献性功能"；负向功能是指那些"损害性功能"。显性功能是指那些有目的、有计划地实现了的功能，或者说客观结果与主观愿望相一致的功能；隐性功能是指那些未经事先筹划而出现的功能，或者说主观愿望之外的功能。默顿的这个理论对我们教育界很有启发意义。日本教育社会学家柴野昌山以默顿的上述两对概念为基轴，把教育功能分为四大类，即正向显性功能、正向隐性功能、负向隐性功能、负向显性功能。① 教育的负向功能同正向功能一样，是教育作为社会子系统而存在的一种普遍现象，尽管在许多情况下，教育的负向功能常常具有隐蔽性与延时性。作为教育工作者，我们一方面要认识到教育出现负向功能不足为怪，另一方面要加强科学的预见性，努力强化正向功能。

因此，我们在决定某件事情、采用某种策略、选择某种方法、使用某种手段之前，一定要深思熟虑，针对事物的两级走向采用双向思维，在设想其正极走向的同时也要思考其负极走向。特别是教育，教育的对象是人，一旦做法不当，受害的、受损失的是人，是我们的孩子，有些损失甚至是不可弥补、无法挽回的。所以作为教育工作者，我们在决策之前一定要慎之又慎。

在教育实践中，出乎决策者预料的情况不乏其例。例如，实行标准化考试的初衷之一，就是要学生摆脱题海战术，减轻师生负担。殊不知，自实行标准化考试以来，题量越来越大，师生负担反而越来越重；更为甚者，考试的标准化、教学的程序化、教学方法的模式化，虽然能解决一些以往不能解决的问题，然而随之而来的，必将导致教学"产品"的"模型化"、教学目标的单一化——只重自身学科，不重人格培养，这是决策者始料未及的。

又如魏书生老师要求学生每天各自统计"三闲"时间量，即闲

---

① 吴康宁：《教育的负向功能刍议》，《教育研究》1992 第 6 期

话、闲事、闲思（胡思乱想——魏书生原注），其本意在于减少、消灭"三闲"，以提高学生的学习效率。我以为"三闲"是初中年龄段学生重要的、不可缺少的特征，不应严加限制。对于"闲"，学生很难把握。按通常理解，与学习无关便是"闲"，然而事实上，学生的成长不仅仅局限于学习。而且"三闲"，特别是许多教师所认为的"胡思乱想"，里面很可能孕育了创造的细胞，一遇到时机，它就会萌芽破土、迅速成长。其实这类问题很多教师、教育家都会碰到，问题的关键是如何对待学生的幻想。前苏联教育家阿莫纳什维利也遇到过类似的问题。他的班上有一个非常爱好音乐的学生柯蒂，每当小音乐家在课堂上出神地幻想起来，不自觉地用手指在想象中的钢琴上弹奏起来，不听老师讲课时，阿莫纳什维利就走到柯蒂的身边，在他的耳畔轻声说："孩子，你在干什么？你要明白，你在上课。"阿莫纳什维利完全可以用"学习音乐是一件好事，但柯蒂也要掌握教学大纲给小学生规定的知识"来安慰自己、开导自己，但是阿莫纳什维利仍然怀疑自己的做法。他说："有一种不可名状的怀疑攫住我的心。"阿莫纳什维利记得有一次，柯蒂正沉浸在音乐的幻想中，突然传来某人的一阵惊呼声，打断了柯蒂的幻想，这出其不意的惊呼声使他害怕得脸色都变白了。这个细节给阿莫纳什维利留下了很深的印象，他回忆起自己的童年时代："我的一位同班同学罗兰德——一个穿童装短裤的男孩，喜欢吵吵闹闹、调皮幻想——在课上也常常'沉浸'在自己的问题里……教师常常呼吁他集中思想、专心听讲，他很有礼貌地抬起头，眼睛望着教师，现在我还很清楚地记得，就是在这样的时候，他仍然自我陶醉在别的什么事情上。过了多年以后，我们获悉，在小学里跟我同桌的这个少年发现了一颗新星；又过了若干年，我从报上读到，我的这位朋友创立了一种新的理论，因此，他获得了国家授予的奖赏。我力图用自己的说法来解释这种现象：天才儿童爱在课上幻想，这是因为智力的激情和交往的精神像点燃火箭的燃料一样激励着他的才能脱离教室现实的吸引力，投入到其他现实中去，如音乐、诗歌、数学等。如果笼罩在教室里的智力的激情和交往的精神充满着敏感性和同情心、互相理解和互相关心，这种'燃料'的推动力将变得越来越强大。"① 阿莫纳什维利的认识值得我们认真思考，我们不能对学生的幻想采取简单、粗暴的禁止或压制，而是要多一点同情心、多一点理解，因为我们面对的是可爱的孩子。美国著名心理学家罗杰斯强调要给孩子一定的"心理自由"，"因为这是允许他成为他真正的自己，可以完全自己地思想和自由地感觉。这鼓励，是鼓励他向着凡是能构成他的创造力的一部分的知觉、概念和意义，广角地敞开"。②

有句话说得很好：需要是创造发明的母亲，那么玩耍则是创造发明的父亲。孩子们是聪明的，在玩耍中，他们能够发现许多观察事物的新角度；孩子们是机智的，在劳动中，他们能够使许许多多事物巧妙地发生比附和关联；孩子们更是想象的天才，在开放自由的环境里，他们能够使许多事物自然地从现实走向未来、从未知走向已知。发明"汉字全息码"的 15 岁少女杜冰蟾就是一个很好的例子。成人用微积分、解释几何、拓扑几何学等高深理论编出 400 套编码，却复杂得不能普遍应用；而杜冰蟾用部首、拼音、笔顺、笔画这几个连小学生都懂的法则创造发明了目前最有实用价值的"汉字全息码"，其中一个很重要的原因就是她比成人少了许多框框、少了许多束缚、少了许多严格的限制。

现代教育家陶行知先生最不能容忍扼杀学生创造性的教学方法。为了开发儿童的创造力，陶行知先生曾提出对儿童的"六个解放"，主张解放儿童的头脑、双手、眼睛、嘴巴、空间和时间。他主张要使孩子们能看事实，不戴有色眼镜；准许他们发问，"发明千千万，起点在一问"；要让他们有动手的机会，使他们能干；不要把他们关在笼中，要让他们到大自然和社会中去扩大眼界，取得丰富的学问；不要把他们的功课填满，不逼迫他们赶考，不和家长联合起来在功课上夹攻他们；不要占据他们的全部时间。陶行知先生的这些教育主张是

① 阿莫纳什维利：《课的颂歌》，《外国教育资料》1991 年第 6 期，第 7 页
② 参见《外国教育资料》1993 年第 5 期，第 72 页

符合教育规律的。占据了学生的全部时间，学生必然失去了自由；失去了自由，学生的创造意识必然无从培养。创造需要开放，需要心灵的开发。繁琐的事物、过于规范的行为、严格的思维限制使孩子们不能越雷池一步，这些就像锁链一样锁住了孩子们的手脚和心灵，就像绳索一样捆住了孩子们想象的翅膀。从这个意义上说，禁止"三闲"，抑制了创造。这是从教者应该想到却没有想到的。

魏书生老师很想把自己的学生培养成才，希望自己的学生一个个非常刻苦、勤奋。他以自己为模子去套学生，去套那些幼稚、活泼，有几分傻气、调皮、冲动、幻想、贪玩、懒惰的初中学生；他唯独没有想到，这些特性对于十二三岁、十四五岁的孩子来讲是非常宝贵的，是不可缺少的。如果孩子们的学习进步、分数提高要以取消、丧失这些特性为代价，我以为那是得不偿失的。有人说得好，小孩在沙滩上堆沙，并不是堆沙而已，而是一种创作、想象。正如牛顿当年看到落地的苹果而引发的思考。从小孩到牛顿，他们都在享受创作的喜悦，而这种创作是人类所独有的，是在阿猫阿狗中看不见的。但是人类一旦失去自由创作的环境，就会如大人不让小孩玩沙一样，始而号啕大哭，最终因愤怒而反抗起来。由此看来，我们切不可用事务占去学生的自由时间，切不可用"管理"去限制学生的想象。

科学的教育行为，首先要对事物的正极、负极作统筹思考，在考虑得到的同时，也要考虑失去了什么，哪个价值更大。我们不得不这样做，因为我们的工作对象是活生生的学生，我们必须讲究教育实验的人道主义。

三、综合全面的整体观念

语文教学的科学性离不开整体观念，必须把语文教学纳入教育人、培养人的大背景以及大系统中全面地考察。语文教学的价值取向不能只是孤立地看重语文学科本身，它不能只关注语文分数的提高，我们还应看到语文教学的终极目的——培养为社会服务的、有健康人格的人才。语文教学的价值取向必须与人格培养的价值取向相一致，必须服从于人的培养，必须综合起来考察。

有些事物孤立地看，一时还看不出它的问题；但是一旦全面地审视它，就能发现其问题所在。以魏书生老师为学生安排详尽的语文教学计划与监督系统为例。一眼看过去，还以为他安排得很好，看上去很严密。然而这只是语文一科，如果外语、数学、物理、化学、政治、历史、地理、生物八科老师各个都向魏书生老师学习，也像魏老师这样安排，请想一想，将会出现什么结果？我们的学生在老师们的安排下，什么时间做什么事，被规定得死死的，战战兢兢，高度紧张，就像一台被老师们操作着的机器，机械地、不停地转动着，"科学"得像一个上足了发条的闹钟那样准时，又是那样单调乏味。不难想象，这样培养出来的学生，其心理和人格是不健康的。孩子们本身具有敏感、跳跃、富于神奇性的思维特征，但慢慢地被消磨，其思维被规范化了，对事物的认识、判断陷入常规性的解释。整个思维的稳定性强了，惊奇性弱了；描绘性强了，想象性弱了；理解性强了，疑惑性弱了；解答性强了，发现性弱了；逻辑性强了，创造性弱了。整个思维变得规范、机械和平庸。长此以往，学生将逐渐养成循规蹈矩、亦步亦趋的个性品质，在他们的人格素质构成中缺乏冒险精神、缺乏探索求异的创造精神。

我们绝不是反对在语文教学中实行科学化的管理，我们反对的是让管理走向极端，反对的是忽略教育对象的管理。事实上，魏书生老师在"管理上"的"科学"在一定程度上否定了他的民主，或者可以这样说，曾被魏书生老师解放了的学生，又被他不自觉地关进另一只笼子里，关进了他给学生安排的极为周全的"管理"之笼。如果语文教师的思维视点只落在语文单科上，那么其行为做法难免偏颇，而不可能真正科学。在教学实践中，我们常常看到一些教师在高考指挥棒的驱使下，专注于自身学科，你争我夺，分割学生那点自习时间。甚至教学研究也是纯本体的，就语文谈语文、就数学谈数学，只论本学科如何进行知识传授、能力培养，不涉及学生的人格培养，没有整体观念，把学科目的与教育的终极目的割裂开来，这显然是错误的，不利于学生的成长。包括语文在内的各科教学都应该自觉地把学生作为完整的人，都应该围绕培养学生的健康人格这一中心来进行，传授知识、培养能力、塑造人格三位一体，不可或缺，整个教学是和谐有机的统一体，教学的过程就是人格培养的过程，实现"学力形成"与"人格形成"的统一。这才是语文教学的科学化所在，研究者、实验者从这里入手，深入研究，谨慎实验，必将走向科学的轨道。

因此我提出，回到原点，回到教育的初衷上来。

批评与逻辑
——致木易同志

我曾在《语文学习》1991 年第 11 期上发表了一篇题为"语文教学科学化刍议——与魏书生老师商榷"的文章，此后许多相识或不相识的老师来信谈到的，或者当面和我说起的，都是基本肯定我的这篇文章。后来听说有人在刊物上发表文章同我商榷，我非常高兴，因为发现、指出我的问题与不足，有助于我进一步深入思考，促使我提高认识、提高思维水平。好不容易托人找来文章，一看却令我大失所望。木易同志这篇题为"人格教育的理想境界——评魏书生观摩课《得道多助，失道寡助》兼与程红兵商榷"的文章发表在《语文教学论坛》1992 年第 5 期上（木易同志这篇文章以下简称"木文"，我那篇与魏书生商榷的文章以下简称"程文"）。木文的第一句话说的是我，最后一句话说的也是我，可以说是由我始、由我终。通读木文之后，发现凡是涉及我的地方，都缺乏基本的逻辑性，令人感到十分遗憾。现提出来就教于木易同志。

一、目标不一　莫名其妙

但凡商榷、讨论，目标要相对集中，对象也要一致，也就是说商讨的问题或问题的主要方面应该基本一致，否则各说各的，你说东我说西，则根本无法商讨，即便能够商讨，也毫无结果、毫无益处。程文是从人格培养的角度，对魏书生老师的《论语文教学的科学管理》一文提出一些异议；木文却转换话题，基本上是就魏书生老师所上的一堂课——《得道多助，失道寡助》来谈魏书生老师的人格教育。程文谈的是教学管理，木文论的是课堂教学，角度不一，目标不一，具体对象也不一，该如何商榷？好比甲说张三的嘴巴大了一点，而乙说张三的鼻子非常漂亮。这样的争论毫无结果，毫无意义。

放宽来看，木文提到与教学管理有点关系的地方只有两处。一处是在"目标控制与高效学习"标题下谈到的；另一处是在"教学民主与个性发展"标题下谈到的。先看前者。前者有一句非常关键的话，即"一切成功的行为，一切卓有成效的学习，都有明确的目标和程序做保障"。程文并没有否定这个观点，第一个醒目的小标题就是"有序无序的对立统一"。程文并不反对"程序"，反对的是忽视学生特点、忽视教学规律而走极端的机械的"序"，说白了就是反对魏书生老师在他那篇文章中提出的"人人有事干，事事有人干，时时有事干，事事有时干"。对那种极为严密的网状管理方法提出异议，主张不要让管理走向极端，不要用学生的手给学生织就一张大网，把学生罩在里面。对于这个问题，木文却恰恰回避了。

再看后者。木文有个很有意思的推论："在制约因素最强的课堂上，魏书生老师尚能提供这种民主与自由的广阔空间（这是前提——引者注），那他平时的语文教学管理一定会是一个生机盎然的宜人天地（这是结论——引者注）。"木文这个推想纯属主观臆断，非要把根本没有条件关系的两件事物，生拉硬扯地扭在一起，强行做出推断，结论当然是虚假的、不能令人信服的。好比说张三的鼻子长得非常好看，由此推断张三的嘴巴也一定长得恰到好处、不大不小，这样的推断显然是不合逻辑的，结论是非必然性的。

木文与程文商榷的基点如此不牢靠，令人感到十分遗憾，这叫人怎能信服他的观点呢？

二、主观臆断 无可奈何

木文对程文涉及不多，但就是这不多的几个地方，都是对程文做出结论性的判断，我聊举数例。"这只能说是程红兵同志的猜想"，"那只是程红兵同志的主观臆测"，"程文担心魏书生老师把人当'物'操纵，只是杞人忧天罢了"。木文引用程文的地方只有一句话："程文担心魏书生'用刻板机械的程序，把学生变成自动、半自动的机器'。"就连这仅有的一句加了引号的直接引用，木文也出现了词语、语序上的错误，这是对程文不负责任的表现。除了这句引用之外，可以说木文撇开了程文，撇开了程文却又对程文下了那么多结论。木文回避了程文的主要观点，避开了程文的逻辑推理过程，甚至回避了程文中所提到的事实、论点、论据、论证，对此皆避而不谈。不作任何分析，就武断地得出结论，到底谁在主观臆断、谁在猜想，不是很清楚了吗？

以上是从木文总体上看的，下面再看一些局部的说法。木文说："程红兵同志在谈论人格这个课题时，把它狭隘地理解为单一的思维品质。"这又是木文毫无道理的论断。且不说我发表在其他刊物上谈论人格这个课题的文章，单是《语文教学科学化刍议》一文就没有把人格狭隘地理解为单一的思维品质，下面摘录程文中的几句话作为证据："创造需要开发，需要心灵的开放"，"从这个意义上说，禁止'三闲'，抑制了创造"，"长此以往，学生将逐步养成循规蹈矩、亦步亦趋的个性品质，在他们的人格素质构成中缺乏冒险精神、缺乏探索求异的创造精神"。这些话木易同志何以视而不见呢？

我们再看木文的最后一句话："今天，正当我们需要高扬魏书生人格教育这面旗帜时，程红兵同志却对它提出毫无事实根据的批评，即不是根据魏书生长期教学实践中的大量事实材料进行分析，而是只凭一两篇文字材料进行假设式的推想，这是有损于我们崇高事业的极不严谨的态度。"我真不知道木易同志给我扣上如此大的帽子，依据何在、理由何在？如果我们仔细分析一下，就会发现木文中的这段话本身就是自相矛盾的，先说"提出毫无事实依据的批评"，接着又说"即不是根据魏书生长期教学实践中的大量事实材料"，前者是全称判断，后者是特称判断，二者焉能等同？确实令人感到莫名其妙。就前者来说，也是木易的主观判断。看过程文的人都知道，程文引用了魏书生《语文教学管理科学化》一文中的很多事实，这是众所周知、有文可查的。按照木易同志的意思，是不是魏书生老师文章中所说的就不是事实？就不能作为根据？这难道不荒唐吗？木文一再说程文是猜想、是主观臆断，其实程文的观点魏书生自己也已意识到，这是我读了陈钟梁、聂国彦发表在《语文学习》1992 年第 3 期上的文章《喜读〈语文学习〉近期争鸣文章》后才知道的。陈、聂文章说："魏书生同志在《我的指导思想》第四节中说，自己在首钢看到了这样一句话：'当你走入工厂大门时，你必须放弃一切个性，绝对服从现代化的科学管理。'于是他想到如何把定额管理，程序管理，相互关系管理引进语文教学管理中。应当说，语文教学管理可以借鉴工厂管理的经验，但二者性质毕竟不同。魏书生同志完全意识到这点，他讲过一句深刻的话，这样做不排除'更深地扼杀了学生的个性'的可能性。"读到这里，木易还会说我是主观臆断吗？

木文的前一个说法已经不攻自破，再来讨论后一个说法。程文并不是针对魏书生整个教学思想体系和整个教学实践，为什么要引魏书生老师的长期教学实践中的大量事实材料为据呢？况且在一篇文章中列出那么多事实材料做得到吗？好比一个漂亮的小伙子不小心在脸上沾了一点灰，你只需直接告诉他哪里沾了灰，建议他擦去或者帮他擦去即可，犯得着从头到脚把他夸赞一番，然后再告诉他灰沾在哪里吗？有这个必要吗？累不累呢？就以木文为例，木文说来说去主要是围绕魏书生老师上的《得道多助，失道寡助》那堂观摩课，并未引用魏书生老师长期教学实践中的大量事实为据，自己尚且做不到，如何指责他人？程文谈的就是魏书生《语文教学的科学管理》一文所反映出来的问题，不依据它又依据什么？魏书生老师的这篇文章正是魏老师在语文教学管理实践上的总结，正是魏老师管理的典型经验、典型事实，不依据这些典型事实又依据什么？就此事论此事，不能胡乱延伸，胡乱延伸、东拉西扯的结果往往就是制造许多不切实际、不合逻辑的"冤假错案"。

上述事实证明，真正不严谨的恰是木易自己，当然文责自负，这绝不会有损于我们的崇高事业。对于木文的主观臆断，我们只能徒唤奈何。

三、夸大其词　啼笑皆非

木文不合逻辑的另一个表现就是夸大其词，否定他人如此，肯定他人也如此。

木文第一自然段最后一句话说："通过对该课的评价，有助于廓清程文笼罩在魏书生经验上的迷雾。"真要谢谢木易同志如此这般地抬举我。我的一篇小小的文章居然能成为笼罩在魏书生经验上的迷雾，这真是我所始料未及的。更令我不解的是，自从程文发表之后，介绍传播魏书生经验的文章仍在报刊上时有所见，人们也并未停止向魏书生学习，魏书生也并未停止应邀到处传经送宝，甚至我1992年8月在兰州参加全国中青年语文教师课堂教学观摩赛时，还有幸和魏书生老师同住一室，当面向魏书生老师提出邀请，请他到我们那儿讲课、讲学。如果程文真的像木文所说的那样有那么大的特异功能，把魏书生老师的经验给笼罩住了，那么这些现象又该作何解释？其实木易同志过高地"抬举"我不是目的，他的目的在于抬举他自己，他无非想说他自己的文章廓清了笼罩在魏书生经验上的迷雾。木文的这种做法我们但觉好笑，当然也可以理解。

以上是木文否定他人的例子，下面再看看木文是怎样肯定别人的。木文在分析魏书生课堂答问时，举了一个例子：当李侠同学回答问题把话说颠倒了时，魏书生说："李侠说得不错，就是颠倒了那么一点，其实人家心里保证会，只是因为心情紧张说颠倒了，以后要多发言，说不定将来还会成为雄辩家呢。"对此木文评价说："这在李侠人格成长的道路上，将是一块有纪念意义的里程碑。"这种褒扬的话听起来就让人觉得不自在，其实魏书生说的这些话在生活中有许多老师不止一次地说过，值得都套上"里程碑"吗？对言过其实的吹捧，真正清醒的人心里并不舒坦，甚至会产生反感。魏书生老师是清醒的，面对别人对他的教学形式任意拔高，他曾说过，教书不过是"雕虫小技"。不知木易对此又有何感想？

从上述正反两方面的例子可以看出，木文夸大其词是不实在的，也是不合逻辑的。其实木文最后一句危言耸听（前文已提过），也是不实事求是的表现。

正常的批评是真诚的、善意的，对人、对己、对事业都是负责的。首先是从语文教育事业的整体利益出发，为语文教学的健康发展着想；其次是从被批评者的利益出发，智者千虑，必有一失，主观、客观上都应该促发对方作深入的思考，作全面辩证的分析，进一步完善自己的学说、教法、经验等。在和魏书生商榷的文章里，我毫无保留地表达出自己的感受和想法，而且这些感受和想法都是经过极为认真的思索之后的，代表我这个时期的认识思维水平，所以我十分负责地署上我的真实姓名。1992 年 8 月，我和魏书生老师第一次见面，见面时的第一句话我就说："我曾在《语文学习》上发表了一篇和你商榷的文章，很想听听你的看法。"

曾记得，读大学时有位著名学者向我们极力推荐黑格尔的《小逻辑》，于是我想方设法买了一本，至今仍珍藏在身边。没有规矩，不成方圆，批评的一条重要规矩就是合乎逻辑；没有逻辑性，批评无法使人信服，当然也就无法起到其应有的或期待的效应。

必须重申的是，我并没有全盘否定魏书生老师在语文教学中所做的种种可贵的探索，只是就其一点——教学管理提出自己的不同看法，文章中有些地方可能措辞略重，意在引起大家对此类问题产生足够的重视。我的那篇小文章绝不至于推翻或否定魏书生老师所做的一切，也不至于影响魏书生老师在语文教学界所应享有的地位，这一点请木易同志放心。1934 年，哲学家波普尔提出了科学与非科学的"分界问题"，他认为科学之所以为科学，不是因为它可以找到支持自己的例证，不在于它的可证实性，而恰恰在于它的可证伪性。因为科学要接受经验的检验，要在经验、事实的发展中不断发现自己的错误，否定或证伪自己，以便过渡到更新的理论。波普尔的证伪理论是清除科学研究中教条主义现象的清洁剂，是清除真理中谬误的洗涤剂，科学理论如此，教育理论也如此，也适合这一证伪理论之说。在魏书生的语文教学理论和教育方法问世以后，如果我们就认定其为完全绝对的真理，其实就等于封冻了魏老师的理论，使之成为静止的、不发展的、形而上的教条，等于给魏老师的理论经验判了"死刑"。反之，如果我们大胆地怀疑其问题，审慎地检验之、研讨之，最终就能发展之。长江后浪推前浪，科学理论之河就是这样流过来的，也必将如此这般地流下去。

马克思曾说："辩证法在对现存事物的肯定的理解中，同时包含了对现存事物的否定的理解，辩证法对每一种既成的形式，都是从不断的运动中，因而也是从它的暂时性方面去理解，辩证法不崇拜任何东西，按其本质来说，它是批判的和革命的。"马克思的思想应该成为我们行动的准则。

教育经验的推广不能忽视个性

教师是有个性的，教师的教学也是有个性的。任何教育经验的推广都应该以尊重教师的个性为前提，都需要教师根据自身情况、学生的特点、教学的情境进行再加工、再创造。否则，机械照搬只能事半功倍，或成为"水上浮萍"，甚至产生较大的负效应。尼尔在《萨默希尔》一书中说："一些小规模实验往往是依靠其中某些关键人物的特殊贡献才取得成功的。"因此，一种教育经验的研究成果不是一种谁都可以操作，或者任何人都能得出同样结果的行为模式，它常常表现为一种原理或者原则，它不能简单化地直接移植于教学实践，更容不得机械地临摹照搬，它必然需要教师充分发挥自己的主观能动性。

我偶读新建县教育局局长徐振瑞同志发表在《中学语文教学》

1991 年第 8 期上的文章《他山之石，可筑我屋——新建县推广"张富教学法"情况》（以下所引用徐振瑞同志的话均出自该文），发觉徐振瑞同志的做法是一种忽视教师个性的临摹行为。徐振瑞同志在他的文章中向我们介绍说："从严，要求把张富的'五大法宝'样样学到手，做'书间笔记'的九项内容一项也不能少"，"实验班老师的备课必须按张富教学法的要求书写（教案）"，"移植之后，又请张富老师、市教科所的行家和兄弟县区教研室的同行亲临现场指导，这样做，使得我县学张富在'形似'和'神似'方面有了保证"。单就他们这种要求、做法来看，就是非常呆板、机械的，照葫芦画瓢，拿人家的模子套，比着人家的原样临摹，做到完全相似，一笔一画不能少。徐局长这样要求教师，其做法显然是形而上学的。教育是一门科学，更是一种艺术，是一种创造性的劳动，具有鲜明的个性色彩。教学的成败在很大程度上依赖于教师的教学艺术，而不是特定的教学方法，同一种教学方法由不同的教师使用都有可能产生不同的教学效果。所以，与其说某种教学方法是实现特定教学目标的最佳选择，不如说相对于特定条件（包括教师、学生等），某种教学方法是实现特定教学目标的最佳选择。教育必须继承先进的教育理论，学习成功的经验，但绝不是机械地模仿、盲目地照搬。我们并不排斥学习先进的教学方法、教育经验，问题是如何学、学什么。在学习张富时，我认为首先要学习张富那种勇于开拓、勇于探索、勇于创造、不断进取的精神，这一点是"张富教学法"的灵魂，是他取得成就的根本原因所在。其次，对于他的教学形式、具体的教学方法，要吸取其精华，为我所用。特别要注意区分张富教学法中哪些是他的个性，哪些是一般的共性，通过分解找出其教学法中的基本因素及其组合运用的规律，应该研究他教授语文的基本方法（属于共性的那部分），同时研究学生学习语文的基本方法，以及完成某个课题教学的基本教授方法和基本学习方法，然后组合为特定的教学方法（形成个性）。这样才有助于语文教师结合自己的实际去学习别人成功的教法，在自己的教学工作中将其化为自己的东西、形成自己的个性。

　　教育中的临摹行为是忽视主、客观条件的形式主义做法，既淹没了教师的个性，又削弱了学习先进经验的效果。向人家学习，并不是引来滔滔洪水冲垮自己的园地，而是引来涓涓清泉浇灌自己的园地。教师有自己的个性、情感和认知结构，因此在学习别人先进经验时，是不能追求完全相像的，一方面不可能做到，另一方面即使做到了也是赝品。在实践中，追求"形似 + 神似"的结果很可能会导致"四不像"，一心"东施效颦"很可能落得个"邯郸学步"的结果。

　　令人遗憾的是，徐振瑞作为新建县的教育局长要求全县语文教师推广张富模式。徐振瑞同志说："我们在全县大力宣传，终于迎来了老、中、青教师齐上阵，大面积推广张富教学法的百花争艳的喜人局面"，"全县 25 个乡（镇），大部分乡（镇）掀起了学张富的热潮，推广面为 90%。全县初中 90 个教学班，76 名执教人员在实践张富教学法"。这种排山倒海式的大面积推广必然掩盖了许多假象，将带来更多的问题。这使人不禁想起"大跃进"运动时期一窝蜂地上的历史教训。对于教师来讲，10 个指头尚有长短，全县的语文教师岂能个个一样，要人人学张富就好比要求不论身高如何、身体素质如何，个个练跳高或者个个练举重，要身高 1 米 4 的人练跳高或者要身高 2 米 2 的人练举重，这不是存心强人所难吗？教学方法多种多样，百花齐放，既有张富式的，也有魏书生式的、于漪式的、钱梦龙式的、欧阳黛娜式的等等，每个教师应根据自身情况，各取所需，我们还可以鼓励教师在教学实践中自创新法，为什么一定要强求一律呢？即便是在学习、使用人家的教学法的时候，也不能死套，而应活用。吕叔湘先生在全国中语会第五次年会的书面发言中说："关键在于一个'活'字。"新建县的做法问题就在于此，他们把张富教学法变成一堆公式，当成一个模子。对于学生来说，全县初中共有 90 个教学班，每班以 50 人计，约 4 500 人，教师若用一个模子去套、去塑造他们，不但可笑，而且近于可悲了。

　　教育实验不同于自然科学实验，我们不能期望在教育实验中，同一实验无论谁都可以操作，而且无论谁操作，只要按照同样的方法，都会得出同样的结果。教育实验的目的不是也不可能是提出一种为完成某种目标而放之四海而皆准的教学经验和教学方法，那种认为只要设计出一种或几种有效的教学方法就可以达到预定的教学目标的想法是不切实际的幻想，是对教育实验研究的误解。在同一个国家，甚至同一个城镇，不同的教师和学生采用相同的课程和教学方法，都很少达成相同的结果。教师和学生不是机器而是人，具有人所固有的多样性和不确定性，而且由教师和学生组成的学校群体，往往会表现出独特的群体特征。某种形式的教学方法几乎总是可以产生不同的效果，教育过程错综复杂而又变化多端，以致每个教育过程只能被认为是一个特定的过程。教育过程的所有组成部分都是相互依赖的，如果仅仅改变其中的一种因素或者一小部分因素，只能产生表面的或者短暂的结果。受教育本身的特点的影响，教育经验的推广不可能是机械的模仿或运用，而是让经验——别人的实验研究成果适应新环境，每运用一次都要重新完成一个过程，相当于重新做一次实验，而不是原有实验的重复。

错误的行为源于错误的认识，徐振瑞在文章中说："要求全县语文教师不能再抱残守缺，拥挤在传统教学的死胡同里，而要老老实实学张富，彻底改变语文课'老师台上忙着灌，学生台下懒得咽'的填鸭式教学模式。"这里表现出来的对传统教学的看法是非常绝对的，有失偏颇的。我们当然反对把"传统"与"现代"等同，但是把"传统"与"现代"完全对立起来也是错误的。由于传统具有无所不在的持续性，我们根本不可能一步迈过传统、完全抛弃传统。事实上，历史已经证明，激烈的反传统主义者并未如他们声言的那样做到和传统彻底决裂，这不仅仅因为新事物总是或多或少地吸收了存在于它们之前的某些东西，而且它们的形式与实质都在一定程度上取决于以往一度存在的事物，总要以这些事物为出发点。任何一种新的教学方式都是在继承传统的基础上发展起来的，没有继承就无所谓创新，这是常识。

传统的教学方式仍具有富有生命力的因素，对于传统的教育，张志公先生就曾说过："如果只是死读'圣贤书'，怎么可能产生那么多杰出的文学家、思想家、科学家，产生琳琅满目的文学著作和各类优秀史籍？怎么可能产生蔡伦、张仲景、毕昇、祖冲之、宋应星、李时珍等那么多作出杰出贡献的科学家？从封建社会的基础教育阶段就有一路和'三百千'和'八股文'走着另一条道的思潮和实践。"① 五四运动以来的语文教育有许多可取的、合理的东西，就以老师的分析、讲解为主的教学方法来看，也不都是填鸭式的，也有很多老师讲得好，讲得生动，富有艺术性，能用富有情感的语言，拨动学生的心弦，开阔学生的眼界，打开学生的思路，给学生以美的熏陶，给学生以智慧的启迪。把传统教学视为死胡同、填鸭式的教学，而欲彻底改变，再代之以张富教学模式，其实这是鲁迅先生早已否定过的"放一把火烧光"的错误做法。由此我想起了巴班斯基的观点，他既反对由于赶时髦而迷恋于某些教学方式，也反对不分青红皂白地完全排斥某种教学方法和方式。任何一种教学模式、教学方法都有其合理性，也必然有其局限性，只有根据教学目的、教学内容、学生特点、教师素质和教学条件等因素综合全面地考虑，才能决定在某个时期、某个教学阶段采取某种教学方式，不能采用那种一棍子打死，然后照搬另一种模式的简单做法。

无论从国外的还是国内的教育发展来看，"传统的教育方式"和"现代的教育方式"都是由矛盾对立渐渐趋于融合统一的。在国外，以赫尔巴特为代表的"传统的教育派"强调教师的作用，认为学校的"重心"在教师，强调教材的重要作用；而以杜威为代表的"现代教育派"强调"经验"，主张"儿童中心论"。教育史上这两极对立的现象告诉我们一个基本事实：作为一项研究，常常要排除"无关因子"而使研究保持"纯净"，结果往往会走上某种极端；然而社会是混杂的，因而对理论的应用也应当是综合的。20 世纪以来的教育思想的发展就是一个两极融合的过程，就两大学派知识论总体来看，是逐渐接近的，他们都没有把人类经验（理论知识）和个人经验（实际知识）割裂开来。对于教育性教学的见解也渐趋相似，他们或把知识教

---

①张志公：《传统语文教育答问》，《语文学习》1993 年第 1 期，第 3 页

学和思想教育看作同一过程，或十分赞赏把知识教学和思想教育统一在一起。就国内的情况来看，"主导主体"说的诞生能够说明融合的倾向。在我国教育发展史上，关于教学过程中师生关系的探索经历了三个阶段，即"教师中心"、"学生中心"、"主导主体"。"教师中心"片面强调教师在教学过程中的权威，把教师视作凌驾于学生主体之上的主宰人物，学生成了被动的容器。"学生中心"竭力弘扬学生主体，教师只是"向导"，这两种观点都陷入了顾此失彼的圈子。教育内部逻辑发展的必然进程，产生了"教为主导，学为主体"的结果。这样，教师和学生的积极性、主动性便由对立转化为一致，完成了否定之否定的变化过程。

错误的认识还表现在如何学习他人的经验上。徐振瑞同志说："我们体会到，推广名家的教学模式，关键不在地域，不在学生素质的好坏，不在年级的高低，而在于是否敢于实践，善于实践。"这句话重在强调敢于实践（"善于实践"在这里是多余的、附加上去的，因为真正的善于实践必然首先考虑自身的主客观条件），自然会令人想起"人有多大胆，地有多大产"的口号，徐振瑞同志的提法和这句口号如出一辙，从根本上颠倒了主次关系。学习名家经验，最关键的恰恰是认识自身特点，认识自身的长处和短处，认识自己学生的素质和学校的办学条件，这样才能做到有的放矢、对症下药。否则，忽视了自身各方面的特点，一味去机械模仿他人的做法，追求所谓"高难度、高期望、高速度"，势必不能达到期望的结果。然而自己还沉浸在沾沾自喜当中，殊不知却埋下了种种隐患，走向了非科学。

到底应该如何学习张富模式呢？（这里只是针对模式，不是针对张富个人）除了上面提到的，还有一条，就是要对张富模式进行一分为二的分析、判别。

张富模式有许多可取之处：他追求快速、高效阅读，以培养学生"过目入耳能掌握，出口下笔可成章"的才能为目标；做到大量听记，连续提出 20 多个问题，不做记录不翻书，然后逐一作答；能快速阅读一篇课文，很快把握中心，理清层次。但这又是问题所在，所用的阅读都用这种模式，快速、高效阅读贯穿于整个教学过程，使得阅读课的功能呈单一化倾向，这就应了列宁的话："只要向前再多走一小步——看来仿佛依然向同一方向前进一小步——真理就会变成错误。"（《列宁全集》31 卷 85 页）而且这样做必然增加学生的心理负担，导致课堂教学节奏过快，把学生的头脑当成能够无休止地接收信息的电子装置，导致学生负担过重，这种课堂上分秒必争的教学方法，使孩子们处于被动状态。苏霍姆林斯基对此类做法是坚决反对的，他说："这样'快马加鞭'的速度即使对十分健康的孩子来讲，也是难于承受的，并且是有害的。脑力紧张过度，会使孩子的两眼无神，目光模糊，动作迟钝。孩子已经精疲力竭，他本该去换换新鲜空气，然后教师让他'拉套'，还是一个劲儿地催逼快、快……"① 苏霍姆林斯基源于生活实际、教育实践的分析是十分正确的。对于学生，我们不可操之过急，要始终把握一张一弛的教育节奏。

从审美教育的角度看，优秀的文学作品往往具有陶冶人的情操、培养审美情趣的作用。静静地阅读，慢慢地欣赏，细细地品味，辅之以教师的分析、讲解，让学生从中受到美的熏陶、获得美的享受。笔者曾听过移植张富模式的课，老师一上来就提出十几个问题，学生闪电般地快速阅读，然后陆续起来逐一回答这些问题。本来是一篇很好的文学作品，结果却没了味道，学生的精力都集中在那一连串的问题上，大脑绷得紧紧的，无暇体味作品中的韵味，无法进入作品诱人的意境，一篇美文就这样被一连串的问题肢解了。长此以往，语文这门情感内容十分丰富的学科必将变成单调的认识达标课程。事实上，语文教学有两个领域，即以语文知识和语文能力培养为目标的认知领域以及以道德情操、审美情趣及个性发展为目标的情感领域，二者不可偏废。

从思维的角度讲，一堂课从教师一连串的问题起步，固然针对性强了、目的性强了，但学生的感受性却弱了。对一篇文章而言，学生

---

①参见《外国教育资料》1993 年第 6 期，第 11 页

失去了感性认识，直接步入理性认识。对于这种现象，有人曾打了个比方说，这就好比画家在熙熙攘攘的大街上观察人物，超越了直接的感受，一下子就进入了"眉眼、大腿的美"的分解，这样就失去了对人物的整体观照，也无法理解人物表现在整体之中的美。[1] 以问题开头，增强了有意注意，却削弱了无意的注意；增强了理解，却削弱了感受，但理解终究不能取代感受。日本哲学家池田大作说："每句话都具有一颗心。"语文阅读要使学生之心"入乎其中"，与言语对象的那颗心发生共鸣。别林斯基说得好，不用心灵去感受文学作品，比用脚去阅读还要坏。阅读教学不能满足于"懂"，不能满足于懂得教师所提出的一系列问题，而必须启发、引导学生去感受体现于一定语言形式之中的情感境界。

试论语文教学的科学性与艺术性

一、语文教学有序与无序的现象

语文教学作为一门学科是科学而有序的，它体现在学科目标是标准的，学科内容是规范的，知识的分类是严谨的，语、修、逻、文、字、词、句、段、篇既突出重点，又覆盖全面。课文选取的是文质兼美、适合教学的典范文章，课文体系既体现了综合性、实用性，也体现了序列性，纵向注意训练点由浅入深、循序渐进，横向注意知识点互相渗透、相辅相成。

语文教学的有序性还体现在教学过程中。总体来说，无论是教师教学还是学生掌握语文知识，都是从简单到复杂、从低级到高级、从有限趋向无限的；学生的思维过程也是由实践到认识，再由认识到实践的。就教学方法看，各种程式化的教学法应运而生，语文能力训练也呈现层次化，包括听、说、读、写、观察、联想、想象、综合、概

---

①汤浊：《感性·知性·理性》，《语文学习》1993 年第 12 期，第 22 页

括、比较等。

语文教学的有序性还体现在教学管理和教学评价上。课前预习、课堂安排、课后复习、学期计划、每月部署，都可以统筹安排、量化管理。几年来实行的标准化考试，精确的双向细目表，十分讲究的效度、信度，无疑都是语文考试科学化的体现。

语文教学也是无序的，其无序性表现在教材上。现行语文课本都是"文章选集"，虽然总体来看从低年级到高年级也是遵循由浅入深的逻辑顺序，但它毕竟是由一篇篇并不连贯的文章组成的，和其他学科相比（如数学），语文前后课文之间并不存在严密的科学序列。数学课前面一章没学懂，后面一章就无法听懂，后面的习题也就做不出来。而语文课并非如此，《雨中登泰山》没讲，并不妨碍你学《荷塘月色》，这是不可否认的事实，也是语文课的一个特点。所以，语文课缺乏这种一环扣一环的约束力。

语文教学的无序性还表现在课堂教学的不平衡性、随机性，这是由语文课的主观性、审美性、多义性所决定的。和其他学科相比，语文的主观色彩特别浓，同一个问题往往可以有多种答案，对一篇课文的鉴赏可以从不同角度进行。写作更是如此，在保证合乎基本规范、原则的前提下，反对千篇一律，主张各抒己见，主张创新。虽然学生同在一个年级、班级，但他们的语文水平各不相同，而且他们的个人趣味、欣赏要求、审美习惯也各不相同，这些因素直接影响着课堂教学。因此，高明的语文老师的课堂教学总是不平衡的，是不可能绝对有序的，因为他们总是以学生为主体，千方百计地激活学生。一旦学生"活"了，偶然性、随机性就会不断发生，甚至异峰突起、高潮迭出。一堂优质语文课的轨迹，其实就是一条波浪线，一条心电图的曲线。任何"一刀切"的教学设计，不论传统的还是现代的，若要追求语文课堂教学的绝对平衡有序，只会把丰富的语文课堂教学"条约化"。在这样的课堂里，学生慢慢变成机器，其思维在教师的指挥棒下钝化。

语文教学的无序性还表现在教学方法的灵活性、自由性，这是由课堂教学的不平衡性、随机性所决定的。语文教学活动是一种复杂的、自由度比较高的创造性活动，为了达到某种教学要求，教学的途径和方法是多种多样的，如传授式、启发式、点拨法、发现法等。我们并不只依靠某一种途径和方法来实现教学目的，更没有必要不顾主观、客观条件去生搬硬套某种教学方法。与其他学科相比，语文教学效果的实现在一定程度上更依赖于教师的个体素质。对此，朱绍禹先生有过非常精辟的分析："语文教学是个人技巧性很强的活动，其效果是通过个人的观察和实践才能得到。而这种实践又多半无法按一定的法则来进行。而要由实践者的知识、经验和个性来决定。它牵涉到许多变项，即使人们了解这些变项的性质，却不能给它定量定序。"①

二、语文教学的科学性与艺术性

（一）科学性与艺术性的关系

我认为，科学性是语文教学的学科基础性质，艺术性是语文教学的教法主导。和其他学科一样，语文教学是有规律可循的，科学的语文教学思想，系统的语文知识，总体上循序渐进的教学过程，序列化的智力培养、智能训练，语文教学中的这些不变量奠定了语文教学作为一门科学的学科基础。和其他学科不一样，语文教学强烈的主观性、鲜明的审美性，课堂教学的相对不平衡性，教学方法的灵活性等诸多不变量决定了语文教学方法是以艺术为主导的。美国斯坦福大学教授、教育艺术论的一位重要人物埃斯纳在其 1985 年出版的《教育想象》一书中认为："教育是艺术，第一是由于教学可以运用自己的技巧和能力，是师生双方都能感受到一种美；第二是因为教学过程中，教师像画家、作曲家、演员和舞蹈家一样，是根据行为过程展开的性质来做出评价和判断的；第三是因为教学不需要受事先安排好的行动程序的束缚，教师必须以不断创新的方式来应付在教育过程中发生的各种意料和始料不及的事件；第四是由于教学的成绩常常是在教

①朱绍禹：《语文教育辞典》，延边人民出版社 1991 年版，第 9 页

学过程中取得的。"① 埃斯纳的观点是，无论从方法技巧上，还是从教育的特点、内容等方面看，教育都是一门艺术，这一看法对我们认识语文教学的艺术性不无启迪。

科学与艺术二者不可偏废，华东师范大学谭惟翰教授曾借用斯坦尼斯拉夫斯基评论梅兰芳表演艺术的一句话，说出了语文教学中科学与艺术和谐统一的关系，即"有规律的自由行动"。人们常说语文教学"教学有法，教无定法，贵在得法"，第一个"法"就是"有规律"，可以理解为教学的一般原则，也就是教学规律；第二个"法"是指某种特殊的方法，"教无定法"就是"自由行动"。语文教学是一门科学，而科学的特点就是根据普遍性来处理特殊性；语文教学是一门艺术，就是用教学的特殊性去体现普遍性。语文教学能够做到有规律地自由行动，就是"得法"，是语文教学艺术已趋炉火纯青境界的标志。画家石涛曾说："至人无法非无法也。无法而法，乃至法也。"

语文教学不是一种静止的、僵化的有序结构，不是处于封闭状态之中，也不是不与外界发生关系的孤立结构。语文教学是一种有序与无序相统一的结构，是一种活的、运动着的有序结构，它的秩序性与外界有着密切关系，是依靠不断地同外界进行能量、物质和信息交换来维持和发展的。语文教学过程就是一个不断地向学生输送各种信息（包括从理论界、现实社会获取信息），并从学生那里获得反馈信息的过程，通过这种持续不断的信息交流，使语文教学呈现出一种有条不紊、有计划、有步骤的"有序"状态；同时也是一种充满活力、运动发展、波澜起伏的"无序"状态。它不断地由无序变为有序，同时又不断地打破有序，从而出现新的无序，进而追求新的有序，每一个过程都是一个进步，每一个过程都是一个上升，它永远没有绝对静止的有序，也永远不停地追求有序。

---

① 王长纯：《当代西方教育艺术论初探》，《外国教育研究》1992 年第 4 期

（二）原因之一：它属于人文科学

语文教学是一门综合性的交叉学科，它隶属于人文科学，其内容几乎又涉及人文科学的各个方面。既然它是科学，就应该"科学化"，就必须遵循科学的原则；同时它又是"人学"，就应该"人文化"，同时必须遵循"活"的艺术的原则。科学化与人文化的统一，理智与感情的统一，是语文学科应该追求的目标。

近年来，科学主义思潮对语文教学界产生了强烈的冲击。语文界的一些专家、老师追求有序，追求语文教学目标的单一化、教学内容的体系化、教学过程的规范化、教学程序的系列化、教学方法的模式化、教学评估的标准化和教学管理的机械自动化，试图实现语文教学效果的最优化，他们设想经过努力，最终能够解决语文教学的规定性和准确性这两个难题，全面提高语文教学效率。在教学中，他们注重传授系统知识，开发学生的理解能力，让学生掌握知识技能，却不注重学生的兴趣、价值，轻视情感经验的积累，轻视情绪感受能力、情感表现能力的培养和发展，不注重培养学生良好的个性品质。在研究过程中，他们重视固定程序、操作规则及方法，把教学过程视为纯粹的认识过程、逻辑思维过程，也就是重视科学的因素而忽视人的因素。

但在人文主义思潮的影响下，语文界一些专家、老师高扬人本主义的大旗，追求学生的个性发展，追求自我价值的实现。他们重视非智力因素，着重于研究如何摆脱对学生的束缚，使他们获得自由、获得解放，然而却忽视了对学生进行系统知识的传授、正规技能的培养；重视开发潜能，重视人际关系、情感交流、情意发展，而忽视了程序、环节、操作方法，忽视了技能掌握，把学生的语文学习过程看成是纯粹非理性的、情感体验的、艺术审美的、形象思维的过程。总之，他们重视人的因素，忽视科学的因素；强调教育的内在价值（即培养人的功能），轻视教育的外在价值（即社会功能）。

受科学主义、人文主义思潮影响的语文教学界的这两种矛盾状况，就其观念而言，我们可以借用德国社会学家马克思·韦伯的概念来说，前者实际上有意或无意地推崇一种工具理性，后者实际上则是自觉或不自觉地信奉一种价值理性。前者重视学以致用、立竿见影的技术观点，后者过于看重价值实现。二者均有片面性，不尽正确。

推而广之，无论在中国还是西方，当前都是一个功利主义盛行的时代，全世界其实都面临协调功利和理想、协调工具理性和价值理性的关系的问题。当今的中国教育界也是如此，由于特殊的历史处境，在经过一个阶段的隔离和沉睡之后，一朝醒来，发现人家已经比我们走得快、走得远了，经济落后、技术落后刺激着一部分教育工作者敏感的心灵。在这样的环境下，留给他们冷静思考的余地相当有限，甚至失去了理性的从容与智慧的远见，而越来越热衷于各种各样的能立竿见影地从根本上解决问题的办法、模式，试图以此来解决一个实际上根本无法一下子解决的历史性问题。"功利"和"效用"成为最高的价值标准，放弃了属于终极价值的东西，而捡起了属于工具价值的东西。

这样一来，又反过来刺激了另外一些深受传统的人文思想影响的教育工作者，他们针对工具理性的泛滥痛感价值理性的失落，极力贬抑唯"利"是图、唯"用"是图，试图还理想于教育、还人文于教学，关心永恒的价值。

追根溯源，我们知道他们分别受"科学主义思潮"和"人文主义思潮"两种教育思想的影响，前者把教育与社会视为一体，试图通过学校即社会的教育操作达到把人融于社会的目的；后者把教育与社会分离，它以保证教育人文化的宗旨达到把人从社会中摆脱出来之目的，以人的完善达到社会的完善之目的。二者指导下的教育改革都把适应社会发展的需要同适应人的发展的需要割裂开来，都在一个方面反映了教育的功能、价值。在这种情况下，其教育改革成功的可能性相对较小。它们的经验教训在于：除认知和学术能力的发展之外，应更多地注意所有学生的各个方面的发展——情感发展、人格发展、社会责任感的发展。教育发展的客观规律在昭示人们，现代教育必须适应现代科技和现代经济的发展，因为现代教育有别于以往教育的重要标志就在于，它跳出了教育独立于社会而存在的藩篱，与现代生产的发展形成密切的依存关系。但是，社会的发展不仅仅是科技和经济的发展，政治的需要、文化的发展，特别是自身的发展、完善也同样是其重要内容和标志。人的现代化与科技、经济的现代化，绝不是仅用科学知识就能实现和度量得了的。单纯的功利主义、经济主义的教育观智能有损于教育整体功能的发挥，从而反过来影响其为经济发展服务的功能。教育改革既不能忽视现代高科技和经济发展的需要，也不能忽视使年轻一代形成高尚的情操、良好的道德观念和认识世界、改造世界的主体意识。

教育价值的多元性要求教育改革必须把政治的、经济的、科技的、文化的以及人的精神需要紧密结合起来，实现人与社会一体化，科技、经济发展与人的精神世界的发展一体化。国际教育思潮显示了这一趋势，20 世纪 70 年代联合国教科文组织以"学会生存"为题告诫人们，教育是一个国家、社会乃至个人生存的基本条件，它是以社会经济需求来规范教育发展的方向和个人教育的选择。到了 20 世纪 80 年代，教育改革的思想从学会生存走向学会关心，它要求把教育改革的着眼点放在与人的需要和发展密切相关的方面，注意到受教育者的需要，引导受教育者去关心他人、关心自然、关心全球生态危机。一句话，从人自身的角度发散开去考虑教育改革。这个转变的意义是重大的，它表明，忽视人的发展的需要，或忽视科技与经济发展的需要，都不能成为当代教育改革的总体选择。

高技术与高情感的平衡已经被认为是现代社会发展的必然趋势，美国著名社会预测学家约翰·奈斯比特指出："技术决定论是危险的，我们周围的高科技越多，就越需要人的情感，需要高技术与高情感的平衡，这是象征我们需要平衡物质与精神而显示的原则。"

以上我们从社会背景的角度进行了考察，通过考察可以知道，语文教学科学性与艺术性的结合是当今时代要求下的必然选择。

（三）原因之二：它与认知风格有关

从认知的意义上说，语文教学界的两种矛盾状况和专家、教师的认知风格有着较为密切的关系。理论告诉我们，理性型的人喜欢根据已知的事实行事，愿意采用标准化的解决问题的方式；直觉型的人对灵感的依赖更甚于对经验的依赖，并且喜欢探求解决问题的方法；思维型的人喜欢通过逻辑分析做出判断，并且不易显露过激的情感；情感型的人更倾向于把判断建立在主观的价值观念之上，并且对于别人的情感特别敏感；判断型的人喜欢有计划、有秩序的生活方式，并且喜欢用不同的方式来解决问题；感知型的人对资料的选取比对问题的解决更感兴趣，因为他们不满于固定的模式而尊重对刺激做自主性反应。教师认知风格的不同，直接决定了他们在同时受到科学主义思潮和人文主义思潮冲击时做出不同的抉择；树立不同的目标、接受不同的影响、采取不同的策略，决定了他们在教学中采取不同的工作态度和工作作风，影响了他们选择、使用教学方法。正因为人们在做出决策时偏爱不同的价值系统，所以教师采用的教学方式可以被看做教师认知倾向的直接结果。有人做过实验，在思维和判断测量中获得高分的教师更倾向于由教师来计划和控制的教学方式，而在直觉、情感、感知测量中获得高分的教师更乐于采取灵活、主动的教学风格。

　　语文教学中有序与无序的两种矛盾状况都是片面的，但都有其合理的因素，把它们统一起来才是正确的，既注重培养学生的知识技能，又注重发展他们的个性品质。科学与艺术的统一，既代表了有关教学的一种最完美的解释，同样也代表了有关在提高学生的独立性、强调学生的自我尊严以及激发一种内在的学习热情的过程中，发展学生的分析技能和认知技能的教学能力的一种完美的解释。鲁迅就是一个很好的例子，虽然他总是被看做一个彻底反传统的形象，然而面对活生生的人，鲁迅便自然地表现出东方伦理亲情的人伦意味，"横眉冷对千夫指，俯首甘为孺子牛"、"无情未必真豪杰，怜子如何不丈夫"两句话，是对他的个性最完整而简洁的概括。鲁迅的教学风格是科学性与艺术性的完美的统一：一方面是对旧的教育方式的清算，呼唤以全新的科学的教育取而代之；另一方面又反对将教育沦为技术性工具，主张把教育对象作为活生生的人看待，去关注他们的身心健康。

当然，我们说语文教学是科学性与艺术性的统一是就语文教学的整体而言的，而且这种统一不是机械地拼合，而是各种因素组合成一个有机的整体，从整体出发进行有机地结合。各种被综合的因素或成分在整体中绝不能等量齐观、千篇一律，而必然是多样的。因为语文教学活动本身就是非常复杂的，外部条件各不相同，内部的目的、课程、教材、方法和形式各有特点，教师和学生又都是具有独特个性的活生生的人。因此，每一堂课便有自己的特点，而不同的教学活动、不同的课就会千差万别。一方面，每一次教学活动都是活生生的丰满的整体；另一方面，组成教学体系的又是极其多样的个体。在一般教学实践中，在语文课堂上，有的可能理性成分强些，有的可能情感色彩浓些；有的可能操作性强些，有的可能思辨性鲜明些；有的可能侧重分析性，有的可能更重视整体；有的可能更多地体现出科学性的特点，有的可能更多地体现审美的特点，有的可能更多地体现技术性的特点。由此看来，我们切不可机械、绝对地看问题。

三、教学实践中应该如何处理好科学性与艺术性的关系

（一）应该注意的倾向

有人这样说，中国文化存在着一个"秩序情结"，热衷于对"序"的追求。由于社会对成绩实效的高期望，以及高考升学诸方面的压力，现阶段语文教学界普遍存在着对"序"的追求，表现为：热衷于创立种种程式化的教学模式，如"三阶段教学法"、"五步骤教学法"、"六步骤教学法"等，在语文教学管理上执着于创立一个庞大的管理系统，事无巨细，一切都在严密的计划安排之中；在经验学习上，出现了一种"明星"效应，热衷于围绕"明星"搞一种较大规模的临摹行为。

第一种情况至少有两个长处：它为语文教学界营造了一种比较浓的研究氛围，迄今为止，从未有过像现阶段这样有如此众多的人从事语文教学研究；它为真正的语文教学理论体系的诞生奠定了坚实的基础。当然，问题也是很明显的：这一类教学研究虽然热闹，但不精

彩，受时间、地域、人事等方面的条件的限制，还不能从根本上、整体上把握语文教学的主动脉。

第二种情况序列化的管理系统虽然完善，所带来的学生语文成绩虽然耀眼，令人为之眩目一时，但冷静思考一阵后，就会发现他们使序列化管理走向了极端。教学活动是十分复杂的：既是明确的，又是模糊的；有时是有意识的，有时是无意识的；有些可以量化，有些不可以量化。其中一个重要的原因就是：我们的教学对象是人，不是物，不是机器，语文教学管理同样是有序与无序的对立统一。他们的失误就在于忽视了这一点，撇开一方，以一方替代双方，走向极端，以他们找到的"序"覆盖语文教学的整个过程。在这样一张密而无缝的大网里，学生只能一切按计划行动，教师这样安排，不是把他们的教育对象作为十二三岁的学生看待，而是作为机器来对待。绝对的整齐划一、步调一致，是一种刻板的"序"、机械的"序"。

我们固然要分数、成绩，但我们不能只取分数提高这一功利价值，而要综合、辩证地考查学生身心发展的各个方面，要取学生全面发展、人格健康这一价值。

关于第三种情况。近些年来，语文教学界涌现了不少"明星"，这无疑使语文的星空更加灿烂。由于人们对"明星"的崇拜，特别是许多教师出于一种真诚的学习愿望（面对语文越来越难教的实际问题，许多教师深感力不从心，很想取点"真经"，摆脱困境），于是各种各样的研讨会、讲习班为老师们学习经验提供了机会。这开阔了老师们的眼界，使许多人明白还有别样的教法，给许多教师以新的有益的启示，点燃了他们的教研之火。

同时，我们也失望地看到，其中有些人出于一种急功近利的浮躁心理，热衷于围绕"明星"搞一种较大规模的临摹行为，试图收到立竿见影的效果，然而这恰恰违背了科学性与艺术性相统一的规律。要知道照葫芦画瓢，拿着人家的模子套——教育中的这种临摹行为是忽视主客观条件的形而上学的做法，其后果既淹没了教师的个性，又削弱了学习先进经验的效果。

吕叔湘先生说得好："关键在一个'活'字。如果不会活用，任何教学法都会变成一堆公式……真正掌握一种教学法的老师他是会随机应变的，他的教室是生机勃勃的。你叫他换一种教学法，他也会根据实际情况，取其所长，舍其所短，同样取得成功。总而言之，成功的教师之所以成功，是因为他把课教活了。如果说一种教学法是一把钥匙。那么，在各种教学法之上还有一把总钥匙，它的名字叫做'活'。"[①]

总之，不存在一成不变、普遍适用的教学方法。组织教学应根据教学所处的内部条件和外部环境随机应变。内部条件和外部环境等因素是自变量，而教学方法、教学管理是因变量，因变量随自变量的变化而变化，教师应根据自变量与因变量之间的函数关系来确定一种最有效的教学方式。

（二）如何把握科学与艺术的关系

语文教师在实践中如何正确把握科学性与艺术性的关系，成功地进行语文教学呢？

第一，在教学过程中始终把握科学的方向。树立科学的教学目标，拟订科学的教学计划，传授科学的知识体系，采用科学的教学方法，掌握科学的教学节奏，选择科学的训练手段。而这一切必须建立在对学生现状及其未来发展的整体把握上。我国著名的语文特级教师于漪老师说："教语文不能无目的无计划，胸中要有教文育人的清晰蓝图，既认识学生的现有情况，更规划他们成长的前景，把握准教学的出发点，向着教育计划语文教学大纲的目标有步骤地辛勤耕耘。"[②]于漪老师在她的教学中很好地把握了科学的方向，她说科学就在于她把教学与育人、眼前与长远有机地结合起来，她做到了胸有学生、脑有大纲、腹有"经论"、心有"灵犀"。由此我们体会到，要使语文

---

①吕叔湘在全国中语会第五次年会上的书面发言，转引自《语文教学论坛》1991 年第 6 期

②参见《语文教学通讯》1991 年 12 期，第 17 页

教学不偏离科学的轨道，教师应该做到：对职业、学生要怀有一腔深情的挚爱，对教学目标、教学大纲要有一番深刻的理解，对语文教材、相关知识要作一番深入的钻研，从而形成深厚的教学功底，只有这样，在教学实践中才能灵活运用、得心应手。

第二，在语文课上努力创设美的情境。语文课不仅需要合乎逻辑的思考，更需要生动形象的感染。在语文课上，教师通过各种手段创设某种具体、生动、美的情境，能唤起学生的情感体验，调动起他们激动、愉快的情绪。美的情境色彩绚烂，情深意浓，充满诗情画意，能使学生如沐春风、如饮甘泉。

李吉林老师对情境教学作了成功的探索和实践。她说："情境教学有重要的作用，它以鲜明的形象，强化学生感知教材的亲切感，情境缩短了久远事物的时空距离，增强了形象的真实感；它以真切的情感，调动学生参与认知的主动性；它以旷远的意境，激发学生拓展课文的想象力；它以蕴含的理念，诱导学生提高对事物的认识力。"[1]在这一方面，她有许多宝贵的经验供我们学习、借鉴。

于漪老师也很善于用她那充满感情的艺术化的语言创设美的情境，她上课就如演员进入角色，声情并茂，"润物细无声"。有人说，她教《春》时是位诗人，教《最后一课》时是位朗诵家，教《海燕》时是位画家，教《挥手之间》时是位摄影家，教《马克思墓前的讲话》时是位政治家。学生在不知不觉中耳濡目染、受到熏陶，这就是美的魅力。

第三，在现代时空里充分利用科技手段。充分利用现代化科技手段是语文教学科学性的一个体现。例如，利用计算机进行思维训练、知识训练，这种方法针对性强。首先它是一种个体化教学，人机对话，因人施教；其次这种方法系统、全面，如利用电脑进行古汉语教学，可以把所有实词、虚词进行筛选，找出真正常用而又较难掌握的词语，它可以覆盖各种语法现象，每种语法现象又可以覆盖到每一篇

[1]李吉林：《情境教学的理论与实践》，《人民教育》1991 年第 5 期

课文。今后，电脑还可以模拟人工智能，搞人机论辩，训练学生思维的敏捷性和语言表达能力。

利用科技手段有助于达到艺术化的教学效果。例如，可以利用电视播放课本剧录像，利用卡拉 OK 电视音响设备进行诗歌教学，学生朗诵诗作，配以电视屏幕的画面渲染、音乐烘托，能把大家带入如痴如醉的诗歌意境中。

总之，利用现代科技手段有两个重要功能。其一是把课堂放大，就是把课堂里的一些重要问题相对集中地突显出来，它能在单位时间内、在局部问题上扩大学习容量，更快、更有针对性、更方便、更有效地达到训练目的。其二是把社会缩小，就是把教学所需要的社会环境、自然环境借助某些手段缩小在课堂里。

第四，在模式林立的教海中保持不羁的个性色彩。新时期的中学语文教学界百花争艳，各创新说，模式林立，教法纷呈。任何一种模式，任何一种教派，只要它是成功的，就必然带有鲜明的个性色彩。任何一种教学方法，都是一定的教育思想、历史环境的产物，因而既有其合理性也有其局限性。巴班斯基既反对由于赶时髦而迷恋于某些教学方式，也反对不分青红皂白地完全排斥某种教学方法和方式。面对色彩斑斓的世界，我们一定要以"我"为主，不盲目照搬，不盲目屈从，始终保持自己的个性品质。学习他人的经验不是引来滔滔洪水，淹没自己的一切，然后另起炉灶；而是引来涓涓细流，浇灌自己的园地。安徽省特级教师蔡澄清说："事实证明，我的点拨法正是挣脱模式重压而悄然独立于原野的一株小草。为什么动不动就偏拟一种具有呆板意味的模式呢？还是追求真实的艺术境界吧！"① 我以为，最后这一句当是我们语文教师奋斗的目标。

总之，以科学为基点，但不能走向极端，不能机械；以艺术为主导，但不能过分随便，不能散漫。有序不是一潭死水，无序不是一团乱麻。于无序之中见有序，于有序之中显自由。

①参见《语文学习》1992 年第 1 期，第 8 页

第6章　反思教学评价

高考语文测试的反思与前瞻

高考语文测试是语文教学界的热门话题，一年一度的高考下来，语文教师或愤愤然，或欣欣然，或哓哓然，但无论怎样都得顺着高考来教学，权当高考是不变量，而自身就只好作变量了。其实如果我们把高考放在更大的时间背景下考察，即可发现，高考也是变量。纵观1977年以来的高考语文试卷，很明显有着阶段性色彩：1977～1982年可以说基本上是传统模式，1983年的试卷可以说是过渡期，1984～1991年可以说是"章熊模式"，1992年也可以说是过渡期，1993年的语文试卷明显存在风格转换的迹象，标志着语文测试新阶段的到来。本文着重于对"章熊模式"和1993年语文试卷风格的考察以及未来语文测试形式的瞻望。

一、"章熊模式"

（一）成　效

我将1984～1991年的高考语文测试称为"章熊模式"，因为这期间章熊先生参与、主持了全国高考语文命题，先后好几年担任全国高考语文命题组组长。其间试卷出现了一种全新的格局，沿着同一轨迹发展，根本改变了中国中小学语文测试的模式，章熊先生在这期间起着重要的作用，因此姑且称之为"章熊模式"。"章熊模式"在以下几个方面取得了突出成效。

1. 现代文阅读

从 1984 年开始，高考语文测试出现了一种叫"现代文阅读"的试题，它的影响是巨大的，它的意义是多方面的。第一，适应社会的需要，改变师生观念。现代人首先要读懂现代文，从中筛选并吸取大量有用、必要的信息。这是现代社会对语文教学的基本要求。在此之前，人们往往自觉或不自觉地轻视现代文的教学和测试，教学中基本沿着"思想内容、艺术特色"这种赏析型的路子进行，而考试则是把现代文作为语法、修辞的附庸，作为语文基础知识及其运用检测的例子出现。"章熊模式"的出现一下子打破了人们的思维定势，改变了师生以往那种"现代文既没啥好教，又没啥好学，更没啥好考"的陈旧观念。人们认识到：快速、准确、高效的现代文阅读是当今信息倍增时代的要求，开始对现代文作信息搜索式的阅读理解。在慢节奏的鉴赏性阅读中，又增添了快节奏的实用性阅读训练，从此语文教学开始了新的篇章。第二，打破旧的格局，建立新的格局。在此之前的语文测试基本上是语文基础知识和写作两大块，由于现代文阅读试题的出现，又带出文言文阅读，旧的模式被打破了，二维格局被语文基础知识及其运用、阅读、写作三维格局所替代，从而使语文测试的布局更趋于科学合理。格局变化的意义并不仅仅在于格局本身，更重要的在于它反映了人们对语文能力的构成有了更新、更准确的认识。

2. 语感、语境

以前人们也说语感，但测试仅仅体现在背诵、默写方面，老师们在观念上总以为语感是抽象的。"章熊模式"在这方面作了可贵的探索，用灵活多样的命题形式来检测学生的语言感知能力，变呆板的为灵活的，变抽象的为具体的，开阔了师生的眼界。语感考查抓住了语文教学的重要环节，正如叶圣陶所说："至于文字语言的训练，最要紧的是训练语感。"语感是对文章中语言文字的一种感受，是进一步把握文章内涵的基础环节。列宁说过，人对客观世界的认识过程是从感觉开始的。从这个意义上说，感觉是人关于世界的一切知识的源泉。通过它，人才有可能逐步认识不依赖于它而存在的客观世界。由于高考增设了语感考查题，所以师生从此重视起语感训练。强调语境就是强调对动态化的语言作活的理解、分析，"章熊模式"通过对句中带点词的理解和文段中画线句的理解等形式来考查学生对语言环境中语词、语句的把握和使用，否定了过去那种一味孤立、静止地考查语言现象的做法，重视语境，把握住语言跳动的脉搏，增强了语文学习的准确性和实用性，有利于提高学生的阅读理解能力。

3. 标准化

从 1983 年起，高考语文试卷逐步引进了标准化的试题，改变了长期以来的语文测试形式，可以说它是适应我国高考考生众多、竞争异常激烈的现实的一种有效方法。标准化考试的优点很明显：第一，覆盖面广，有效性强。这种考试是集中组织研究出题，试题所覆盖的语文知识点、能力点是以往主观试题的几倍，测定范围成倍扩大，防止碰题、押题等偶然因素带来的不公平现象，对全面考核学生的语文知识、语文能力有促进作用。第二，评分客观公正。标准化试题为评分提供了很多方便，评分标准统一，最大限度地控制误差，评卷老师的主观态度受到限制，用计算机评分、采分、合分，可以在较短的时间内迅速处理几十万、几百万份试卷，大大提高了阅卷速度，节省了人力、物力、财力。标准化考试的理论依据是控制论中的可控性理论思想，这种观点强调对人的知识水平、能力进行准确测量，因而标准化考试有明确、详尽的指标体系，从命题到考试实施、评卷、报告成绩，整个过程都是规范化的，对于高考这种大规模的选拔性考试作用明显。

（二）困　惑

"章熊模式"在一段时期内不但统治了高中语文测试，而且极大地影响了初中语文测试，甚至连小学语文测试都做了相对较大的改变。应该说，它在语文测试史上起到了承前启后的历史性作用，为语文测试走向科学化奠定了坚实的基础；它解决了以往一些难以解决的难题，当然也直接、间接地带来了新的问题，使语文教师产生了新的困惑。

1. 教材无用的错误偏向

"章熊模式"注重考查能力，考查学生的迁移能力，这合乎叶圣陶先生"教材不过是个例子"的说法。语文试题特别是现代文阅读部分基本上取自课外，少数取自课文的试题也是从新角度出题。于是产生了一种现象，即学好语文教材所形成的语文能力并不能很好地迁移到高考语文测试中，也就是说，在对学生进行终端评价的高考语文测试中，学生的语文水平不能很好地体现出来。原因有很多，其中一条重要的原因是教材的教学重点、教学方向与高考的测试重点、测试方向是不一致的，或者说是基本不一致的。教材侧重于对课文作整体性把握与分析鉴赏，高考则几乎不触及这一方面，而是侧重于局部的读懂与信息筛选。虽然教学中教师有意识地向高考靠拢，但差距仍然很大，所以能力迁移无法明显地体现出来，导致很多师生都以为学不学教材都无所谓，进而认为教材无用。

2. 玄虚琐碎的试题设计

"章熊模式"重视语感、语境的考查本是好事，但一些玄虚琐碎的试题也会随之出现。有些试题只能知其答案，不能明其规律；有些试题只能知其是非，不能明其因果，这对学生掌握语言规律没有多大帮助；有些试题甚至连答案都无必然性可言，致使教师无从教导，学生无从把握，临到考试只好碰运气；有些试题设计繁琐，搞"弯弯绕"；有些试题材料术语较多，学生理解题意时费力，很难达到预期的检测效果。高考越考越细，为了迎合高考，一部分教师也越教越碎，其后果之一就是肢解了一篇篇完整的美文。现在不少语文教师上课就是以一连串具体细小的问题的问与答贯穿课堂教学的始终，练习更是如此。长此以往，学生自然会目无全牛、管中窥豹。

3. 标准形式的负极导向

第一，用标准化考试形式，只能检测结果而看不出学生的思维过程，这当然对学生的思维发展不利，这是很多人都注意到的。第二，只重吸取，不重表达。标准化考试提高了学生的判断选择能力，却弱化了语言表达能力。我们正处在信息倍增的时代，考试当然要侧重于考查学生阅读文章摄取信息的能力，完整地说应该是考查学生快速、准确地吸取信息以及传达信息的能力，二者不可偏废，也不好割裂。今后学生所接触的信息载体并没有现成的答案供其选择，他们必须自己寻找，自己表述出来。一个学生只会选择而不会表达，或者表达不好，那他的语文能力就是不合格的。第三，标准化考试强调精确，排斥模糊，强调求异，忽略求同，长期的训练使学生养成这样一种习惯：无论碰到什么问题，只求明确具体的答案，对事物的认识趋于绝对化，非此即彼，非彼即此。这当然不利于学生创造性思维的培养。求同与求异，精确与模糊，既是矛盾对立的，又是和谐统一的，作为两种思维方式，都必须受到重视，否则只求其一，排斥其二，都是不科学的，都是违反认识规律的，有碍学生思维能力的发展。第四，实行标准化考试的初衷之一在于通过广泛的覆盖面使人无法猜题、押题，从而减轻师生负担。然而异常激烈的升学竞争迫使师生知难而进，进行大运动量、大面积的强化训练，导致题海泛滥，学生原本就少得可怜的那么一点自由阅读时间被瓜分殆尽，学生失去了自由阅读时间，反过来又影响他们语言感知能力、阅读理解能力的提高。自由性阅读对人的成长起着重要作用，大量的自由性阅读、浓厚的读书兴趣是高水平语文能力形成的重要原因。强制性阅读量过大将削弱学生的读书兴趣，这一点已成为许多教师的共识。权曙明、顾菊生两位同志在他们的文章中说："教师的主导性质应该有一个从参与到旁观的渐弱过程，以利于学生的个性才能得到自由而健康的发展，过紧的控制或过早的放手都是十分有害的——只可惜，近年愈演愈烈的应试教学却直接违背了这些原则，学生极其宝贵的课外时间几乎全被题海蚕食、瓜分了——语文训练与一般数理训练有着明显区别，它本质上是一种人际交往活动，需要注入更多的情意因素，需要尽可能自然的对话情境，哪怕些许的虚假与生硬，都会破坏学生的阅读情绪。或许正因为课堂教学总难完全避免这些局限，才必须给学生留出更充裕的课外阅读时间，以保证他们自由选择、自由交流、自由发展。"① 前苏联教育家苏霍姆林斯基也说过："自由时间，这是全面发展必不可少的条件，也是形成求知和审美的意境和需要必不可少的条件。然而，这巨大的财富被剥夺，对中年级说来如此，对高年级说尤其如此。这种现象乃是中小学生精神生活的最大弊端。"② 美国人对标准化的弊端也有认识：①首先用标准化测验迫使全国各地的学校采用同样的教材和教学方案，不利于教育事业的"百花齐放"，也违背了美国"由地方控制教育"的传统准则。②提供了标准化常模后，会使教师错误地对年龄相同而发展水平不同的学生产生同样的期望，不利于因材施教。③标准化测验的形式不利于全面、真实地反映每个学生的学业成就。因为标准化测验以选择题为主，其内容大多集中在认知和技能领域，而且集中在"记忆"、"理解"等较低水平上，学生的实际应用能力和态度、价值观方面的成就很少得到测量。以上材料足以说明标准化测验形式也有其明显的局限和负极导向。

我们不能否认"章熊模式"在新时期中国语文测试史上所发挥的重要历史作用，同样也不能对"章熊模式"所带来的现实问题视而不见，正视现实问题正是我们变革的起点。

二、返璞归真

1993 年的高考语文测试在 1992 年过渡的基础上，又有了新的变化，可以说是一次质的飞跃。作为新阶段到来的标志，其变化是多方面的：从形式上看，选择题与主观题分为两卷已成定局；1993 年又有更多的省市顺利实现会考与高考的分流，实行"3 + 2"的新高考，这种形式于 1994 年在全国 20 个省市铺开；更为重要的一点是内容的变化，1993 年的高考语文试卷整体风格发生了变化，返璞归真，可以说是经过了否定之否定以后的一次悄悄的革命，具体体现在题型偏向主

---

①权曙明，顾菊生：《学生与作者教师的平等对话》，《语文学习》1993 年第 2 期，第 4 页
②苏霍姆林斯基：《负担过重的症结》，《外国中小学教育》1992 年第 2 期，第 4 页

观性、试题设问实在性、选材取材实用性、作文检测综合性、整体评价立体性。

1. 题型偏向主观性

1977～1982 年的语文试卷基本上是传统的主观题模式，可以说是"文革"前考试形式的延续。从 1983 年开始引进客观题型，到 20 世纪 80 年代后半期、90 年代最初两年，客观题比重达到了顶峰，这是对传统的单考主观题型的否定。1990 年的高考语文试卷客观题（选择题）与主观题（文字题）的分值比为 58：62，1991 年的试卷是 54：66，1992 年的试卷是 58：62，而 1993 年主观题分值大幅度上升，客观题与主观题的分值比为 45：75，北京等 6 省市的试卷是 62：88。这是对大量使用选择题、滥用客观题的一次否定，这个否定绝不是以前单考主观题型的回归，而是否定之否定后的一次新的变革，既保留了客观题的长处，又限制了客观题的弱点。其实许多国家的教育界都意识到标准化考试的局限性，他们采用标准化考试和小论文考试相结合的办法，就连标准化考试的故乡——美国，也把小论文作为大学录取新生的重要依据。1993 年，我国的语文试卷增强了主观性试题，同时又设法保证评卷的客观、公正，对很多主观题在大体方向上加以客观的限制，缩小了评分的误差，使主客观试题的比例适中，主观而又不随意，度掌握得好，从而确保了试题的信度。

2. 试题设问实在性

1993 年的高考语文试卷设问单纯具体，如汉字音、形、义，以往常合在一起考，这一年则分项分题来考。整张试卷考得实在、问得具体，或判断病句，或修改措词，或拟写一个通知，或删减一则报道，所检测的都是阅读、写作的基本技能，没有故弄玄虚的所谓语言技巧题。高考是选拔性考试，选拔性考试就是要拉开档次、拉开距离，那么就应该有一定分量的难题，但问题的关键是难题如何设计。以往难题往往集中在现代文阅读上，这本无可非议，但问题是难就难在题目繁琐上。1992 年的语文试卷中的那段科技短文的现代文阅读就是典型例子，几乎每道题甚至每个选项都必须在阅读全文后才能分析判断，过于繁琐的题目使得许多考生的心绪被扰乱，无从把握。这样考的结果是大家普遍丢分，多数考生答不准，少数语文水平中下等的考生靠瞎猜又蒙对了，这就起不到选拔的作用。1993 年的高考语文试卷难度集中在表达上，切中了学生的薄弱处，其导向是非常积极的。试题或浓缩特点，或概括要点，或分析指代对象，或阐明基本原因，都必须在吸取的同时用语言表达出来。这样设计是合理的，化繁为简，变复杂为简单，改玄虚为具体，其意义不仅在于试题本身，更重要的是反映了这种评价的指导思想是科学的、合乎教学规律的。

3. 选材取材实用性

中学生学语文，从根本上说是为了适应将来学习与生活的需要。1993 年的高考语文试题取材注重实用，贴近生活，注意到社会评价标准。试题（全国统考题）涉及实用性文体的种类有广告、报道、通知以及介绍实物的说明文，如果把议论文都算进去，直接取自实用性文体的分值是 44 分，取自实用性文体的数量之多、分值之高，涉及实用文体的种类之多，在近几年的高考试题中是鲜见的（1992 年的试卷，即使把议论文都算进去也只有 29 分），这反映了命题者重视实用的思想意图，其实更主要的是反映出现代社会日趋实用的概念，反映出社会对学校教育学以致用的要求。高考试题如此取材，其导向意义是很明显的，也是很积极的，今后教师在教学中无疑会更加重视实用文的教学，为学生将来走向社会打下良好的语文基础。

4. 作文检测综合性

1993 年的全国语文统考试卷，作文题的综合性让人感到耳目一新。综合性首先体现在综合运用多种表达方式：大作文既要记叙，把女儿、儿子、父亲的话续写下去；又要议论，三人的话包含了一定的生活哲理，三人都要作出议论；又要抒情，女儿的赞叹，儿子的赞美，父亲的深有感触，都饱含感情；还有描写，描写环境气氛，描写人物神态。再加上小作文的说明，五种表达方式都有了。这样考可以全面检测学生综合运用多种表达方式的能力，也顺应了"淡化文体"的趋势，告诉人们不要过于执著地揪住文体形式不放，而应着重于内容、着重于务实，淡化文体界限，强化综合表达。综合性的第二个表现是大作文的虚实结合：所谓虚就是它的哲理性，对生活现象的抽象概括，对现实生活的把握；所谓实就是考题要求落得实，写人物对话，写人物神态，写环境气氛，这个题目既可以考查学生的分析能力、理解能力、概括能力，又突出了语言表达能力，强调了语言功底的重要作用，这就突出了语文的个性。语言功底好的同学，有了发挥自己才能、表现自己才华的机会，由此拉开档次，有了区分度。

5. 整体评价立体性

1993 年的语文试卷，主观与客观皆有，偏向主观；求实与创新并存，重在求实；实用与文学兼顾，加强实用。这一切构成了整个考试测评的立体网络，也成就了试题朴实化的风格。当然，1993 年的语文试卷并非圆满，例如为了保证评分的客观公正，大作文给了多种限制，于是学生只好"戴着脚镣跳舞"，其中的滋味是命题者、改卷者难以体会到的。此外，1993 年的试卷缺乏文学鉴赏题，这也是其不足之处。命题者试图纠正以往试卷的偏向，并作了可喜的努力，但还有许多问题没有得到解决。1993 年的语文试卷之所以表现出如此风格，既是当今社会的总体要求所致，也是语文界各种观念、各种思想、各种主张矛盾斗争的结果。知识与能力、主观与客观、课内与课外、白话与文言、实用与文学、求实与创新等矛盾因素相互冲突，相互争斗，其结果是各自的削弱和对对方的兼容，于是达到了某种均衡，最后是各方面的普遍接受。可以预计，由于外在社会条件不会有太大的变动，语文界各种主张也不会有太大的变动，均衡仍可保持一段时间，1993 年的语文测试风格基本仍可保持。

所不同的是，1994 年全国 20 个省市铺开会考、高考分流，会考是"向后看"，着重考查学生对中学知识的掌握和运用情况，这是与发展教育观相应的目标参照性考试，是学习成绩的测验。高考是"向前看"，着重考查学生的发展潜力以及适应今后大学学习的能力，正态分布率依然在考试中起作用，这是与发现教育观相应的常模参照性考试，是学能测验。由此可以预见，会考以后的高考风格大体不变，只是教材中的内容不再直接涉及，而是着重于考查基础知识以及运用基础知识解决实际问题的能力。其实，比较一下 1993 年北京等 6 省市的高考语文试题与全国统考试题，就可明白这一点。

三、未来语文测试前瞻

我们说高考语文测试风格总体不变，是指最近几年。其实不变是相对的，变是绝对的；不变是暂时的，变是永恒的。随着外在条件、内在情况的变化，旧的均衡总归要打破，新的矛盾斗争终究要产生，矛盾斗争的结果是出现新的均衡。新的均衡并不是旧的均衡的简单再现，而是否定之否定以后而产生的一个新的飞跃。

预测未来的语文测试，无非从两个维度进行。一是空间维度，即根据未来的背景环境、社会条件、时代要求预测未来的语文测试；二是时间维度，即沿着语文测试自身发展的内在逻辑，由过去、现在预测未来的语文测试。柏格森说，历史的每一瞬间都包含了无穷的过去，又预示着无限的未来。

（一）空间维度

未来的社会背景、环境条件、时代要求在一定程度上决定了未来的语文测试考什么、怎么考。

1. 能力多样，测试多点，角度多变，淡化"一锤定音"

未来社会竞争更加激烈，首先是国与国之间的竞争。我们国家人口众多，资源相对不足，经济相对落后，要改变这种状况，要建成社会主义现代化强国，从根本上说取决于劳动者素质的提高，除了将沉重的人口负担转化为人才资源优势外，我们别无选择。竞争决定了语文测试以检测学生能力为主。国家的竞争，行业的竞争，部门的竞争，单位的竞争，人员的竞争，说到底都是能力的竞争。即使是普通劳动者，如果没有胜任本职工作的能力，也是一个对社会无用的人。变幻莫测的就业市场也决定了学生必须具备较强的适应能力和应变能力。随着社会的发展，特别是科学技术的发展，语文的内涵将日趋扩大，包括口头语言、书面语言、体态语言、计算机语言，以及用各种手段展示的语言，如板书、幻灯、投影、录像等。这两种现实状况决定了语文能力多样化、语文测试多点化，在博与专的问题上，中学生应着重于博，否则无以应变，无以适应社会需要。

1993 年 5 月，由钱伟长任校长的上海工业大学率先宣布：上海工业大学自 1993 年起全方位改革高校招生制度，实行"面向社会，自主招生，择优录取"的招生办法，提前单独招生，实践结果获得各界人士的充分肯定。大家普遍以为，上海从全国高校入学统一考试中分离出来是一大进步，上海工业大学从上海统考中分离出来又是一大进步，对我国整个招生制度的改革具有重要意义。这是一个重要的信息，对语文测试将产生重要影响。随着大学单独招生考试的出现，原来大规模考试所带来的种种限制将随之消失，一旦限制消失，考试形式将发生革命性变化，命题的自由性、灵活性增大，各大学单独出卷，试题更具个性色彩，百花齐放，角度多变，考试内容可因人、因时、因地而异，测试重点可根据各学校、各专业的不同而变。因此，对中学语文教学、中学生而言，具备广博的语文能力又是必然的选择。

另外，由于对能力的追求，确切地说是追求真才多能，追求广博实用的语文能力，必然会淡化考试的"一锤定音"。除笔试外，还可进行口试、听力试、操作试等，不是只专注于高考终端考试的一次性验证，还应参照平时，注意对学生作动态观察，注意考查学生的情意态度。

2. 注重准确、规范、简明、连贯、得体的口语表达能力，加强实用

科学技术的迅猛发展，为人们提供了新的媒介、新的工具、新的手段，从而使社会对语文的要求发生了变化，语文测试当然也随之变化。日新月异的传声技术，使声音语言可以不依靠文字传播，打破时空限制，比文字传得更远、更快。新一代电子计算机出现以后，人们可以不用程序语言而用自然语言进行人机对话。"语言输入文字自动输出"的智能化电脑的诞生，中外文、中外语同时互译机的问世，这

些都需要较强的"说写"能力，加上未来社会人的社会交往日益增多、频率加快，各种先进电话通信手段的广泛普及，对学生的语言表述能力，特别是口语表达能力提出了新的、更高的要求，要求学生必须敏捷使用准确、规范、简明、连贯、得体的口语。所谓敏捷，就是指口语活动中语言的运用和思维的反应都必须迅速；所谓准确，就是指边想边说，语音一出口就成定格，要求表述的一次性准确；所谓规范，就是指使用全国通用的规范的标准语言，即标准普通话；所谓简明，就是指使用简洁明确的口头语言，因为机器理解与控制语言意义的能力较差，无法排除语言杂质；所谓连贯，就是指口头语言必须具有逻辑性，要有明确的中心、合理的顺序、适当的衔接；所谓得体，就是指要注意对象、语境条件。这些要求必然反映到高考语文测试之中，成为高考测试的重点之一，而科技的发展和大学单独招生考试使得口语测试变为可能。这一切说到底，就是要求语文教学、语文测试要注重实用，为实际运用服务。

（二）时间维度

语文测试自身也有内在的逻辑，它遵循自己的逻辑而发展变化着。

1. 定量考查与定性考查的结合，认知水平检测与情意态度考查的结合

1977 年以来的新时期语文测试，由传统模式到"章熊模式"，再到 1993 年风格转换的新阶段，渐次发展，变化显著。而这三个阶段也有几点共性：一是侧重考查学生的认知水平，而无以检测学生的情意态度、动机等内在因素。二是由统一的评价标准控制操纵着整个评价过程，不但评价对象处于被告地位，而且连评价者的主观意愿也难以介入。三是重视检测结果，而忽视考查的过程。这其实是一种定量测评，这种测评以自然科学的实证理论为依据，把教育活动从特定的人文背景中抽出，以量来定质，以定量代替定性。这种评价形式的局限性非常明显，也已引起一些有识之士的疑虑。这种测评形式发展下去当然是走向对它的否定，这是语文测试内在逻辑发展的必然。

　　由此可知，未来的语文测评，不但要检测学生的语文认知水平，还要考查学生对语文的兴趣态度和学习语文的动机意志（这与我们前面从空间维度的研究预测殊途同归，得出相同的结论）；不但要重视评价结果本身，更要重视过程，注意在活动中纵横交叉的人际关系；既要有客观统一的标准，但又不是僵死、绝对的教条，而应该是弹性的机制；不但允许评价者的主观意愿可以介入，而且还要重视评价对象对自己的看法，并鼓励他们自我评价，以充分发挥评价应有的效用；既有定量的考查，又有定性的评价。

　　2. "一张一弛"的考试节奏，"点面结合"的试卷布局

　　新时期的语文教学节奏经历了由慢到快的过程，反映在教材上就是教材的内容骤然增多。以人民教育出版社编的高中语文课本为例，1983 年版的语文课本第 1～6 册，共 1 461 页，1987 年 10 月版的语文课本第 1～6 册共 2 317 页，1990 年版的语文课本虽减至 1 882 页，但是另外又增加了补充教材。教材内容骤然增加，教学节奏大大加快，是对社会知识激增的一种本能反应，也是一种机械反应，这种思想方法必然会反映到高考试卷中。1989 年高考语文试卷的文字符号和试卷长度是 1982 年的一倍，到 1992 年试卷长度仍维持在 13 页，文字符号仍达 5 000 多个。快节奏不能一统天下，快节奏并不意味着必然取消慢节奏，快节奏不断完善，必然导致"一张一弛"的"语文之道"出现，快慢结合、松紧有致方是语文教学以及语文测试的正常频率。科学的试卷布局应该是点与面的结合，大量的实用性文章作为面而存在，少量的思想深刻、形式精美的佳作作为点而存在。语文教材如此，语文测试也如此。从篇章量的角度看，从时间总量讲，速读速写的实用语文占绝对多数；从单位篇章时间量的角度讲，细嚼慢咽的精美佳作占相对多数，即单位篇章的时间多数。没有"面"，无以适应形势；没有"点"，无以体现水平。

　　从更深层次的意义上说，控制、定量的考查形式，快节奏、多题量的语文测试，说到底就是社会崇尚工具理性在语文教学中的反映。工具理性发展到极致，必将导致价值理性的回归，而价值理性的回归

并不意味着对工具理性的摒弃，而是对工具理性的兼容。正因如此，上述两种情况出现在未来语文测试之中，实属必然。

总之，在未来的语文高考测试中，更加重视能力检测，能力多样、测试多点、角度多变，淡化"一锤定音"；注重检测学生的口语表达能力，要求学生必须敏捷使用准确、规范、简明、连贯、得体的口语，加强实用；注重定量考查与定性评价的结合，认知水平检测与情意态度考查的结合；注重"一张一弛"的考试节奏，"点面结合"的试卷布局。

语文教学应有科学的评价标准

中学语文教学界有句名言，那就是吕叔湘先生在 1978 年说的——"十年的时间，二千七百多课时，用来学国语，却是大多数不过关。"人们普遍认为语文教学耗时最多，而成效最低，是最不合经济原理的一桩"买卖"。语文教学到底是成是败，这里不作断定。但我想，衡量语文教学成败与衡量评价语文教学的标准关系极大，或者说评价标准直接决定了语文教学是成是败，这一点应当成为人们的共识。

一、双重标准让人无所适从

从总体上说，现在评价语文教学有两大类标准，但它们并不一致，或者说基本不一致。一是以高考为尺度评价语文教学，我们称之为高考标准（与之同一系列的还有中考之类的标准）；二是以社会实际生活中的语言运用需要为尺度来评价语文教学，我们姑且称之为社会常规标准。依据高考标准就要侧重于解题能力的训练，以获取高分为好；依据社会常规标准就要侧重于实际生活中的语言运用能力训练，比如逢年过节拟副楹联，碰上红白喜事起草个请柬，开会、讨论时写份漂亮得体的发言稿。现实社会中不会像高考那样提供四个现成的答案供你选择，而高考标准也不会像社会标准那样宽泛、无所不包，而且这两种标准内容不一，形式不一，侧重点也不同。这让语文教师难得两全，无所适从。

以高考为标准评价语文教学，必然导致语文教学围着高考转，高考越考越细，语文越教越碎，其后果之一就是肢解了一篇篇完整的美文。社会常规标准重实用，但有些也不切实际。常听说一个高中毕业生连拟订份合同都不会，写"状子"的格式都不懂。诚然，这些可能都是事实，但我以为根本就没必要让中学生记住那么多应用文的格式，而且也不切实际。从一般情况看，应用文最容易学会，有范文，有格式，你照着样子立刻就可以写，其实即使是语文老师也不是什么应用文都会写，也要看范文。备一本"应用文大全"之类的工具书，足以对付。

二、评价语文的标准、内容无所不包，教师不知如何是好

评价语文教学的双重标准，使语文教师深感两难。现在语文课的责任越来越多，评价语文教学的角度越来越多，语文教师的负担越来越重。除了本身义务外，汉字书写、普通话推广、思想教育、审美教育、社会实践、调查报告、朗诵演讲、黑板报、宣传报道、数理化审读试题等都是语文老师的事。语文包罗万象，并不单纯，语文教师不可能保证每个学生在每个方面都好。人们可以任意从不同的角度评价你，可以抓住你某一点不足，判定你教学水平低下、教学效果太差。而且，语文教学似乎谁都懂（"文革"时工宣队进驻学校，别的不会教，语文、政治是会教的），"内行"太多。数理化还有许多人不懂，因而不敢妄加评论；语文作为母语似乎谁都会，谁都可以指手画脚。难怪有人慨叹：做教师难，做语文教师更难，做一个好的语文教师难上加难！

总而言之，要想使语文教学取得成效，必须有一个准确而切实、科学而简明的评价标准，这是一个必要条件。

第 7 章 ｜ 同质化现象批判

"千校一面、万人同语"
——基础教育学校同质化现象批判

经过近 20 年的教育教学改革，中国基础教育有了很大的发展，取得了有目共睹的成绩。但我们也清醒地看到，各个地区、各个学校的发展极不平衡，于是教育均衡化的理念及其推动措施不断现实化，很显然这是针对薄弱地区、薄弱学校所采取的措施。而发展较好的一些地区和学校也出现了不少值得我们深思的问题，比如在许多学校之间存在着同质化现象，千校一面的办学理念导致学校文化趋同、课程趋同、教学模式化，丧失个性。具体来说，就是"千校一面、万人同语"。

一、千校一面

千校一面也就是校与校之间差异不大，基本雷同。无论是办学目标还是教育理念，无论是改革目标还是具体措施，无论是课程设置还是活动安排，学校与学校之间缺少差异，学校个性日益模糊，表现为学校日益趋同。究其原因，与现行的政府行为和学校自身行为有密切关系，如由政府推动的各种教育达标工程，实验性、示范性学校评审，各级相关部门的监督、检查、督导，而且检查标准统一，验收内容统一，各种宣传、经验介绍，客观上导致学校逐渐趋同。

初中学校搞达标工程，高中学校搞实验性、示范性高级中学评审，为此制定了相关的标准，所有参评的学校必须严格按照标准去落实。这个达标工程和示范性高中评审对基础教育的影响很大，历时五年，经过了四个阶段：第一个阶段是督导，第二个阶段是规范评审，第三个阶段是中期检查，第四个阶段是总结性评审。校长们都是经过专家的反复考问，学校都是经过专家的认真检查。通过这样的评审，学校有了脱胎换骨的变化：过去学校办学都是凭经验，校长凭着自己对教育的理解，按照自己的工作习惯办学；现在的实验性、示范性高中走向了规范化办学，学校有了一定的教育理念，制定学校发展规划，按部就班，规范严谨。很明显，不论是初中阶段的达标过程，还是高中示范性学校的评审，整个过程既是一个规范化的过程，同时也是一个标准化的过程，是科学化的过程。与过去经验性办学相比，可以说是一个进步。

我的观点是，当一所学校没有规范的时候，必须首先建立规范；当一所学校已经形成规范的时候，超越规范就是必要的。从没有规范到建立规范，从建立规范到超越规范，这是我所理解的学校办学规范的辩证法。没有超越规范，学校就没有发展；都停留在规范性办学的基础上，学校就没有个性，没有发展。为什么要超越规范、实现个性化办学呢？浙江大学校长杨卫说，这就像一个生物的种群，要想发展，一定要保持自己的多样性①。复旦大学党委书记秦绍德也有类似的看法：不切实际、竞相追求"升格"的现象愈演愈烈。专科升本科，成了本科院校再争硕士点，有了硕士点又要争博士点。学校间不分类型、不分层次，互相攀比，都向综合型大学发展，千篇一律，全然不顾原有的基础和特色。生态学中有一个概念叫"生物多样性"，趋同化的结果必然导致高等教育生态的破坏，不利于高等教育的可持续发展②。只有实现个性化办学，学校才能各具特色，才能保持多样，

---

①《中国大学，如何迈向世界一流》，《人民日报》2008 年 5 月 6 日

②秦绍德：《办大学，莫违"生物多样性"》，《人民日报》2009 年 2 月 19 日第 11 版

学校这个种群才能发展。

在建立规范之后，学校应该超越规范。超越规范就是指学校办学要具有个性化。英国剑桥大学校长艾莉森·理查德教授在复旦大学讲演时提到："大学之所以卓尔不凡，不仅因为这些大学具备了在世界范围内使它们成名的一致性，还因为它们各有各的独特性。这些独特性使我们很难根据一个泛泛的标准对它们进行排名，甚至这种排名本身很有可能毫无意义。"① 2006 年 11 月底，英国召开了特色学校大会，时任英国首相的布莱尔在会议上发表演讲。他指出："当今教育的要旨就是个性化学习，要充分认识不同的儿童在不同科目有不同的能力。但是，个性化学习不仅事关每个儿童走出独特的道路，还事关每一所学校都走出独特的道路。"② 走个性化办学的道路，办出学校的特色，是全球共识，是基础教育也是高等教育的共识。

但个性不是高考升学率，不是奥林匹克竞赛金牌。有些学校引以为豪的是其高考升学率很高，然而高考是学校一个方面评价终端的呈现，以一个方面代替整体，显然是以偏概全，以终端代替整个过程同样也是错误的。有的学校奥林匹克竞赛金牌比较多，因此号称金牌学校，但是竞赛的金牌也不是其个性，竞赛只是学校工作的一个方面，而且任何学校参与竞赛的教师或学生都只是少数。如果把金牌当做学校的个性，我以为这样的理解显然是简单化了。还有一种情况是把口号当做个性，据老教育家吕型伟先生统计，各种各样的"某某教育"有 658 种之多（《吕型伟访谈录》）。现在口号太多，经过多年的校长培训之后，所有的校长都能喊几句口号，什么快乐教育、责任教育、人格教育、愉快教育、挫折教育等，但是如果只是停留在口号的层面上，那么它也不能成为学校的个性。

学校的个性是学校的文化个性，是学校的文化内涵，是学校的办学特色，是学校的精神积淀。学校的文化个性是这所学校十几年、几

---

①《差异与优势：对杰出大学的反思》，《文汇报》2006 年 5 月 28 日
②陶西平：《静下心来教书　潜下心来育人》，《中国教育报》2007 年 10 月 16 日

十年、上百年的校长、老师、学生沉淀下来的精神风貌、工作习惯、学习风气，它弥漫在整个校园之中，它体现在学校的方方面面，它通过师生的言语、教育的细节、活动的内容呈现出来，它通过校园里的一花一草、一桌一椅述说着这个学校师生员工的价值追求。学校文化说到底就是这所学校的师生员工对教育的哲学思考、关于教育的价值取向，是他们的言语方式、思维方式、行为方式，在这些方面呈现出来的特征就是学校的文化个性，也就是学校的个性。我们走到清华，走到复旦，走到耶鲁，走到哈佛，扑面而来的感觉是不一样的。也许你未必能够说清楚清华的文化、北大的文化，但是你分明能感受到这两所学校是不同的；走到剑桥，走到牛津，你分明能感受到这两所学校的文化风格也是不一样的。

清华"自强不息，厚德载物"，北大"思想自由，兼容并包"，两所学校的文化特色深深地影响了生活在这个空间里的教师和学生。北大提倡"兼容并包"，有"民主"、"自由"之风；清华提倡"厚德载物"，有"严谨"、"认真"之风。有人曾戏称清华出高官，因为清华人做事严谨而认真，对待上级指示能够非常认真地研究贯彻执行，并努力实现之；北大出富豪，因为北大有自由言说的传统风格，面对上级指示首先是组织讨论，并加以质疑批判，这种求真务实的作风造就了他们的经济财富。据《新民晚报》（2008年12月26日）周逸梅报道：中国校友会网发布"中国造富大学排行榜"，北京大学因造就35名中国亿万富豪而问鼎榜首，超过第二名十几人，校友财富合计1000多亿元，当之无愧地成为中国"亿万富豪摇篮"，其中有新浪网创始人王志东、新东方教育科技集团董事长俞敏洪和"体操王子"——李宁体育用品有限公司董事长李宁等，北大毕业的亿万富豪分布领域最为广泛，涉足的领域最具前景。另外，我们经常从媒体中听到、看到北大毕业生的奇闻轶事，如"范跑跑"事件、北大毕业生卖肉新闻等。这些事情清华毕业生则不会有，这与北大、清华两校的文化风格有着必然的联系。

学校个性绝非一朝一夕自己贴上标签，或者被人贴上标签，也绝不是一时的广告宣传和媒体炒作的产物。所谓个性化办学，不是心血来潮的一次临时决策，不是追赶时尚而表现出的短期行为。学校的文化个性是不可能一蹴而就的，它是指一所学校在长期的个性化办学过程中逐渐形成的、比较持久稳定的发展方式和被社会公认的、独特的、优良的办学特征，并具有与时俱进的时代性和相对稳定性。它有明显区别于其他学校的办学风格或优良特点，而且只有当这种区别成为被广泛认同的优势，这种优势是其他学校短时期内难以企及的时候，才构成一所学校的特色，它可以是人无我有、人有我优，也可以是人有我无。例如，美国纽约国际银行在刚开张时所做的广告：一天晚上，全纽约的广播正在播放节目，突然间，所有的广播都在同一时刻向听众播放一则通告——听众朋友，从现在开始播放的是由本市国际银行向您提供的"沉默时间"。紧接着，整个纽约市的电台同时中断 10 秒钟，不播放任何节目。于是，"沉默时间"成为纽约市民茶余饭后最热门的话题，国际银行的知名度也迅速提高，几乎是家喻户晓。学校教育也是这样，别人补课我不补课，大家都提所谓的"××教育"品牌，不提的学校就是特色，因不标榜而显得卓尔不群。

学校个性集中体现在学校的办学理念和学校的课程以及课程文化建设方面，其表现为与众不同的校风、学风、师资水平、学科专业、制度规范、教学与研究方式，并具有以此确立学校的地位和影响，带动学校整体的可持续发展的特性。

"特色是学校继续生存的前提，没有特色的学校常常处于'破产'的危险之中。"

二、万人同语

所谓万人同语，是指教师、校长话语内容、话语方式的趋同性。例如，一开始说"以人为本"，大家都说"以人为本"，后来改为"以学生发展为本"，大家都说"以学生发展为本"；"校本"概念一出现，一系列"校本"概念相继出现，校本培训、校本管理、校本课程、校本教材应声而起；一提研究性学习，从幼儿园到高中，整个基础教育各个阶段、各所学校、各个学科都在表明自己也在进行研究性学习。

很显然，校长、教师们是在追风逐浪。风从何来，浪从何来？我们可以看到，"风浪"来自教育理论家们，是教育理论家们在"兴风作浪"。他们通过发表论文、出版著作，通过各种教师培训、报告，来传播他们的声音。再进一步追问下去：他们所兴之"风浪"，又从何而来呢？仔细研究可以看到"西风紧，满地黄叶飞"这样一种现象。不少教育理论家翻译、编译了许多西方发达国家的教育理论著作，学者刘尧认为这是一种"从属理论"现象，主要表现有：在研究内容上，主要是翻译、介绍、诠释国外研究成果；在研究成果上，少有原创性的发现和理论，缺乏开创性的研究领域和问题，且多为跟随、模仿、验证等重复劳动；在研究话语体系上，呈现出一种比较艰涩的、痕迹明显的翻译语言特征①。用他人的思考来代替我们自己的思考，用他人的理论来作为我们自己的理论，用他人的实践来代替我们自己的实践，甚至用他人的实践来规定我们的实践，那就有了问题。这些理论著作直接影响了我国教育界，我们不难发现其中隐藏了一种话语霸权，这就是西语霸权。

应该说，这样一个阶段是必经之路，赵毅衡先生说："就一个世纪的中西文化交流而言，基本态势是：西方文化人来中国，是当老师；中国文化人去西方，是当学生。一百年来，这个格局基本上没有改变。"中国学生是从西方文化人身上学到了不少东西，西方发达国家的教育思想冲击了我们的陈旧观念，开阔了我们的眼界视域，使我们在长期的摸索中豁然开朗，看到了一片全新的天地，于是我们开始模仿别样做法。

同样，这种现象也是值得我们反思的。我们应该能够清楚地看到，这中间有一种"贴标签、换概念"的现象存在，基础教育界几乎是万人同语，流行什么概念，就群起而说之。

———————————

①刘尧：《我国教育科学研究问题反思》，《中国教育报》2009 年 5 月 26 日第 4 版

第一种表现是不读原著，不问含义，拿来就用。例如，《第五项修炼》一炒作，于是自上而下都在谈学习型，从学习型城市到学习型班组。但事实上，很多人连《第五项修炼》这本书都没有认真读过一遍，对学习型组织的概念根本不清楚，就大谈学习型组织。他们以为鼓励大家学习就是"学习型组织"，他们不知道彼得·圣吉所强调的学习型组织的本质特征是"创新"、"成长"，即知识创新、学习方法创新，组织成长和员工成长；他们不知道判断学习型组织的主要尺度就是看你这个组织的知识创新能力，看能够进行创造性劳动的高素质管理者和员工队伍的质量与数量，看你的管理者、员工学习力和创新力的提升以及全面发展的成果。"学习型组织"的内涵，已经不是一般的强调个体学习和组织学习，而是要能够不断主动学习，持续创造，真正与时俱进，与信息社会发展相适应的那种创造性学习；已经不是一般的强调学习的必要性、重要性，建立一般的学习制度，而是要形成一套推动全体员工不断学习、终身学习的学习机制，促使领导以及员工不断更新知识、更新观念，形成反思、反馈、共享、互动的有活力有效益的学习；已经不是一般的倡导某种学习方法、制定某种学习纪律，而是培育与知识经济发展相适应，与系统论、控制论、信息论和先进管理理论相匹配的一整套学习技术和方法，不断提高创新力、领导力、执行力的那种变革式学习。"学习型组织"所指的学习不同于一般人所理解的吸收知识或获得信息的学习，这种真正的学习涉及"人之所以为人"这一意义的核心，通过学习，人们重新创造自我，能够做到从未做到的事情，重新认知世界以及人与世界的关系，扩展创造未来的能量。

第二种表现是为时髦而时髦，不论有无用处。这几年的基础教育界，一波又一波的概念潮流不断涌现，研究性学习、合作学习、教师专业化发展，什么时髦就赶什么，流行什么就追什么。李镇西老师曾经提到，国内一些学校把苏霍姆林斯基当做包装的标签，把学习苏霍姆林斯基当成炒作，当成提升学校档次或知名度的招牌。过去他在一所学校担任副校长的时候，就跟乌克兰基辅苏霍姆林斯基实验中学签订了建立友好学校的协议。但实际上由于语言不通、交通不便，两校之间很难有真正的交流，所签的协议书不过是一纸空文而已。

第三种表现是追逐时尚却错误地运用别人的理论，或者说就是偷换概念。加德纳到上海之后，与记者有一番对话很有意思。加德纳问记者：你能否解释多元智能理论在中国成功的原因？记者回答：美国人喜欢多元智能理论，是因为美国人突出个性，认为每个孩子都是独一无二的，每个美国人都想知道自己孩子的基因突出了哪种智能。而在中国，家长和教师们希望每个孩子都能开发出这8种智能。（《重构多元智能》［美］霍华德·加德纳）由此可以看出：记者已经敏锐地看到，起码在一部分教师、家长眼里，多元智能理论已经被转移了，和加德纳的原意不同了。他们借用多元智能理论要把自己的孩子培养成全才，甚至不惜牺牲孩子的自由生活，"偷窃"孩子的假期。南京一名五年级学生汤雯萱通过考试，获得了44份各种各样的证书，她从3岁开始拼搏，失去童年，而家长却浑然不知，反而引以为自豪。（《现代教育报》2004年3月26日）事实上，这种以牺牲孩子的幸福童年为代价来换取知识技能的现象，在亚裔父母身上表现得比较突出，美国亚裔父母眼中的好孩子有10条标准：①高考得满分；②会拉小提琴或弹钢琴，而且要达到能在音乐会上演奏的水平；③申请报考20多所高校，并且全都通过录取线；④考入全美名校，而且能获得足以支付学费的高额奖学金；⑤有四样嗜好，第一是学习，第二是学习，第三还是学习，第四是喜爱弹钢琴或拉小提琴；⑥喜欢古典音乐，不喜欢"煲电话粥"；⑦考取有高额奖学金的博士研究生；⑧立志成为一个脑外科专家；⑨与一位亚裔美国医生结婚，儿孙也非常成功；⑩喜欢听父母亲讲述他们过去的故事，尤其是他们赤着脚走20多里路去上学的艰苦经历。这些标准很可能就是这些亚裔孩子们杜撰的，但是也的确反映了家长们的真实心态。

2004年1月1日，《中国教育报》发文指出：在"教育学术著作销售榜"排行前十五名中，《多元智能》赫然高居榜首![①] 有关多元智能的著作使人目不暇接，大量多元智能的论文如雨后春笋，有关多元智能的论坛或研讨会不断召开，多元智能成为一种时尚热潮。面对时尚，我们应该有怎样的心态、怎样的思想？且听听另一种声音。英国教授约翰·怀特海说：人类根本不存在多种智力，现有的智力划分是一些人无中生有的观念；教师以这种理论"哄"学生以非传统的方式学习，在一定程度上是对孩子天性的人为限定。加德纳在 2004 年北京多元智能的国际会议上十分认真地指出："多元智能本身决不能成为教育的一个目标。"[②] 这些话语有助于我们做出正确的选择。面对时尚，我们首先应该问一问它的含义是什么、它是正确的吗、它适合我们吗；我们必须保持足够清醒的头脑，应该有理性的判断；我们应该慎对潮流，读懂潮流，追问潮流，反问潮流。著名学者王元化说：潮流不都是趋向光明和进步的。例如，一段时间以来，我们经常听到这样的声音——"我的课堂我作主"，不加区分地让所有孩子、对所有内容都"自主学习"，这背后是建构主义理论在支撑着，但建构主义理论是指整个人类在建构知识，而不是指单个儿童在建构知识，对教育应该做一些形而上的思考和叩问。

潮起潮落，大浪淘沙。殊不知，在潮起潮落的过程中却淹没了校长的个性，淹没了学校的个性。如果 50 年后的校长要查看今天校长的办学思想，他们会吃惊地发现：他们怎么说的都是一样的话啊？中国的教育学是"进口的教育学"。

其实，任何一所学校都是具体的、独特的、不可替代的，它所具有的复杂性是其他学校的经验所不能完全涵盖的，也是理论所不能充分验证、诠释的。追风逐浪、大浪淘沙的过程却淘尽了校长的思想，淘尽了教师的原创能力，使我们的教育界患了可怕的"教育失语症"，我们的校长、教师不会说话了，不会说自己的话了，以致在自己的领域里失去

①张威：《教育学术著作类销售排行榜分析》，《中国教育报》2004 年 1 月 1 日第 5 版
②田友谊：《多元智能热的"冷"思考》，《上海教育科研》2006 年第 3 期，第 23 - 26 页

了话语权。

我们说教育界失语，仅以校训为例即可看出。校训是学校对办学理念、人才培养要求和学校特有精神的一种表征形式，是对其人文传统、治学精神、办学风格的理性抽象，是学校展示给社会和历史的一张"文化名片"。校训在形成学校精神、促进学校发展、铸造师生灵魂中起了独特的不可替代的作用。校训作为价值原则的集合，在校园生活中，犹如春风化雨，以其无形的控制力、感染力、凝聚力规范着师生的思想作风与行为倾向，从而形成学校的历史传统，外化为生动的人文景观，营造出独特的学校文化。校训不在于调子高、气派大，而在于有特色和个性，融古通今，辞精义达。但是现实情况是，学校的校训惊人的雷同。据陈桂生研究校训的情况看，现行的学校校训在句式、用语上十分雷同。句式：在207则中等学校的校训中，以"四言八字"句式表示的有122则，"二言八字"的有17则，共占总数的67%。用语：中等学校"四言八字"句式122例，共用133个词语，常用词5个，即求实（64次）、勤奋（60次）、团结（55次）、创新（38次）、严谨（31次）。高校也是这样，句式：在99则高校校训中，以"四言八字"句式表示的有68则，"二言八字"的有13则，共占总数的82%。用语：在高校"四言八字"的68例中，共用词语50个，其中只有5个常用词语，即团结（48次）、勤奋（48次）、求实（37次）、创新（37次）、严谨（20次）。①

词语的雷同，反映出语言的贫乏，校长、教师失去了话语能力之后将会导致多么可怕的后果！教育的失语将导致我们整个民族患上"民族失语症"。《解放日报》报道，2005年7月30日，由国内15所名校中文系联合发起的"第二届全国语文之星夏令营"落下帷幕。在为期5天的活动中，来自全国各地的200多名高中语文爱好者，接受了15所名校的文学院院长或中文系主任的"零距离"考核。考核的结果令教授们失望，学生用语的高度一致性，缺少个性化的语言，几

①陈桂生：《漫话"学校形象设计"》，《教育发展研究》2000年第12期

乎成为目前中学生作文的一个通病，"痛，并快乐着"、"将……进行到底"、"一道靓丽的风景线"等语言的泛滥，无异于一种新八股。2007 年中国语言生活状况报告，带有"门"、"族"等后缀的词族化词语，竟在该报告的新词语一栏占了 27. 55%。过度使用，折射出国人语言能力的贫乏。（注：以"门"作后缀的词语，最早出现在美国的"水门事件"发生后，后来这类词基本都是指影响力很大的丑闻。）有着几千年活力的汉语言，为何在现代化的今天变得如此干瘪无味、面目可憎？作为教育工作者，作为校长、教师，难道不应该从中引发自己的反思吗？

吴建民认为，在他担任中国驻法国大使的时候，每年仅副部级以上的代表团就要接待 200 多个。"很多代表团在介绍他们那儿的投资环境时，都喜欢使用一个令外国人感到莫名其妙的词——热土（hot-land）。还有，不少国内去的官员喜欢大嗓门讲话，念稿子念得满面通红，长篇大论。""有的代表团，千里迢迢到国外招商，请了很多人，介绍自己的省份或者城市时，结果一上台先说天气：'在这个春暖花开的季节，我来到美丽的巴黎，巴黎人民有光荣的革命传统……'好不容易讲到正题了，结果又是一大堆让人感到云里雾里的话语，把大量时间浪费在充满套话、废话和空话的无效交流上。一些官员喜欢一上台就是'尊敬的××、尊敬的××……'八个'尊敬的'下来，三分钟就没有了；还有的官员讲话时喜欢滥用'世界领先'、'国际水平'等形容词。有些话自己人听了也许很高兴，但外国人听了就不一定了。"国家副主席习近平在担任中共浙江省委书记时曾这样总结官员的说话能力："与新社会群体说话，说不上去；与困难群众说话，说不下去；与青年学生说话，说不进去；与老同志说话，给顶了回去。很多场合，我们就是处于这样一种失语的状态，怎么能使群众信服呢？"

上述官员都是由近 30 年的教育培养出来的，教育界的话语能力直接关系到整个民族的话语能力。

我们知道，全球化是由西方强国所主导，是以实力来分配利益和话语权的。目前，具有国际影响力的主流媒体和互联网络80%以上使用着同一种语言，传播着同一种文化价值观，英语在世界传播体系中占据着强势地位，给其他语言文化留下的话语空间十分有限，一些弱势语言文化面临着"失语"的危险。各个民族、地域的语言文化都是自己一方水土独立创造的，都对人类多元文化有一定的贡献。一个民族如果失去了自己的语言，就失去了自己的文化，就失去了个性特征乃至一种精神；从人类文化整体上说，也就失去了其中一个独特的文化个性。

话语能力实际上又是一个民族创造力的直接外化，语言的贫乏反映出思维的狭隘以及创造力的弱化。我国有170多种产品的生产居世界第一，分别是日本、英国、韩国的5倍、8倍、16倍，但在国际制造业产业链上，我们的许多企业却处于低端和末端，支撑"中国制造"的核心技术和装备，大都来自发达国家。美国沃尔玛超市中的一个"芭比娃娃"零售价9.9美元，而在中国的出厂价却是1美元。我国是DVD播放机的生产大国，产量约占全球的2/3，一台播放机出口售价是32美元，成本是13美元，但每台播放机的专利费却要支付18美元，每生产一台DVD播放机，厂家的利润仅1美元。金融危机一来，2010年出口下降约20%。从消化创新能力来看，日本引进是1，再创新是5；韩国引进是1，再创新是8；中国引进是1，再创新是0.0075。所以，一些有识之士提出"中国创造"代替"中国制造"，是切中时弊的。

中国校长、中国教师在西方课程理论面前有三种选择：第一是照着说，第二是接着说，第三是自己说。在这里借用哲学家冯友兰的提法，"接着讲"和"照着讲"是冯友兰先生提出来的。冯先生认为哲学史家是"照着讲"，比如柏拉图怎么讲，孔子怎么讲，哲学史家就把他们介绍给大家。而哲学家就不能满足于"照着讲"，他们要"接着讲"，即根据时代的需要，有所发展和创新。比如柏拉图讲到哪里，孔子讲到哪里，哲学家要接下去讲。我们这里所谓的"照着说"，就是照着西方的课程理论、教育理论说，别人怎么说，我们怎么说，在引进西方教育理论、课程理论的初始阶段当然应该这样，可以称之为搬用阶段。所谓"接着说"，就是按照西方的理论接着往下说，可以说是西方理论的延伸阶段，这是第二步。所谓"自己说"，当然就是第三阶段，总结自己的实践，提炼自己的思想，形成自己的理论。既然基础教育的工作者已经觉醒了，那么我们当然要求一定的表达的权力，应该按我们的方式表达我们自己的教育传统和需要。这种权力如果被抹杀了，那么也就不存在自己说了。因为话语的表达和被倾听是对话和交流的前提，而只有对话和交流才是教育者"自己说"的正常状态。教育者"自己说"应当是一种平等的交流关系，而这种平等就是话语权的平等。郭华认为：对话需要资本，需要自信、自尊，需要相互间的尊重。如果我们的研究只是在用他们的理论解释我们的实践，用他们的话语（而非中国话语、中国气派）重复他们的研究，即使有所谓的对话，也类似于课堂上教师提问而学生复述一般；这样的对话只能是单向的传播，只能是不对等、不对称的交往，而非平等互惠的对话。①

如果在对话的过程中丧失了话语权，那么就意味着自己传统的地位和权力的丧失，进而会掩盖民族传统的存在，最终丧失民族传统自身。如果没有民族传统的话语权，那么我们的教育也就失去了根基。

"中国教育的地方经验与世界价值"应该成为我们研讨的主题。"地方经验"的概念，是借鉴美国学者"地方性知识"的概念而特意提出来的，它来源于对普适性的警觉、怀疑和批判。西方教育霸权话语的强势冲击，严重遮蔽了各种区域性教育文化和教育经验的独特精神价值，表现出人类教育活动的单一性的特征，阻碍了教育的发展。"地方经验"的提出，有助于回应西方中心主义霸权话语，撕开笼罩在边缘文化上的面纱，展示不同区域文化鲜活的教育经验，揭示出教育内容的丰富性和复杂性，从而与西方教育在平等的基础上进行对话。"地方经验"与"本土经验"有所不同。一般人经常讲到的"本

---

①蒋建华：《中国教育研究需要中国气派》，《中国教育报》2004 年 5 月 15 日第 3 版

土经验"是一个民族国家的政治学概念，但还不能真正代表不同地区、不同人群的教育需要与利益。

"地方经验"是一种微观的叙事，是对"本土经验"的一种分层处理。在把"本土经验"区分为不同层次的"地方经验"以后，就可以为多方面、多角度地了解、阐释与研究中国教育、中国教育文化在结构上的特殊性与形态上的复杂性，提供一种新的理论方法与解释框架，使中国教育的研究可以关注到更加具体的教育经验，从而在学术与学理上走向更加精确与细致入微的新境界。我们强调教育的"本土经验"，目的不是去验证西方理论的对错，而是为了更好地理解和把握中国教育，解决中国教育的问题，促进中国教育的发展。我们推进"本土经验"意在改造西方传统，使之在我们的教育领域里获得合法性，从而实现中西方教育话语的融合，使我们能够从更多的方面反思中国的教育。相反，"缺乏反省力地接受（某种话语）则为话语霸权"①。我们反对西方教育话语的霸权，争取我们的话语权，正是要打破话语霸权的封闭性，在教育本土化的过程中推进话语权的重构，使我们的教育话语获得开放性，以更好地面对中国教育的实际。

我们的校长、教师应该深思：怎样由"跟风说话"逐步走向说自己的话，由西语霸权逐步走向建立自己的话语系统？怎样建立自己的、民族的话语系统？我以为应该从寻根开始。有人说一个国家的GDP到了人均约2 000美元的时候，就会使人产生一种回归自己传统的欲望。塞缪尔·亨廷顿说，冷战后的国际竞争未必集中于经济领域，而首先将是"文明间的冲突"。他认为经济指向的是"你靠什么维持生命"，而文明指向的是"你是谁"。后者将是事关一个民族、一种文明能否立足于当今世界的生死攸关的大事，因而远比"经济"来得深刻。

每个国家都有自己的文化根基，真正好的教育是扎根于自己的文化根基里的。我们应该寻找我们的民族文化之根，寻找我们的学校文

---

① 张祥龙：《思想避难》，北京大学出版社 2007 年版，第 208 页

化之根。

假如把中华民族比作一棵参天大树，那么我们应该寻找树根，即民族文化之根，要关注中华文化。欧洲18世纪伟大的启蒙思想家伏尔泰在《风俗志》中写道："让我们首先注意一个民族，她在我们还没有发明文字时，就已拥有一部以固定的语言连续记载的历史了。""欧洲王公及商人们发现东方，追求的只是财富，而哲学家在东方发现了一个新的精神和物质的世界。"中国文化的优良传统是中华民族的巨大财富和资源。在中国走向现代化、走向世界的过程中，我们不能一味地关注西方、崇尚西方，而忽略了对本国优良文化传统的发掘与弘扬。我们应当在深入研究中华文化的过程中，增强民族自信心、自尊心。

假如把一所学校比作一株小草，那么我们应该寻找学校文化之根，每一所学校都有自己的历史，只是不少学校不珍惜自己的历史，一味去生搬别人的文化。有的学校有悠久的历史和优秀的文化积淀，但疏于总结、提炼和升华，而去聘请从事企业形象识别的文化公司帮助本校设计文化形象识别系统，或者生搬其他学校的文化建设成果，导致"文化移植"现象的产生。

在寻根的基础上，还必须觅泉，觅现实生活之泉，觅教育、教学实践之泉——因为这是师生生命之泉。我们必须高度重视自己的教育教学实践，重视我们的课改实践，从实践中去分析、去提炼、去概括、去抽象。如果我们主要使用西方的教育理论、课程理论来认识自己的教育实践，结果往往是把我们自身的实际硬塞进不合适的理论框架，那么我们永远也不能解释为什么中国的教育竟然会有那么多看上去彼此对立，实际上却彼此相同、互相拉扯的现象。这次国家课程改革是自上而下的课程改革模式，由理论家们主导一切，使得教师不能或没有机会说话。自上而下的改革模式往往要求实践者能够按照决策者、设计者所制定的纲领、计划不折不扣地实施。教师仅仅是专家们的培训对象，是课程改革的执行者，因而在课程改革决策者和设计者面前必然处于弱势，难以发出自己的声音，理论和实践严重失衡，导致课程改革的过程中出现了许多问题。

办学的雷同、话语的雷同，从根本上反映了我们校长、教师思想力的弱化。思想力的弱化是思想深度缺席的表征，办教育无论如何也不能让思想缺席，这应当成为我们的共识。

三、全能制度

基础教育界与其他行业一样，也在热衷于谈论建立现代制度，并进而将制度全能化。所谓全能制度，也可以说是制度万能，即相信制度、机制、体制能够解决一切问题。具体表现为将任何问题都归因于体制、机制、制度问题，这是一种单一归因的方法。其实不仅是教育界，当今中国社会几乎在任何一个领域都出现了这样一种状况，把所产生的一切问题都归结到机制、体制、制度上面。面对教育方面的诸多困惑，教育界解决困难的药方就是建立现代学校制度。亨廷顿指出："所谓制度是指稳定的、受到尊重的和不断重现的行为模式。"制度是人制定的，当制度制定好之后，人就要受其约束，不能轻易改变。或者说，制度是人们共同约定的行事规则。它不是一种弹性的、脆弱的东西，而是一种刚性的、坚固的东西。规则对事不对人，既然已经制定，就得共同遵守，除非事先对规则作出更改。

建立现代学校制度无疑是必要的，其作用在于理顺关系：理顺外部关系，理顺学校与政府、社会、家长之间的责、权、利关系；理顺学校内部的关系，理顺学校三方面主体——校长、教师、学生的责、权、利的关系。同时还具有规范作用——规范流程，规范学校管理流程。

同样，对于这种现象我们也要予以反思。这种单一归因的方法是人心急切的表现，也是人心态浮躁的表现。这种试图"毕其功于一役"的想法、做法，未免失之于简单化，不论制度多么全面，总有达不到的地方，也总有不能起作用的地方，制度达不到、不能起作用的地方是文化在起作用。而且制度的背后、制度的执行是文化在起作用，制度背后还有更深层的文化问题，即组织成员的内隐规矩和内隐概念。文化是一个民族也是一个团队生存和发展的本质性力量。内力丧失必然缺乏反思，缺乏反思必然趋同。况且制度只能界定人的工作底线，而只有文化才能开掘人的潜能。有些学校忽视现代学校文化和以此为基础去建设现代学校制度，导致校内各人群难以形成普遍认同的教育核心价值观、办学核心理念，使学校的发展缺乏强劲的持续力。

文化是制度的根，现代学校文化建设是现代学校制度的基础。只有深刻体悟现代学校文化，然后根据学校的情况把它变成制度文本，并通过各种方式让它融入全体教职工的血液中去，这样，现代学校制度建设才有很好的基础，才有可能形成好的机制。在这个基础上，构建民主管理制度，搭建学校内部治理结构，再进行现代学校发展性评价制度的建设，才会有一个很好的"根"。

在当下的学校管理中，何为中心？有两种情况：其一是以工作为中心的学校管理；其二是以"人"为中心的学校管理。以工作为中心的学校管理，认为学校是一个理性的组织，强调学校组织的权威性、等级性以及各种行为的规范性；主张用行政手段推动工作，采用自上而下的管理方式，强调实现组织目标是至高无上的，学校中所有人、所有事都是为目标服务的。在这种管理理论的指导下，校长要搞好管理，必须建立和完善相应的规章制度，用制度管人，而不是用人管人。整个过程必须偏重于检查、评估和量化管理。在以工作为中心的学校管理模式不断推广深化的同时，人们的怀疑、问题也在逐步增加。依靠以工作为中心的管理是管不出优秀教师的，更管不出能够真正对学生产生巨大影响乃至终身影响的教师。依靠制度约束的教师，充其量只能成为一名合格的教师。

而以"人"为中心的学校管理，在具体的学校管理实践中，越来越强调校长要注重教师和学生的中心地位；依据学校的共同价值观、文化、精神氛围进行人格化的管理，强调人性解放、权力平等和民主管理，从内心深处来激发教师的内在潜力、主动性和创造精神。这种管理方式有利于建立柔性、和谐的气氛，最大程度地激发被管理者的热情与忠诚度。但既然是人情化管理，被管理者就可以选择不接受或不报答管理者的人情。因此这种管理方式的主动权掌握在被管理者手中，是一种管理者丧失了主动权的管理模式。有人批评这种模式过于书生气、学院派，很多工作根本推行不下去。

结论是要善于舞动"制度"与"人文"的双色舞带，把"制度"与"人文"协调统一起来，做到刚柔相济、严爱相济，领导管人、流程管事。

四、外力制动

由政府推动的各种教育达标工程、实验性示范性评审，各级相关部门的监督、检查、督导，从"十佳校园"、"百佳校园"到"平安校园"、"和谐校园"，从规范收费到体育先进，从特色校园到绿色校园，关心下一代示范校到教师专业发展示范校，从达标校、示范校到优秀校，步步升级，层层推进，层出不穷，而且检查标准统一，验收内容统一，这种政府通过评比、评审来推动学校建设的方式，本质上是外力制动。

所谓外力制动，是指通过外在力量来推动发展的一种方式。这种方式具体表现为各级各类的评比、评选、评审，所有的评选都有荣誉称号在后面，所有的评审之后都会有不同级别的挂牌在后面，而这一切都与利益有关。利益是诱饵，因而也成为了动力。

应该说，借助政府、中介机构的力量是必要的，是有作用的，因为借助外力有助于推动课改、推动达标、推动发展。评审是有作用的，但不能过度评审，不能重复评审。中国科技大学前任校长朱清时说：近年来，国家给高校投了不少经费，"给你钱、给你人、给你基础设施，当然要知道你干得好不好，给你钱值不值，于是就要评估，就要量化考核。然而，如果评估过于频繁，考核过于量化，就会出现泡沫化，甚至冲击学术诚信的底线。"① 教学评估陷入了形式主义，也是常被诟病的一点。所有学校都是一刀切，评估一样的东西，包括检查你的讲义、讲稿、上课的测验卷子。朱清时说："这些东西有些时候是不用写的，有经验的教授就不需要写讲义。但检查时又很认真，达不到形式主义的硬性要求就要扣分，所以学校不得不造假讲义来应付。我在麻省理工学院的时候，他们也搞评估。来了几个科学家，跟老师、校长、学生们谈话，看教什么课，每堂课教什么，社会对毕业生的评价。他就是要让你保留自己的教学作风、教学个性，不是要你保留每堂课的教学笔记。那次评估，静悄悄工作两天，没有横幅标语，没有大会，大多数师生都不知道，评估就已结束，既取得了实效，又没折腾学校。"②

中国人民大学校长纪宝成曾炮轰高校评估：第一，评估太多太滥，缺乏总体设计，什么都要评估，什么都在检查，学校里一年到头评估不断，今天财务大检查，明天审计大检查，后天物价大检查，而且还是交叉检查；教学要评估，学科要评估，"211"要评估，"985"要评估，社会科学研究基地要评估，科研立项要评估，党建要评估等。第二，教育评估体系、方法单一，拉不开差距。有的高校办学质量明明比较差，社会上反映的问题也很多，但最后评出来的结果，可能还相对很不错。这就会直接导致群众对评估的不信任，认为评估的结果并不能实事求是地反映高等教育的现状。这就源于评估体系、方法过于单一僵化，可能还有其他原因。评估的方法基本差不多，评估结果自然也差不多。而且如今什么都要量化，这实在有些不合适。最后如果太注重形式，许多评估也就都流于形式了。第三，评估造假，敷衍了事。这也是最容易引起社会不满的地方。学校是培养人才的地方，是最该讲诚信的地方。结果，这些年少数学校商业味道似乎浓了一些，有的学校扩招的主要动

①《中国大学，如何迈向世界一流》，《人民日报》2008 年 5 月 6 日

②《教育不能老折腾》，《人民日报》2009 年 3 月 25 日第 11 版

力其实就是为了挣钱。由于有的学校扩展得过快，结果，教学和管理都跟不上。要它培养出合格大学生，要它的教学评估是优秀，其实是有困难的，甚至有很大困难。为了应付评估，它就造假，例如假造各种会议记录，实在是很恶劣。如果是坑害学生，那事情就更大了。①

大学如此，中小学更是要接受来自各方面的检查、评审。学校工作是否做得好，不能凭自己说，得由上级来评判，这样，问题就转换成了工作如何需由检查评比的结果如何来确定，评判的标准就是这些来自教育局及局属各职能部门、中介机构的检查评比，检查评比因为政出多门而成倍增加。"上面千条线，下面一根针"，政府所有职能部门的工作最后都集中到学校，由学校来贯彻，所以，最后也都要检查到学校。在平行分工，各司其职的部门化体制下，各个部门都会强调自己那一份工作的意义，更有那些涉及检查评比一票否决的规定，就更是不得轻慢。重工作痕迹导致了"材料风"。一些评估验收倡导"工作要留有痕迹"，以学校过去一年甚至三年五年的工作材料定成败，材料的多少和制作质量成了决定各类验收输赢的关键。现在的政府管理都已经进入到数字化时代，上级的检查要抓数据，于是迎检也要与时俱进，将迎接检查提升到数字化水平。数字化管理本身有一个特点，即层层加码、越做越细、愈益繁复，所以上级的检查不仅要搞，还越搞越多、越搞越细、越搞越精明。基层学校工作的草根性很强。所谓草根性，也就是非制度、非文本特性。许多工作，做就做了，却未必有时间、精力去文本化和数据化，这种状况势必在实际的工作方式与制度性规定之间造成一定的距离。这样，基层学校就无法招架，严重影响了学校的正常工作，学校校长不堪重负，学校自主办学也成为一句空话。

办学过程中这种不断评审、不断检查的现象，是一种无休止的循环外力。循环外力导致学校依赖外力、扼杀内力，长期不断地接受检

①《大学评估太多了》，《人民日报》2009年3月26日第11版

查，导致学校习惯于眼睛向上，盯着上级，乐于"创建"。于是，今年验收什么，全校师生就忙什么、练什么，各校都使出浑身解数，全员参与，全体动手：验收"书香校园"的，班班有阅读兴趣小组，人人背古诗；验收"书法校园"的，人人拿毛笔，满校飘墨香……学校只能围绕政府运转，即只能公转，不能自转，外控式管理模式，使校长不能自主办学、自主管理，其积极性、创造性受到压抑，不能真正履行自身的职业职能，难以形成本土化、个性化的办学思想和办学理念，难以形成校本化的办学特色。评审更多地应该在初级阶段进行，在不达标学校进行。

学校应该回归本体，借助政府的力量、借助中介机构的力量，是为了激发自己的内在力量。学校应该由工具性存在转化为本体存在，即文化存在。学校是自主、自为、自律的文化主体，是自主发展的文化主体。英国制定五年教育规划，原则之一就是：在学校管理方面给予教师和校长更大的自由度，使他们免受官僚作风之害。（《现代教育报》2004 年 5 月 20 日）学校应该自主办学，首先要确立学校自主办学的法律地位，要界定学校和政府的关系，没有这一条学校就无法建立现代制度。因为当学校是政府的附属机构的时候，它就建立不起一个完整的制度体系。所谓自主办学的法律地位，就是学校不是行政机构，不是政府的附属机构，而是独立的办学实体。

上海市教卫党委书记李宣海曾经说：学校发展要防止跟风模仿、"千校一面"，必须将基础教育的基本要求、统一规范与学校特有的办学传统、办学条件结合起来，凝练各自的办学理念，打造各自的办学特色，体现各自的办学水平。要形成办学特色，不能急功近利，不能以为叫响几句口号、开展几项新的活动就是特色学校。（《上海教育》2008 – 5A）

古人做学问，讲究先求乎其大，要有大志向、大气象、大智慧。学校办学也应该先求大智慧。所谓大智慧，体现为对真理、世态的一种洞察力，一种穿透力和透视力，一种融会贯通、实现原创的能力。

第8章 | 核心竞争力批判

弃学校核心竞争力，取学校核心发展力

一、学校核心竞争力批判

"核心竞争力"这个概念源于企业，核心竞争力理论是当代经济学和管理学相互交融的产物。"核心竞争力"一词最先于1990年由美国经济学家普拉哈拉德和哈默在《哈佛商业评论》上发表的文章中提出。他们指出："核心竞争力是在某一组织内部经过整合了的知识和技能，是企业在经营过程中形成的不易被竞争对手效仿的、能带来超额利润的、独特的能力。"

进一步分析，核心竞争力可以表述为是企业长期形成的，独特并不易被竞争对手效仿的，蕴涵于企业内质中的，支撑企业过去、现在和未来的竞争优势，是使企业长期在竞争环境中取得主动权的核心能力。

对于企业来讲，核心竞争力已经成为当今企业市场竞争成败的关键因素，是企业能否控制未来、掌握未来市场竞争主动权的根本。企业是在竞争中体现自身价值的，其竞争激烈的程度不亚于政治、军事等任何一种竞争，竞争直接关系到其生死存亡，企业在竞争中失败可以在瞬间倒闭、死亡。企业竞争的目标指向是发展自我，全面超过对手，或以智谋技巧战胜对手（巧取），或以雷霆之势压垮对手（豪

夺），最终取而代之，实现行业垄断，或接近行业垄断，实现效益最大化。

功利是企业的本质特性，企业资本自有其拜金的天性，并带有军事竞争——战争那种嗜血的天性，所以几乎所有雄心勃勃的企业都有一个永恒的追求——做大做强。著名历史学家布罗代尔在《反市场的资本主义》一书中提到：资本主义并不意味着自由竞争，而是形成垄断（往往是通过资本和权力的结合）以赚取高额利润为特征，因此是反市场的。现在企业界流行一种说法：一流企业做文化，二流企业做规模，三流企业做品牌，四流企业做产品。可见，企业在产品过关、品牌做成之后，就开始扩大规模了，这是企业的根本诉求。

学校之间也存在竞争，但学校之间的竞争更多的应该是柔性的，一般不会那么激烈，不会出现你死我活的直接后果。学校竞争的目标指向不是压垮对手，最终取而代之，实现行业垄断，或接近行业垄断，不仅做不到，而且也不想做。牛津不想吃掉剑桥，剑桥也不想吃掉牛津，他们同样都不想吃掉其他弱小的学校。弱肉强食在学校之间不是定律。

学校的本质就在于"文化育人"。通过文化的传承和创新，实现个体的个性化与社会化的完美统一。正如教育部部长袁贵仁所说："所谓教书育人、管理育人、服务育人、环境育人，说到底，都是文化育人。"文化育人的关键是学校自身的文化建设和文化力的形成。因此，学校的目标指向是发展自我，沉淀自我的文化含量，提升自我的文化品位，成就自己的文化特色，培养、造就有限多的优秀人才。学校在一定程度上是超越功利的，从根本上说，学校要的不是竞争，而是发展。如果说企业更多的是强调外延的扩张（他们特别强调市场份额），那么学校更多的是强调内涵的发展。

从学校的自然属性来说，他们并不希望把所有的学生都抢到自己的学校来，更不愿意兼并薄弱学校而稀释了自己的文化含量。从这个意义来说，学校的扩张、兼并其实是违背其天性的。兼并其实是社会需求、政府需求，而不是学校需求。

杜威在 1921 年即将离开中国之际发表了演讲，他认为有两个障碍妨碍了中国教师的职业发展。其中之一就是学校与学校之间、教师与教师之间"竞争太甚"，"此心一动，则学校与学校、教师与教师间的联系的精神，往往因之破坏"。（杜威《教师职业的现在机会》）杜威所言切中时弊，直到今天仍然没有得到改观，学校之间围绕升学展开竞争，分数竞争、升学率竞争，进一步延伸下去就是招生竞争。学校有限的经费用在无序的招生竞争之中，完全背离教育的本真诉求。所以，学校核心竞争力不可提，提核心竞争力就是鼓励当下的应试教育，就是鼓励升学率的竞争，这将导致严重的后果。

以建平中学为例。世纪之交的建平中学有过成功与失败，可以说从策略选择上就已经注定，建平中学的成功在于内涵发展，建平中学的失败在于过度扩张。建平中学的成功在于建平中学的教育改革，这一内涵发展使建平中学走到了全国基础教育的前列。成功之后的基本策略就是扩张，不断地办分校，开始的成功导致雄心的膨胀，一度的理想目标是办 1 000 所建平分校。结果，在上海以外所办的分校无一例外地全部以失败告终，寿命最长的不超过 5 年。

同样，全国各地的"南洋学校"也在短时间内以失败告终。我预计，与此相同或相近的办学模式都将以失败告终，包括北大附中的各地分校。原因很简单，这样做违背了学校自身的天性。中国如此，外国也是如此，学校过度扩张终究要导致败局。据共同社报道，日本最大的语言学校 NOVA 眼下负债 439 亿日元（合 3.85 亿美元），过度扩张和管理不善招致眼下败局。NOVA 自 1981 年成立以来，采用巨资投放广告与快速扩张的策略，占领了日本约一半的外语培训市场。NOVA 为学生提供英语、法语、德语、西班牙语、意大利语和汉语培训。学校大量雇佣外籍教师，声称可以为学生提供类似海外的语言环境。2005 年，NOVA 在校学生达到创纪录的 48 万人。NOVA 动画广告中的吉祥物小兔子风靡一时，公司也赢得"麦当劳式语言学校"的称号。但扩张过快导致管理混乱，NOVA 近年来发生因学费返还问题遭起诉等事件，形象遭到沉重打击。① 失败是必然的，因为他们这样做违背了学校的自然属性。

随着时代的发展，学校在一定程度上要逐渐扩大规模、增加招生以应对形势发展的要求。这本无可厚非，但是这种扩大应是自然的而不是强求的，这种增加应是渐进的而不是冒进的。强求、冒进必然会导致教学质量的下降。《文汇报》记者曾经采访过普林斯顿大学校长蒂尔曼。

记者：我们注意到，你们大学没有商学院、法学院和医学院，既然你们这么有钱，为什么不扩大专业和招生？中国的大学现在不断扩张，校园和学生规模迅速扩大，普林斯顿大学有没有扩张的想法和计划？

蒂尔曼：我们已经在扩大学校规模，近年来我们的本科生规模增加了11%，研究生和博士的数量也有所增加。但是我们不愿也不可能成倍地扩大，因为我们学校成功的重要原因之一在于长期专注于两件事：一是本科生教育，二是学术研究。这是我们大学吸引学生的力量所在。我们提供的教育耗资很大，2/3 的大一新生进校后都是 12 人一个班上课，我们为他们配备最资深的老师，如果扩大学生数量，就会降低教学的效率和质量。②

普林斯顿大学校长的做法是十分理性的，数量不能影响质量。事实上，并不是学校规模越大，学校的办学特色就越明显；当然也不是学校规模越小，办学特色就越明显。世界一流大学中没有哪一所是因为学校规模大、学生及教师多而著名的，高质量才是这些大学闻名于世的根本原因。美国大学排名在前一二十名的一流大学多为规模较小的私立大学，这些院校规模不大，却办得很有特色。麻省理工学院已

---

① 《日最大语言学校申请破产保护》，新华网 2007 年 10 月 27 日
② 《普林斯顿大学注重教学质量谨慎扩招》，《文汇报》2007 年 4 月 11 日

有140年的校史，发展到现在教师也只有900多名；在国家科学研究委员会对全美大学的41个研究领域的排名中，该校在34个领域名列前三名，总的领先领域数位居第一名；其学生总数不足万人，但每年的新生中有93%是来自高中毕业班的前10%。不少优秀学校不求大而全但求小而精，美国加州理工学院只有2 000多名学生，规模只是其他一些大学的1/10，可它却是名扬四海的大学，因为这里的师生都是世界上最优秀的。截至2006年，加州理工学院已经摘取了32个诺贝尔奖。有记者曾经采访过院长夏莫。

> 记者：院长先生，我一直有这样一个问题，你们学院正式建立于1891年，你们有足够的资金、资源和名气，但你们为什么一直保持小而精的传统，始终没有扩大师生编制和学院的规模？
>
> 夏莫：我们从办学第一天起就决定选择最重要的科学领域，力争做得最好，我们不求大而全，但求小而精，重点集中在几个最重要的科学领域。最近20年来，我们学院因为小，相互之间的跨学科交往密切，这意味着我们要选择最好的学科，让最好的教员来工作，不能犯过多错误。我们学院招聘一名教员（指教授、副教授和助理教授）需要花很长时间，有时要讨论和审查好几年时间，因为我们要保证找到最好的教员，能与不同学科和不同分工的同事开展合作。

加州理工学院就是注重内涵发展，这种战略和策略保证了学校始终处于领先位置。相反，国内的大学片面追求"做大做强"，这其实违背了教育规律。麻省理工学院现在还叫麻省理工学院，要是在中国早就改成什么大学了；波士顿还有一个波士顿学院，200多年了一直叫这个名字。中国科技大学前任校长朱清时说："我们的高校，首先都想变成大学，而且要名称响亮，像专科、职业学校都变成了大学，学院也升格为大学，变成大学以后又都想变一流大学。现在中国教育观念的误区在于太单一化。"[①]

因此，笔者提出概念转换——与其说"学校核心竞争力"，不如说"学校核心发展力"。进行原点思维，回归到学校的自然属性，也就是从学校的天性上来思考问题，不再扩张，理性化办学。建平中学不与其他学校竞争，但与自己竞争，就是不断地发展自我、超越自我，走学校内涵发展的路子。于是笔者提出，"批判学校核心竞争力，建构学校核心发展力"。

二、学校核心发展力建构

（一）内涵发展就是提升学校的核心发展力

我们主张"注重内涵发展，办好优质学校"，就是要提升学校核心发展力，确立符合教育发展趋势的现代学校文化的战略规划；制定切合建平实际的以课程文化建设为抓手的战术策略。

学校的价值在于其深厚的文化底蕴、鲜明的品牌个性、名师效应名人效应、特色的教育模式和特色课程等。

首先，深厚的文化底蕴。如清华大学的"自强不息，厚德载物"，北京大学的"思想自由，兼容并包"，这不是可以简单模仿的学校精髓，而是学校的核心力量。纵观当今世界的著名大学，都有良好的研究传统，都有自由探索的学术氛围。丁学良教授认为，世界一流大学都是伟大的大学。"伟大"主要是就它的精神气质而言的，就是要挑战世界，而又包容世界；立足本国，而又面向全球；传承过去，而又超越过去；把握未来，而又脚踏实地。大学从诞生的那天起，其精神气质就是一种"普遍主义"。一流大学的普遍主义精神体现在普天之下都是我的领地、世界人才为我所用的气质之中，这就是学校的文化。

成就其深厚文化底蕴的首先是其一以贯之的鲜明的办学理念。牛津大学在其 800 多年的发展中，形成了献身学术的精神，形成了求

---

①《教育不能老折腾》，《人民日报》2009 年 3 月 25 日第 11 版

实、辩证和以人为本的教育理念，构成了牛津大学文化底蕴的基础，成为其文化底蕴的有机组成部分。斯坦福大学的"实用教育"理念从一开始就影响着这个学校的成长，斯坦福研究园区的成功与这种办学理念有着直接的关系。耶鲁大学的"教育不是为了求职，而是为了生活"的教育理念，是该校实施教育目的多重性和坚持人文主义精神以及"自由教育"原则的理论基础。

其次，鲜明的品牌个性。这种个性集中体现了学校品质和品格，是学校知识体系和价值体系的形象特征。比如美国的哈佛大学、英国的牛津大学等，这些学校都是优秀学生的向往之地；芝加哥大学的"研究工作是学校的主要工作"的办学方针和以"哈珀计划"为代表的服务社会的品牌效应，与"芝加哥学派"的形成以及该校师生有69人获得诺贝尔奖有着必然的联系。中央教科所原所长朱小蔓教授在其题为"学校品牌管理：一种道德模式"的报告中提到"学校品牌的发展战略是：多样化、特色化，以生态原则为基础，珍惜独特性，这种独特性又是可共享的。"叶澜教授在其题为"文化生态的复杂性与中国学校文化的发展"中提到："学校在共通背景下所保持其独特性，这种独特更美丽。"朱、叶两位教授的提法有异曲同工之妙，不约而同地指向学校文化，指向共通背景下的独特学校文化。学校文化就是学校的个性所在，是学校特色的特色所在。学校文化反映了一个学校内部隐含的主流价值观、态度和做事方式。这种价值观、态度和做事方式可以使一个学校保持相对长期的繁荣，也可以使一个优质学校停滞不前。优秀的学校文化引领并影响着学校发展。

第三，名师效应和名人效应。哈佛大学大师云集，培养出的人才出类拔萃，在历届经济学诺贝尔奖获得者中有1/4来自哈佛大学，有2/3的世界500强企业的总裁毕业于哈佛大学，还有6位美国总统出自哈佛大学。牛津大学的教师队伍是世界一流的，培养出来的学生也是一流的，如《英国名人录》中有1/4即5000多人是牛津大学毕业的，近百年中的英国首相就有4位毕业于牛津大学，现有教师队伍中的大部分都是位于学术前沿的世界一流学者。巴黎高师引人注目，主要是由于这所学校培养出像阿尔都塞、德里达、萨特、福科、迪比等一批享誉世界的作家、哲学家、社会学家、历史学家和众多诺贝尔奖得主，还有一大批包括法国总统、总理在内的政界要人。

第四，特色教育模式和特色课程等。英国的牛津、剑桥，美国的哈佛、耶鲁、麻省理工、伯克利这些堪称世界一流的大学往往是在某些学科领域处于世界的最前沿，建设自己的特色课程，形成自己的特色教学模式，产生广泛的社会影响，从而确立和提升了学校的国际地位和知名度。

学校是全息的生命体，是有生命活力的文化主体。它是靠文化成就自我，实现学校价值的。学校核心发展力就是学校发展的根本要素，学校发展的原动力，这是一种扎根于学校组织内部，能够促使学校成为自主、自为、自律，可持续发展的文化主体的能力，是一种促使学校充分开发办学资源、积极利用办学资源，并使学校资源转化为学校文化，实现教育功能的能力，可以说就是学校这个生命体的 DNA。

为什么要建构学校核心发展力呢？

就理论来说，建构学校核心发展力具有战略价值，为学校带来长远的发展空间。核心发展力具有集合性、延展性，它是一种基础性能力，是其他各种能力的统领，可以使学校向更有生命力的方向发展。学校要可持续地健康发展，就必须培育学校核心发展力；没有学校核心发展力，就没有学校可持续地健康发展。

就现实来看，当前教育界存在两种重要缺失。第一，教师个体动力缺失。虽然教师培训搞得如火如荼，但是培训囊括了教育理念、教育思想、教育伦理、教学资源、课程教材、教育方法、教育模式、教育技术、教育评价等方面，但唯独忽略了教师个体的内在动力，这几乎是世界上所有国家的中小学教师培训共同遭遇的问题。教师培训是政府行为，是领导需要，是有识之士的见解，但没有成为教师们普遍的内在需求，接受培训是任务，是不得已而为之的事情。这样当然影响了教师个体的文化素养，影响了学校团队的文化精神，影响了教师个体的发展，弱化了学校的核心发展力。第二，学校主体性矮化。其一是在不少地方，教育局长决定着学校的一切，校长围着教育局长转，教育局长掌控学校的办学大权，支配着人、财、物许多方面，而且还决定着学校的发展方向、发展规划、发展措施，甚至决定着学校订什么教材、什么教学参考书、什么教辅读物、什么练习册，教育局长成了"大校长"。其二是局长通过不断开会和校长培训，通过对学校和校长的检查、督导、考评、评比、评审、评选，无休止地给学校和校长下达没完没了的任务，校长成为完成局长任务的工具，学校也成为一种工具存在，所谓学校自主办学成了一句空话。外在力量的格外强势，导致学校主体力量的弱化。学校是文化主体，如果其主体性矮化、学校成员的主体意识弱化，那么当然就缺失了学校核心发展力，所谓学校的自主的可持续的发展将无从实现。

（二）如何提升学校核心发展力

学校应该回归其本体存在，也就是主体存在、文化存在，那就要重建学校核心发展力。学校核心发展力的要素首先是人，学校发展需要具有理想的高素质的文化人，既包括个体，也包括团队，个体的文化素养，团队的文化精神。其次是课程，学校是通过课程来实现自我价值的，所以课程里面凝聚了学校主体的文化素养和文化精神，其课程品质直接反映了学校核心发展力。同样，要提升个体的文化素养、团队的文化精神，课程改革当然是必由之路。

1. 激发教师理想，提升教师文化修养

有理想、有正确的价值取向、有先进的教育哲学观、有人文情怀、有深厚的文化修养的文化人，既包括师生个体，也包括师生团队，个体的文化素养，团队的文化精神。

教师应该成为憧憬未来的追梦之人。悉尼大学校长盖文·布朗教授说："大学的发展基础是很多浪漫的理想。"优秀的教师心中有梦：将学校建成教师、学生、社区、家长共同向往的精神乐园，真正实现美好愿景。

教师作为知识分子，应该具有以下文化素养：开阔的视阈、独立的见识、宽广的胸怀、自由的心态。教师应当有一种优游的气度、自由的情怀，有一种人文理想，能够执著地追梦，有一种美丽的教育乌托邦。没有文化的教育是可怕的，学校里纯技术、纯事务、纯分数的行为，都在消解教育的人文含量，使教育以功利化的行为表征呈现。当教师"目中无人"，仅有分数，仅会提高学生分数时，就到了校长、教师该自我反省的时刻了。学校没有理想、没有精神、没有文化，就如同法院没有公平一样，是十分可怕、可悲的，学校教育将完全变味。

我们要提升的既是教师的个体素养，同时还有学校团队的整体素养，即团队精神和团队文化，在学校这个相对纯净的狭小范围内建立一种共同的价值取向、共同的教育哲学思想，营造一种学校精神氛围、文化氛围。学校精神是学校向心力、凝聚力、责任感和使命感的集中体现，是一所学校在其发展过程中形成的代表全体成员心愿、意志，并成为激发全体成员积极性和创造性的无形力量，是学校哲学、价值观念和道德观念的高度概括，反映了全体员工的共同追求和共同认识，是学校文化的灵魂，是学校的旗帜。

在学校这样的精神家园里，师生有着共同的价值观，有着共同的理想愿景，校长最重要的角色就是学校文化的领导者。学校文化就是学校大部分人共同的价值观和行为模式，是学校风范和学校精神。制度是对师生的外在约束，文化是对师生的内在约束。校长是学校文化的领导者，教师是学校文化的传教士，要使教师、学生认同学校文化，以发挥学校文化对师生精神成长、对学校发展的推动作用。学校既要培养学生的专业技能，更要培养学生的伦理道德、人文精神，使之对历史与文化有感情、对传统与伦理有温情、对乡土与社区有热情，使之学会社会关怀、人文关怀。这样的学校是具有意识的生命体，精神文化活动非常丰富。教职工具有共同的意识和价值观念、强烈的责任感和使命感，学校因而具有强大的原动力。

上海北郊学校前任校长郑杰说："到北郊学校上任的第一天我就

对教师们讲，我们一起来做一个梦，把北郊学校变成人类精神文化的寄居地。今天我们每个北郊人仍然在为这个梦努力着，学校文化也正在慢慢形成之中：文化凝聚人心；文化缓解了各类冲突；文化是个'场'，这个'场'可以起到人治、法治所起不到的作用，而这个'场'的最终作用可能正是'还学校本来的样子'。教师很大程度上应依靠一种精神气质和经验开展教学。现在教师最欠缺的是教育理想。如果教师没有这种理想，如果连想象中的教育应该是什么，要培养什么样的人都没有考虑，那要专业化方面的技术知识干什么？如果教师没有给学生特别的爱，为学生带来人生幸福，即使拥有再多的师生交往技巧，却不能用心来贴近学生，那这个技术有什么用？所以我觉得现在教师队伍中主要存在的问题在于精神缺失。这是个很大的问题。而我们要做的就是给教师'补钙'。在我的理想中，教师应是有个性的，教育应该是多元化的，我甚至反对一所学校用同一种教育教学方法来教授某一门学科。如果教师是一种职业的话，它应该是一种准自由职业。太强调统一反而平息了教师的灵气、创造力和个性。我决心把学校文化制度建设好，因为学校文化是学校的基因。如果一所学校的文化已经积淀到一定程度，那么任何一个新校长来到以后，不出一两个月，就被这所学校同化了。我非常相信文化的力量，而且它能产生持久的影响力。"①

没有理想的学校是没有未来的，理想和理念是学校核心发展力的本质和精髓所在。教育者应该是憧憬未来的追梦之人。

2. 建平课程是富有文化特色的品牌课程

从学校目标的实现途径来看，学校是通过课程来实现自我价值的，通过建构课程来高扬并传承人类积极的精神文化，创造师生的精神家园。学校是人类精神文化的寄居地，以严格的要求规范学生，以优良的校风影响学生，以高尚的师德感染学生，以优美的环境陶冶学生，以崇高的典范激励学生，以扎实的课程发展学生，以丰富的活动

---

①沈祖芸，陈骁：《这样的改革"另类"吗》，《中国教育报》2003年5月13日第3版

提高学生，以现代的观念武装学生。曾经培养出了 19 位首相的伊顿公学很显然是一流学校，他们的选修课设置得非常多，可以说只要学生有需求学校就争取开设，没有老师就请辅导员，比如让警察来教防卫知识，让医生来教紧急救助等，即使只有一个学生想学，学校也会开课。像伊顿公学这样的一流中学，他们是把先进的教育理念体现为教与学的行为，把平凡的教学行为做得出色，把出色的教学行为变成日以贯之的常态化。亚里士多德曾经说过："我们每一个人都是由自己一再重复的行为所铸造的。因为优秀不是一种行为，而是一种习惯。"

在这样的精神家园里，师生的生活质量得以提高，师生在校园里具有愉悦感、充实感、成就感。他们身心愉悦，心灵舒展，没有疲惫感，也没有压抑感，身心轻松和舒适；他们内心充实，有丰富的精神生活，没有空虚感和无聊感，只有日渐明确的生活目标；他们能够体验到成功的喜悦，感受到成长的快乐，有一种积极的自我评价。

在这样的精神家园里，充满着开放、创新的气息，这样的学校是一个创新型的开放环境，是适宜培养和造就创造性人才的优质土壤。"精英人才的脱颖而出，不在于学校教给他多少知识，更重要的是为他创设一个优质的环境。"在这样的学校里，学生能够从校园生活中获得乐趣，能够以学习为乐；教师能够让他的学生分享自己的精神愉悦、精神享受。

第9章 ｜ 伪现代化批判

当下学校办学中的伪现代化现象批判

笔者认为，当前基础教育界受社会思潮的影响，存在三种伪现代化的办学行为：校园实验室的现代化，学校环境的现代化，教育口号的现代化。或把教育的现代化理解为教育器物的现代化；或盲目超大，成为巨型学校；或追求豪华，使学校富丽堂皇，成为宾馆式学校；或热衷于口号游戏，不切实际地不断追逐时尚新潮的理论口号。学校成了没有历史的学校，成了失去记忆的学校，忽视了教育内在本质的现代化，忽略了人的现代化。学校教育的现代化其核心应该是学校文化精神的现代化，这是学校的根基和可持续发展的动力源泉所在。

科技要现代化，经济要现代化，社会要现代化，教育也要现代化。当代中国人注定要扮演追赶者的角色，基础教育工作者则更是责任重大。经济发展靠科技，科技发展靠人才，人才培养靠教育，教育的基础就是中小学教育。因此基础教育现代化是中小学办学的必由之路，舍此别无选择。

由此产生了一些重要问题，如什么是基础教育的现代化，它的发展方向是什么，它的价值取向是什么？这些基本内涵如果不够清晰，特别是如果方向出现了偏差，我们不但不能实现追赶的梦想，甚至还会出现南辕北辙，走到期望的反面。从教育现状来看，我们已经发现了一些现象，这些现象背离了教育的初衷，其价值取向是功利性的，是哗众取宠的，是一种伪现代化现象。

一、学校设备的现代化

随着学校办学经济条件的改善，人们希望改善一下学校的设施设备，这本无可厚非。但如果不切实际地一味追求设施设备的现代化，并以此沾沾自喜，作为办学成果到处炫耀，这就走向了另一种极端。他们把教育的现代化理解为教育器物的现代化、学校实验室的现代化，把原本应该属于大学、研究所的实验室搬到中学里来，以此来自壮声势，以为这就是教育现代化。这些器物搬到中学之后利用率微乎其微，使用效率极低，使用学生极少。原因很简单，这些设备根本不是中学课程的必需品，教师不懂，学生不会，考试不考，为了装门面而使用，聘请高校研究所的专业人员来业余指导，学生只会选择极少数感兴趣的，他们不能丢弃现有的功课，来此学习不过也是图个新鲜而已，不可能、也没有多少时间来完成相关的新技术的学习。所以，这样的行为骗人骗己，脱离常态教育的大多都是功利性的做法，必然也将会失败。

这种面子工程、不务实效的风气不但在大城市蔓延，而且影响到经济不发达地区，人们急于追求设备器物的达标，但不关心达标的器物如何有效使用。如重庆市酉阳土家族苗族自治县农村各学校以前既无图书馆，也无图书资源，但现在各校不仅建立了图书室，而且存有数量可观的图书，遗憾的是，图书室的许多书从来都没有被翻开过，学校图书室成了摆设。湖南省怀化市几所农村学校的多媒体教室长期处于闲置状态，一个学期下来，除了公开课和教学比武以外，其余大部分时间多媒体教室都成了摆设，甚至变成应付上级检查的道具。（《中国教育报》2007 年 2 月 27 日第 4 版）

说到底这是一种好大喜功的浮躁心态在作祟，都是强调外部的硬件现代化，忽视了内在本质的现代化，忽略了人的现代化。教育的现代化绝不仅是器物的现代化，教育的现代化核心是办学思想、理念的现代化，是学校文化精神的现代化。

二、校园环境的现代化

目前，基础教育界在学校环境建设上有一些不切实际的追求：一种是盲目超大，一所中学占地面积 200 亩、300 亩、500 亩，越造越大，成为巨型学校；另一种是追求豪华，学校富丽堂皇，美轮美奂，成为宾馆式学校。

这种奢华的办学风气已经引起人大代表的强烈反映。据新华社北京 3 月 13 日电，"现在一些示范高中刮起奢华办学风，存在严重的教育浪费"。全国人大代表李莉在审议政府工作报告时提出，要制止这种教育领域的奢华浪费现象，让教育资源发挥最大效益。（《文汇报》2007 年 3 月 14 日）

把巨型学校、宾馆式贵族学校理解为学校环境的现代化，是不合理的。学校环境的现代化与占地面积大小无必然联系，大未必就是现代，小未必就是不现代，学校规模绝不是越大越好，而应该是有限度的，学校规模经济只有在规模适度的前提下才能获得。巨型学校规模不经济是显而易见的。有专家认为，巨型学校使师生员工之间的关系变得疏远，学校的组织形态和工作程序变得臃肿、繁琐，行政管理僵化，校长深入教学第一线的时间越来越少，以致越来越像官僚。一旦中小学规模变得超大，学校性质和管理方式就会发生变化。由此引发的后果之一就是学校组织目标的模糊、逆转、倒置，学校规模效益也随之下降。

学校环境的现代化与宾馆式与否同样也没有必然关联。教育原本就应该是朴素的，追求奢华背离了教育的初衷。这是一种伪贵族化现象。学校宾馆化，从外观到规模，从教室到卫生间，一切都以五星级宾馆为标准，看上去固然豪华，但与精英教育的本原相距越来越远，这样的伪贵族教育肯定会走向死胡同。精英教育应该平民化，应该培养的是平民中的优秀分子、领袖人物。

令人担忧的是，这股奢华风刮起之后，学校之间相互攀比，比的不是教育的本质内容，而是比面积大小、比学校的豪华程度，有些地方政府的经济实力雄厚，动辄一掷三四亿，建上一所豪华高中，作为官员的政绩工程，而对其他薄弱学校只能蜻蜓点水。除了有部分学校是依靠国家和当地政府提供的经费以外，相当多示范高中建设都依靠向银行贷款。学校是举债而建豪华高中，再通过向学生收取择校费偿还，这无疑是把负担转嫁到学生家长身上。而且，巨额贷款为一些示范高中埋下了金融风险。有的学校贷款几亿元，仅利息一年就要还三四千万元，学校拿什么去还？随着生源逐步减少，高中招生规模势必萎缩，尤其是现在国家大力发展职业教育，一部分学生开始转向职业教育，示范高中很可能面临更严峻的生源竞争。当前我国教育资源还不充足，学生学费负担还比较重，将有限的教育经费用在什么地方才能真正发挥更大的效益，是我们必须认真对待并加以研究的问题。

对豪华、奢华环境的不懈追求使得我们的校长把筹钱作为第一要务，甚至几乎是唯一的事务。作为一校之长，肯定要筹集经费，但筹集经费干什么却反映出了我们的价值取向。英国剑桥大学第 344 任校长艾莉森·理查德担任剑桥大学校长后，就为自己制定了一项 10 亿英镑的筹款计划，其目的是用于扩大课程建设和设立奖学金。与之相比，可以看出我们的价值取向与剑桥大学的区别之所在。

建巨型学校、豪华学校大多都是就地拆建或异地重建，可以说完全抛弃了学校原有的形貌，学校成了没有历史的学校，成了失去记忆的学校。学校的文化历史无法体现在学校的建筑之中，学校几代师生的精神沉淀无法在校园中寻觅到。从更深的层次上说，失忆的学校将失去凝聚力，没有认同感。一所学校如果不能唤起师生员工的骄傲和归属感，就没有凝聚力，就不值得留恋，这所学校就是一座人心涣散的学校，就不可能引进人才、留住人才，也就没有发展力。没有文脉就没有文明，没有学校文脉就没有现在的学校文化。一旦文脉被毁，文明也无法承继。学校建筑隐含着学校里的人的一种态度，学校建设应该是一篇和谐的乐章。

环境固然重要，但首要的绝对不是环境。环境不能成为现代化标志的首要目标。2006 年 10 月，山东省潍坊市对 12 所市属学校进行了深入的调查研究。这项研究以潍坊市 9 所重点中学和 3 所非重点中学的 17 名校长、90 名中层干部及职员、568 名教师、1 067名学生、900 名家长（共计 2 642 人）为调查对象。调查的主题是"好学校的核心要素是什么?"优良的物质环境和先进的教学设施是被调查样本认同的第二大要素，高达 62%。但是人们对这一要素的认同存在明显的差异：小学认同率为 69%，初中为 52%，高中仅为 48%。教师、学生、家长的认同率都在 50% 左右，而校长和中层干部的认同率较低，校长不足 10%，中层干部仅为 20%。而教师优良的业务素质是校长、教师、中层干部和学生家长、学生都认同的首要核心要素。(《中国教育报》2007 年 3 月 6 日《现代校长周刊》)

关于超大规模、超豪华的学校建设，其实有着十分鲜明的时代原因。经济建设的突飞猛进，使得所有人的胃口都被调动起来，追求奢华、大气象、大排场已经成为时尚文化，如张艺谋大片中所表现出的无节制。在电影《满城尽带黄金甲》中，王廷气象必须满眼金玉，王廷仪式必须齐整庄严。镜头所及，宫廷色彩华贵灿烂。流光溢彩的画面，不仅满足着人们的视觉，而且满足着人们关于国家盛世的铺排想象。张艺谋的这种美学追求不仅是一种个人风格，而且正在上升为某种程度的国家美学。在城市面貌上，视野宏阔的广场不断涌现，"再造一座新城"的宏大手笔屡见不鲜，建设"景观大道"、"形象展示区"的风尚蔚然成风，显示着一种去除市民生活内容而追求大尺度视觉美感的唯意志论。大型仪式更是成为竞斗豪奢的良机，各地所办的节会鲜花铺地、巨型雕塑、人山人海都是家常便饭，好像没有这些就不足以"展示形象"、"以示富强"。这是一个需要宏大场面以满足梦想的时代，于是自然影响到社会的方方面面，包括教育，也包括学校。缺乏现代文化创造，中国就不可能参与世界现代进程，不可能在重大世界问题上发出独特的声音，从而赢得全球的真正尊敬。

三、教育口号的现代化

当前的基础教育处于一个热衷于时尚、不断追逐新潮的时期，教育理论界为基础教育的校长、教师们提供了众多教育理论思潮和教育流派，不少教育理论家们翻译、编译了许多西方发达国家的教育理论著作，许多"海归派"学者扮演了"学术掮客"的角色，他们从自己所在的西方大学课堂和图书馆里"批发"来大量的教育理论，兑上自己的口水，贩给国内的中小学教师。这一情形与 20 世纪 80 年代文学和美学的新理论的大爆炸的情形如出一辙，学者们自己尚未消化，却让校长、教师们跟着暴饮暴食，结果当然是消化不良。欧美发达国家的教育几乎主导了国内基础教育的思想理论基础，中小学校长、教师们头脑中跑的都是欧美教育思想的马车，研究型学习、学习型组织、多元智力、建构主义、合作学习、体验学习，不胜枚举，基于西方个体本位论的后现代教学观成为主打教学理论。许多有识之士指出，其实西方教育理论界一些学者的理论，也不乏空洞的内容。他们中的有些人也多半是苟安于学院空间内，过着养尊处优的生活，尽管他们依然还在不断地翻新他们的知识仓库、制造新的理论，但由于脱离中小学一线教学实际，又缺乏哲学大师的高度，因而他们所谓的理论原创性和现实指导意义正在严重退化。当然也不乏有一些科学、有益的教育理论，但演变过来，是将这些理论抽象成一些形而上的空洞口号，甚至将之绝对化，既不合逻辑，又没有张力；既不能改变现实，又无助于学生学习。

其实不仅教育界如此，其他领域的知识分子也是如此，都在忙于从国外特别是西方发达国家引进许多理论书籍，用《黄河边的中国——一个学者对乡村社会的观察与思考》（曹锦清著）一书中的一个术语来说就是"译语"。对于此种现象，曹锦清写道："在'译语'中，不仅有着令人兴奋的成套价值目标，也为我们提供各种认识工具。然而，源于西方社会的价值目标能否作为我们民族的'应该'而铸入到中国社会现实中去？光停留在'应该如何的多嘴多舌之中'（黑格尔语），不如去研究'应该'何以悬浮于嘴上而难以进入实践的社会方面根源，源于西方社会的认识工具一旦移译到中国，也往往失其所指而单纯成为'应该'。无所指而强为之指，或削足适履，或指鹿为马。"因此作者指出，"必须走出'译语'，从另一端去观察中国社会"。"我们应该把注意的重心从'应该'转移到'是怎样的'及'可能如何'方面来，并重新确立我们的'应该'——确立我们民族的主体意识与主体目标。这是关涉到我们民族前途与命运的大问题。""我们在'形式制度'内引入了不少'现代'形式……在我看来，已进入我们乡村地方政治的诸多'外来术语'，只不过是飘浮在广大深厚的传统文化与行为方式之上的点滴浮油而已。急于把中国拖入现代化的知识分子忙于'观念更新'与'制度建设'，往往把'形式制度'与'现代术语'视为生活本身，结果既误别人，也复自误。""社会心理文化"是"现代制度"有效运行的前提。"但当我们说'现代化'时，已在心目中确定了一个'应该'。这个'应该'中包含的情绪与要求，虽是我们民族的渴望，但其目标，却是从已现代化国家及其理论中提取出来的。一个民族可以且应该向另一个更为发达的民族学习，这是没有疑问的，但盲目从洋，其弊不在于媚外之嫌，而在于忘却民族的自我。单纯的模仿而激发出来的需要，往往并非一个民族最真实的需要，而且是注定实现不了的需要。我们在谈论'应该'时，更多的要认清我们民族的自我，认清占民族多数成员的最紧迫的要求，及这些要求在最近将来实现的可能性，我们应该从这一角度来看待'具有中国特色的现代化'。"① 曹锦清先生的话非常透彻，入木三分，教育界也是如此。

我们知道，由于现代西方的势力和理论一直主宰着全世界，中国以及大多数发展中国家主要使用西方理论来认识自己，结果把自己的实际硬塞进不合适的理论框架。西方主流教育理论所考虑的主要是西方社会本身，把它的理念化为一个整合于资本主义的教育以及随之而来的一系列变化过程，把那些变化等同于理性化、民主化、制度化等一系列的直线性的现代化的过程。当然，西方的教育实际绝对不那么简单，它们也具有一定程度上理论与实际的悖论性。而中国社会、中

①曹锦清：《黄河边的中国：一个学者对乡村社会的观察与思考》，上海人民出版社2010年版

国教育长期受西方文明与本土文明影响，两种影响长期共存，其悖论性程度更甚。中国近现代最基本的国情之一就是西化和本土化的长期并存以及两者的相互作用，缺少其中任何一个，都会脱离实际。面对历史实际，我们更需要探讨的是两者的并存和互动，最为关键的是要超越非此即彼的二元对立语境，从两者共存的现实出发寻找出路。如果我们主要使用西方的理论来认识我们的社会，用西方的教育理论来解释并指导我们的国民教育，完全抹杀近一个世纪以来中西并存下所形成的新"传统"，结果把丰富多彩的教育实际当成不合适的理论框架例子，那么我们便永远也不能解释为什么竟然会有那么多看上去似乎是彼此对立，但实际上却并存和相互拉扯着的悖论现象。我们不断地期盼与国际接轨，进而使自己尽快"普世化"，并没有把中国特色、把我们的话语权利认真当一回事。如此下去，我们究竟还要不要教育发展的自主性和独立性？明确西方教育理论未必适应中国教育实际，自然应该提出：从中国教育实际出发，建立自己的教育理论体系，这是既能与西方教育理论对话，又能独立于它的教育理论体系。

教育领域里所讲的"普世化"进程，很大程度上是从以美国、日本、英国为代表的地方经验中总结提炼出来的，而那个经验过程不只是高度的组织化和远离自然的过程，同时也包括地方的文化特性。但是在一系列的进程中，西方的经验被社会科学概念化、"普世化"了，它们因此竟变得如此顺畅、如此平和、如此理性、如此正确。以至于多少年来，几乎每一次，当遇到这种"普世化"理论与经验相矛盾的时候，我们都没有想到理论可能也会有错；几乎每一次，一定都是我们这儿的经验出了问题，都是要不断改变我们的现实来适应"普世化"的理论；几乎每一次，我们再也想不起"理论是灰色的，而生命之树常青"这样的老话来。更何况，对于中国这个拥有悠久文化历史长廊和博大人文地理空间的多元社会来说，自己几千年的教育经验就一定是狭隘的，而别人的局部教育经验就必定是"普世化"的，这在情理上、法理上说得过去吗？

认真来看，"普世化"进程导致民族失语不仅仅是在教育领域，许多领域都有这种现象。经济社会领域里的"普世化"进程（工业化、城市化、私有化），形成了整个社会的文化氛围，对教育界影响很大。我们应该清楚地看到，穷人之所以贫穷，是因为在历史进程中一系列外在的压制性条件累积的结果，这种外在的条件就是以美国为代表的社会从过去至今始终存在，并在今天有加剧迹象的种族、阶级、性别和性倾向等差异。正是在这种由文化意识形态霸权所左右的压制性条件下，穷人总是被他者化，并继续着边缘化的命运。

全球化可以分为经济全球化和文化全球化。经济全球化有趋同的倾向，但文化全球化是多元的。全球化与西化的最大区别在于，全球化既是一个趋同的过程，又是一个分化的过程。全球化不一定消解各个地方的差异和尊严的差异，实际上在很多地方反而促成了多元倾向和地方化。

现实状况是：全球化很可能导引一种霸权主义，但也容易形成一个生命共同体；本土化可能导致功利、排他和工具性的原教旨主义，但也容易发展出一种健康的、有根源性的文化认同。这两者之间需要对话，要注意避免"抽象的普适主义"和"封闭的特殊主义"。冯增俊先生认为："教育现代化不是西方化。这是一个最重要的认识：其一，任何国家的教育现代化都不是单纯照搬西方模式的结果，也不是单纯受某一先进国家作用而发生；其二，教育现代化往往引用西方发达国家的发展模式作为推进指标，制定相应的标准，但并非是对这些西方教育指标的简单满足和机械套用，因而不可能具有统一的标准；其三，后发外生型国家教育现代化需要外力，但却决非为简单的外力推进的产物；其四，后发外生型教育现代化要重视借鉴作用，但并非为国外教育模式的直接移植。一句话，后进国家教育现代化不是直接外生的，不是西方化。亚太许多国家的教育现代化，往往都是在西方作用下启动的，并且借鉴了西方的许多经验和改革成果，但是从没有一次是靠照搬西方模式改革教育而取得成功的。"① 爱默生提醒美国学子，希望他们今后不要成为美国的"德国学者"、"英国学者"或者"法国学者"，而是要成为立足于美国生活的"美国学者"，认为

---

① 冯增俊：《论教育现代化的基本概念》，《教育研究》1999年第3期，第12—19页

"美国人倾听欧洲的时间太长了，以至于美国人往往被看成是缺乏自信的、只会模仿的、俯首帖耳的人"。当前中国教育界也需要有人提醒不要成为中国的"美国学者"、"英国学者"、"德国学者"或者"法国学者"，不要把自己变成复印机、扫描仪，不要让自己的思维只留下一个复印、扫描的功能。言必称希腊，而不知中国，不懂中国当下的情况，那是不可能真正构建教育现代化的大厦的。

总之，时尚教育口号不等于教育现代化。我们现在有不少教育专家所倡导的教育时尚潮流，有一些是正确的，且符合中国教育的国情；有一些虽然正确，但未必适合中国国情；有一些还只是处于实验阶段，并未取得实质性的成果；有一些连基本的科学性都尚未证实，匆匆忙忙拿来效仿，这显然是不对的。对于时尚潮流，我们应该抱有充分的思想准备，应该认识到潮流性的东西未必全是正确的，未必全是科学的，而且我们完全可以追问一下：所谓潮流，真的是世界潮流吗？还是一个国家或几个国家的理论主张、行为实践？教育不应该封闭，不应该排外，但教育同样不是一种时尚，做教育不能赶时髦，教育改革和发展应该适应本国国情。"中国式文化创新"不仅需要我们对西方各种人文观念进行"中国改造"，同时也需要对中国传统人文观念进行"原创性改造"。

我们不停地喊出与国际接轨的口号，但我们很少有人追问：有轨可接吗？接谁的轨？接得上吗？欧洲的学校不想与美国的学校接轨，美国的学校也不想与欧洲的学校接轨。许多人经常谈论一个观点，学校发展要建立一个国际参照系，把学校发展纳入国际教育发展的主流轨道。这种观点无疑是居高临下的，但是如果真的这样想、这样做，那就是不切实际的。中国的教育发展有着自己的主流轨道，它与所谓的国际主流轨道是两条轨道，任何一条轨道后面都有很深厚的民族特性在支撑着，要脱离正在跑着的轨道而跳到另一个轨道上去，在行驶过程中是办不到的，也是有危险的。何兆武教授在清华大学的讲演中提到："是不是全球化将来就意味着全球的大一统？从联系的密切来说，这是必然的。但全球化并不意味着'雷同'，我们所谓的一致是指 unity，而不是 uniformity。Unity 是多中有一、一中有多，是 unity of variety（多样性）and variety in unity。Uniformity 指大家都一样。世界的方向是走向全球化，但是是一中有多的。'只有民族的才是世界的。'"① 现在学校教育发展模式多样化，教育界的有识之士都在倡导学校要走自主发展的道路。教育的现代化应该体现为我们自身主体的现代化，早在20世纪早期，我国著名教育家陶行知先生就十分反对"洋八股"思想，反对以西方的教育传统为根基来分析和解决中国的教育问题。因为在这样一个过程中，"往往是在学习和研究西方社会科学理论时，先产生一些问题，形成理论预设，然后再到经验中寻找相关材料来验证这些问题"。② 在这种情况下，本土经验不可能充分而真切地展现出来，中国教育实践的价值仅仅局限于支持西方的教育理论前设，连证伪西方理论的可能性都没有，更不可能反思自身以获得发展。说严重了，就是将中国教育经验出卖给西方理论传统。所以，我们只有按照中国自身的教育发展逻辑，并运用本土的话语来表达中国的教育，才能使中国的本土经验彰显出来，从而显现出本土教育传统的问题和需要。否则，我们所看到的永远只是西方话语下的问题和需要，不是我们自身的真实需要。一个民族可以而且应该向另一个更为发达的民族学习，这是没有疑问的。但盲目崇洋而忘却民族的自我，则是十分有害的。这需要有一个本土化的过程，我们在本土化的过程中，在吸收外来传统的同时，也要注重保持自我，因为在全球化的过程中显然存在着西方文化传统的侵入。一旦我们取消了本土的自我反思能力，以西方的需要为需要，以西方的反思为反思，长期压制本土的真实需要的表达，就会导致在文化、心理、思想、精神等方面成为西方的附庸。

坚持本土传统是我们推进本土化的根基所在，这是因为中国的研究传统、研究方法与西方有着明显的不同，中国的学术与西方的学术研究风格明显不同，东方的学术活动讲求"文以载道"，以学术观点来统领学术活动的全部过程。尽管在过程中也需要起承转合、峰回路

①《中西文化与全球化》，《文汇报》2005 年 1 月 30 日
②贺雪峰：《回归中国经验研究》，《文化视野》2006 年第 11 期

转，但学术的观点始终是透明的，可以在文章的脉络中看到观点的不断推进。由于中国的学术活动追求宏大叙事，突出重大主体，所以，学术带有庄重的气息。读中国的史论，常常感受到中国学者的人文关怀，尽管这种人文关怀可能会削弱文章的科学力量。中国的学术活动给人以厚重与真实感。可以说，中国的学术强调的是美，一种包含作者主观感受的人文美。西方的学术则不同。在西方的学术传统中，科学是第一生命，为了使学术具有科学性，必须将所论及的所有问题建立"基本的假定"，并在假定的基础上进行逻辑的推理。但是，由于社会各个变量总是纠缠在一起，假定的选择与变量的增减无疑会大大影响学术的科学效果。所以，没有看到中国传统学术与西方学术的差异，可能会闹出很多误会。中国的学术讲求美，在今后的研究中可以加进真的因素；而西方学术追求真，学习这种方法时可以考虑增加一些人文关怀。

深究我们的灵魂深处，可以看出有一种自卑感。因为我们的经济发展水平不高，不够现代化，所以我们对自身的教育缺乏足够的自信。我们的教育不够现代化，于是我们有了一个现代化的诉求，有了一种强烈的赶超愿望。我们希望与世界发达国家的教育接轨，希望尽快赶上世界发达国家，实现教育的现代化。在这样一种失去从容的心态下，我们往往不能正确认识世界各国教育的真实情况，而是把几个经济发达国家的做法看做教育现代化的象征，将其树立为追赶的标杆，称作"世界潮流"。急于把中国基础教育拖入现代化的理论家们忙于"观念更新"与"体系再造"，往往把"理论体系"与"现代术语"视为生活本身，结果既误了自己、误了同样急切的中小学教师，更误了基础教育。在这样的背景之下，中学界出现了一些莫名其妙的提法，却没有人思考、没有人批评，失去了基本的判断力。例如，2008 年 3 月 19 日《新民晚报》A5 版刊登了一篇荒诞的文章《"高精尖"学生能否用"模具"批量产出》，这篇谈论如何开发青少年、培养英才少年的文章，纯粹是把人当成物来看待，观点十分错误，居然会被作为新观点予以介绍。

这种用时髦的理论打扮的口号更具有伪装性、欺骗性。教育的现代化不是口号游戏，不能仅仅停留在口号的层面上，教育的现代化要体现在教育工作者的言语当中、行为当中、细节当中。

凌龙华说："办学规模化，管理全程化，教学模式化，考核频繁化。教育如此'现代化'，不是在'培根'而是在'拔苗'啊！齐刷刷站立的结果，是教师的个性不见了，个性的教师没有了。排排坐创造的奇迹，是只见座位不见面孔，只论名次不论学生。为分数学，为应试教，为名次、为排位而全员、全力、全身心投入。极端功利化和高度竞争性，让教育与生活背离，与理想（必要的乌托邦）作别，与梦、与诗、与星空无缘。"

"教育走得太远，走得太急，以致忘记了出发的目的，以致停不下来回不了家。绩效主义下的教育，很大程度上已异化为'数位化生存'和'类 GDP 生产'。"①

何谓现代化？现代化的概念可以从两个层面解读：一是绝对意义上的现代化，即传统教育向现代教育转化的历史过程；二是相对意义上的现代化，即落后教育向教育发达转变这一相对关系上的现代化。

所谓学校教育现代化，就是与现代社会经济、政治、科技、文化发展变革相适应的学校组织形态的变化演进。换句话说，就是从学校的文化精神、价值取向、行为方式，从办学思想理念、办学模式、管理制度及运行机制到学校课程设置，都具有先进性、科学性和与时俱进的动态发展性特点与特征。

传统教育是一种内向性教育，教学者都向内用力，致力于内心的丰富和完善以及人格境界的提升。一段时期以来，现代教育走向了外向性教育，受教育者不断向外扩大自己的知识范围和能力，再也不会将向内用力看作是教育的一部分，因此是否定之否定。学校教育现代化在不排斥知识能力的前提下，要着眼于向内用力，致力于完善学生人格。

---

①凌龙华：《让教育回家》，《教育参考》2009 年第 4 期，第 46 页

第 10 章 | 反思校长领导

教育家办学：校长的使命

我曾参加上海、江苏、浙江三地教育报刊社主办的"2007 中国长三角校长高峰论坛"，和两省一市的校长同行相约扬子江畔，论剑紫金山下。这次论坛的主题是"教育家办学：校长的角色、使命与成长"，这个主题源自温家宝总理多次提到的教育家办学。在 2006 年 8 月召开的教育工作座谈会上，温家宝总理曾指出，我国需要大批教育家，要宣传有贡献的教育家。在 2008 年的《政府工作报告》中，温总理更强调，要提倡教育家办学，鼓励更多的优秀青年终身做教育工作者。我认为温家宝总理所倡导的是按照教育规律办学，提倡以教育家的精神办学，期望出现更多的教育家来办学。

给我的话题是校长的使命，而校长的使命取决于校长的角色。我以为，校长的角色应该是教育者、领导者、管理者，或者说，校长是学校教育的领导者和管理者。由此出发，我们来探讨作为教育家办学的校长使命。

关于"使命"一词的含义，《现代汉语词典》解释为"重大责任"，《辞海》解释为"重大任务"。我们所说的校长使命，就是校长所承担的重大责任、重大任务。也就是说，在历史的坐标上，校长应明确当下的担当，而且必须按照教育家的精神，从教育家办学的高度来认识我们的重大责任。作为校长，我想至少有以下几个重大责任。

一、为国家的使命

校长办学必须体现国家意志，校长必须以天下为己任、以民族为己任，必须站在为中华民族的伟大复兴的高度来办学。校长办学必须为中华人民共和国培养高素质的公民、培养创新型人才。目前我国正在建设和谐社会、创新型国家，培养高素质的公民是为建设和谐社会，培养创新型人才是为国家发展。

当代中国正处于转型期，教育家更应该承担起自身的时代使命。任何一个教育家都是在一定的文化氛围中成长起来的，中国教育家的教育探索就应该充分体现中国风格、中国气派、中国情怀，同时与人类文明发展的方向相一致，代表社会先进的文化，引领社会前进，而不能一味地迎合市场的需要。

二、为学生的使命

校长办学必须为学生服务，为了每一个学生的健康发展，为了每一个学生的个性发展，这是校长办学的重大责任。建平中学的一个重要办学思想就是让学生实现个性化和社会化的和谐统一，培养目标模式是合格加特长，具体内涵包括自立精神、共生意识、科学态度、人文情怀、领袖气质。所谓自立精神，是指学生在具备一定的知识结构、道德修养以及身心健康的前提下所具有的自主、自立、自尊、自重、自信、自强精神。这种自立精神应该包括独立公正、张扬个性的意识与能力，自我设计与自我完善的发展意识与能力，创造生活、享受生活的生活意识与能力。所谓共生意识，是指学生具有与他人合作共事的意识，具有与自然、社会合作共生的意识，具有全球视野、历史视野，包括理解祖国的传统文化与历史、理解多元文化的素质态度和一定的外语能力、民族情感、世界眼光。这种共生意识应该包括团队精神与合作能力，包括对各民族历史文化平等、宽容、尊重的人生态度，也包括尊重自然、保护环境的生存意识与能力。所谓科学态度，是指学生具有热爱科学、追求真理的情感，具有实事求是的态度、追求真理的批判精神，看待事物的眼光是客观的，解决问题的方法是理性的。这种科学态度应该包括学生能够以科学的精神去面对生活中的一切困难，相信理性的力量，学会全面地思考问题，能够为实现目标进行科学的规划，并且合理地推进计划的实施；具有一定的科学预测与自我分析、矫正的能力。所谓人文情怀，是指学生在一定的人文积淀的基础上所形成的对人的深厚情感，表现为积极向善、理解他人、同情弱者，既关爱身边的人，又关爱民族、关爱人类。这种人文情怀应该包括符合现代发展意义的道德体系的构建，并以这样的道德体系去规范自己的生活，也包括相当的人文素养的积淀，具备作为一个现代知识分子最基本的人文素养，以及充满人文精神的生活态度的养成。所谓领袖气质并不是狭义的，而是指学生具有创业意识、组织才能、领导艺术，具有包容性和高度的团队责任感以及自我牺牲精神。这种领袖气质应该包括作为组织的协调者所应该具有的道德素养与心理结构，也包括对于事物发展的预见能力与相应的决策能力，以及良好的沟通与组织协调能力。

三、为学校的使命

一校之长对学校发展承担着不可推卸的责任，校长必须为学校的可持续发展负责。要对学校的可持续发展负责，校长首先要有一个浪漫的理想。悉尼大学校长盖文·布朗教授说："大学的发展基础是很多浪漫的理想。"校长不但自己有梦，还应该让师生员工有梦，激发所有师生员工一起为美好的梦想去努力。建平人的梦想就是：构建具有建平特色的，以开放、民主、和谐、进取为精神内核的现代学校文化，将建平中学建成教师、学生、社区、家长共同向往的精神乐园，真正实现建平人的美好愿景。建平人是憧憬未来的追梦之人。

为了实现美好的理想，每一任校长应该承上启下，传承优秀文化，培育先进文化，以文化哺育文化人，以文化发展学校。

四、为教师的使命

校长对本校教师的成长、发展有着不可推卸的责任，因为教师的成长与发展主要在学校。离开了课堂这个舞台，离开了学校这个平台，教师无从发展。而且，教师的发展决定了学生的发展、学校的发展。没有高水平的教师，学校就不可能为学生的成长提供高质量的课程服务；没有高水平的教师，学校就不可能实现可持续发展。

建平中学将教师培养摆在重要位置，将课程改革、教育科研、教师培训结合起来，努力提升教师的素养，以期达到这样的高度：开阔的视野、独立的见识、宽广的胸怀、自由的心态。人不能识之，我则识之；人不敢言之，我则言之；人不肯为之，我则为之。这是一种优游的气度，一种自由的情怀，一种人文的理想，一种追梦的执著，一种美好的教育乌托邦。

我们要提升的既有教师的个体素养，同时还有学校团队的整体素养，即团队精神和团队文化，在学校相对纯净的狭小范围内建立一种共同的价值取向、共同的教育哲学思想，营造一种学校精神氛围、文化氛围。

那么，上述众多使命中的核心是什么呢？采用回归原点的方式，回到我们的初衷上来，我从哪里来决定了我现在做什么，也决定了我将向何处去。我认为，校长的核心使命是：教书育人，为国育人，为人育人，为学生培养学生，使学生成为他们自己。

决定校长使命的是什么？决定教育家校长使命的有以下内容：

教育梦——教育理想。每个优秀的校长都有他的教育理想，这个理想不一定常常挂在嘴边、写在文章里面，但他心里有，他时时刻刻想着要把他的学校办好。

教育魂——价值取向，即以什么为重，以什么为先。

教育情——神圣情怀。有人说教师身上有一种宗教情怀，一种责无旁贷的执著情感。用"宗教"一词也许有些人不同意，但为人师者对学生的爱，是没有人否定的。我国台湾的同行说：爱自己的孩子是人，爱别人的孩子是神。我用"神圣情怀"来表述这种情感，它支撑着教师、校长义无反顾地投身于教育的伟大事业之中。

教育味——文化味道。教育应该是最有文化味道的，我们应该经常反思，我们的教育言语、教育行为、教育细节是否具有文化的味道。

校长只有努力使自己具备教育家的素质，达到教育家的人格境界，才能树立起崇高的使命感。校长要实现自己的使命，就必须坚持个性化办学，为了学生、基于学校、面向社会的自主、自为、自律的个性化办学。

话说中学校长补"钙"

如今社会中的人普遍缺钙，下至 7 岁儿童，上至八旬老翁，都要补钙。也不知是什么原因，生活条件好了，营养丰富了，反而缺钙了。如今的中学校长几乎都是科班出身，堂堂大学毕业生，甚至是研究生，按理说应该是很有作为的。然而和理想的校长相比，似乎总觉得少了点什么，借用通俗的概念也可以说是缺"钙"，因而出不了大家。"钙"是什么？

有人问 20 世纪最伟大的大提琴家卡萨尔斯如何成为一名大提琴家，卡萨尔斯回答说：先成为一名优秀的、大写的人，然后成为一名优秀的、大写的音乐人，再然后就成为一名优秀的大提琴家。借用这个说法，要成为一名教育家，首先要成为一名大写的人，然后成为一名优秀的知识分子，最后成为一名优秀的教育家。

教育家的上位概念是知识分子，什么是知识分子？华莱士曾经幽默地说："发现了比女人更有趣的东西的人，就是知识分子。"什么是比女人更有趣的东西？知识分子有哪些不可或缺的重要素质？我想知识分子起码应该具有三个基本素质："知"、"识"、人文关怀之心。大学毕业意味着获取了相关学科系统的"知"，但不一定有"识"，更不一定有人文关怀之心。

我在这里着重谈一谈知识分子的"识"。所谓"识",我以为就是思想见识,是带有鲜明个性特点的思想见识,这就是中学校长的"钙"。缺钙的人是站不起来的,萎缩、萎靡、软弱、消极。同样,我们这里所说的"钙"也是影响一个中学校长能否站立起来并进而有所发展、有无大作为的关键因素,也是决定能否产生教育家的关键所在。我们常常津津乐道人是思想的苇草,人是思想的冒险家,我思故我在,以我的思考、我的思想来证明我的存在,校长是思想的播种者,是播撒阳光的人。罗曼·罗兰曾说过:"要播撒阳光到别人心中,总是自己心中有阳光。"

那么,思想从何而来呢?

一、思想从思考中来

思想来自自身的不懈思考。那么,校长该如何思考呢?校长要学会思考,既要居高临下,也要脚踏实地。我们脚下的土地,就是我们现在所从事的教学,这是工作、创造的根本所在。别忘了我们的初衷,尼采曾经自豪地说:"为什么我比别人知道得多,为什么我是这样聪明?因为我从未思考那些不是真问题的问题。"这无疑给了我们许多启示。

二、思想从学习中来

学习既可以是读书,也可以是读脑。现在有一种可怕的现象,就是中学校长无暇静心读书,被许多莫名其妙的事务耗费了许多时间,如此下去,校长的知识库存将会越来越少,知识结构将会越来越陈旧。中学校长应该不断更新自己的知识结构,正所谓"海纳百川,有容乃大"。校长要让自己跟上时代的步伐,要经常读书,经常读脑。所谓读脑,就是指听专家的报告,和同行讨论,直接吸收别人头脑中最新的东西,产生思想碰撞,激活思维。思想的碰撞或许能够产生一个伟大的火花,一个伟大的火花或许就会带来一连串伟大的行动,一个创新思维或许就会带来一连串伟大的创造。

三、思想从研究中来

皮亚杰在 1965 年出版的《教育科学与儿童心理学》中就曾指出：律师、医生、工程师都"具有一种被人尊重且值得受尊重的学问"，他们"代表着一门科学和一种技术"，大学教师也"代表着他所讲授的这门学科以及他对这门科学钻研的程度。一位中小学教师缺乏可资比较的学术声誉"，"一般的理由是：别人认为，尤其坏的是，他自己也认为：学校教师无论是从技术和科学的创造性上来说，都不是一个专家，而只是一个知识的传递者，这是任何人都能做到的事"。正是由于传统的教育制度把教师束缚在知识传递者的位置上，以致广大教师包括校长脱离了科学，失去了从事教育科学研究的机会，因而缺乏应有的学术声誉，不能从中产生杰出的研究者。其实，校长不仅处于极为有利的研究位置，而且还拥有最佳的研究机会。校长有能力对自己的教育行动加以反思、研究与改进，由校长来研究与改进自己的专业工作才是最直接、最适宜的方式。外来的研究者对实际情境的了解往往不那么深入，因而提出来的研究建议往往无法切入。校长最主要的活动场所是学校、课堂，从实验研究的角度看，学校、课堂是最佳的教育研究的实验室，校长可以通过一个科学研究过程来系统地解决学校、课堂中遇到的问题，这就使校长拥有了研究机会；从自然观察的角度看，任何外来研究者都会改变学校、课堂的自然状态，要想既达到目的又不改变原有的气氛与状态，就只有依靠校长，校长是最理想的观察者，因为校长本来就置身于学校教学之中，他是掌握观察方法、了解观察意图而又不改变原有学校情境的最佳人选。英国教育家贝克汉姆认为，教师拥有研究机会，如果他们能够抓住这个机会，不仅能有力地、迅速地推进教学技术的发展，而且将使教师工作获得生命力与尊严。我们要使自己站在教学研究的最前沿，努力去研究探索，成为一个名副其实的研究者、知识分子。

四、思想从批判中来

要有新的思想，就要具备创新精神；要具备创新精神，就要学会否定、敢于否定。没有否定哪来的创新？科学之所以是科学，不仅在于它的可证实性，而且在于它的可证伪性。辩证法就其本质而言，是不崇拜任何东西的，在对事物作肯定的理解的同时，也包含了对事物的否定理解。马克思有一句著名的座右铭——怀疑一切。我国著名思想家庞朴 80 多岁的高龄还提出一分为三的新观点，而且言之成理，确实难能可贵。教师也应该具有这种精神，敢于否定自己，敢于否定过去已经习惯了的东西，敢于否定权威认可的东西，这样才可能有所创新、有所发展。两院院士王选曾经感慨道：世上有些事情非常可悲和可笑。当他 26 岁处于第一个创造高峰时没有人承认，真正是权威的时候也不被承认，有人反而说他在玩弄骗人的数学游戏，当他脱离第一线，创造高峰已经过去时，人们却说他是权威，从 1992 年开始，王选连续三年每年增加一个院士头衔。他一再告诫青年：千万别把院士看成当前的学术权威。21 世纪的校长不应再迷信权威和书本，应该坚信一切现存的文明都是对人类过去经验的总结，校长要做的是如何站在过去人的肩上向新的高度攀登；21 世纪的校长不应再迷信自己，不再把自己的职业角色神化，敢于批判自己，甚至敢于否定自己。事物在发展，时代在前进，校长不可能穷尽过去和未来，校长要做的就是在不断的自我批判中创新。

五、思想从创造中来

马克思在论及职业选择时，曾写过一段令人难忘的名言："能给人以尊严的只有这样的职业，在从事这种职业时，我们不是作为奴隶般的工具，而是在自己的领域内独立地进行创造。"他还指出，具有创造性质的职业，"甚至最优秀的人物也会怀着崇高的自豪感去从事它。最合乎这些要求的职业，并不一定是最高的职业，但总是最可取的职业"。我们这支校长队伍中的大多数人，恐怕还远未达到"在自己的领域内独立地进行创造"的水平。所以，重温和思考马克思的这段话，对于今天我们全面认识校长职业的价值，尤其是发现这一职业对于中学校长而言的内在生命价值，是十分重要的。首先，马克思强调"独立地进行创造"的职业能给人尊严，给人以尊严的职业是与人的生命的本质和高级需要的满足直接相关的职业，独立地创造正是人的生命存在的本质方式，即使在生理学的层面上，生命的存在也是通过个体与环境的能量交换，并以个体独立的方式，内在地完成新陈代谢这一生命物质转换的创造过程。人的智慧的发展、精神世界的丰富更是如此，没有人可以不通过个体的经验与独立的体悟，就能将外在的知识、文化以及其他人的创造转化为自身的发展与成长。所以，"独立地创造"是生命之树常青的源泉，绝不是诗意的赞美，而是对生命本质的观照。其次，人的生命力也只有在创造性活动中才能焕发，才能为社会作出具有不可替代性价值的贡献。职业生活是人类成年以后生命活动的重要组成部分，其质量如何在很大程度上决定了人的生命质量，同时也造就了个体的生命质量。因为人度过生命的日常方式，会决定人成为怎样的人。人要想活得有尊严，就应该选择富有创造性的职业，并以创造性的劳动去实现自己的生命价值。在创造性的劳动中，享受过程本身所带来的、自身生命力所焕发的欢乐。

美国有一位著名的社会学家福山先生，他曾经提出"历史终结论"，其理由是资本主义市场经济是人类社会进步的终点，因为今天和将来没有足以推翻它的基本矛盾。对他的观点我不敢苟同，但是我可以借用其中的一种思维方式，即矛盾是推动历史进步的动力。众所周知，中学教学仍然存在着许多矛盾，这正说明中学教学具有长足发展的动力，同时也说明中学校长还有非常广阔的创造发展空间。

除了"知"、"识"之外，知识分子还应具有人文关怀之心。

西方人常常称知识分子为社会的良心，认为他们是人类基本价值（如理性、自由、公平等）的维护者，一方面根据这些基本价值来批判社会上一切不合理的现象，另一方面则努力推动这些价值的充分实现。校长作为一类特殊的知识分子，应该具有人文关怀之心，深切地关怀国家、关怀社会，其职业体现就是许身孺子、献身教育事业。托尔斯泰认为，把热爱教育事业和热爱学生结合起来，是教师必须具备的最重要的品质。他说："如果教师只有对事业的热爱，他将成为一位好的教师。如果教师只要有像父母亲一样对学生的热爱，他会比一个读遍所有的书，但既不热爱事业，也不热爱学生的教师好。可是如果教师既热爱事业，又热爱学生，他就是一个十全十美的教师。"我认为，校长也是如此。

雅斯贝尔斯说："教育是人的灵魂的教育，而非理智知识和认识的堆积。教育意味着一棵树摇动另一棵树，一朵云推动另一朵云，一个灵魂唤醒另一个灵魂。"这就需要校长具有一种宗教担当的精神。

校长：重读课程标准

新课程改革进行到今天，对于校长，应该说是到了必须重读课程标准的时候。

我们知道，新课程改革由专家层面的理念话语到政府层面的政策话语，由政府层面的政策话语到学校层面的实践话语，整个过程已经自然地演进了一遍。专家的课程标准早已制定出来，政府已经出台一系列课程改革的政策，学校也已经组织一次又一次的教师课程标准培训，这一切似乎都显示出课程改革已经初战告捷。但是我们应该清楚地看到，"革命尚未成功，同志仍须努力"。从某种意义上说，课程改革只是刚刚拉开帷幕，虽然已经有所探索，但说到底也只是浅尝辄止。而且，随着课程改革的不断推进，许多问题也随之产生，如追逐时尚、追逐流行，简单地更换标签而缺乏课程文化的深层变革和文化再造。有些学校忘记了课程改革的初衷，学校课程改革的一些举措甚至完全背离课程标准。

于是，作为学校课程改革、课程建设的领导者，校长必须重读课程标准，对照标准反思我们所进行的课程改革，反思学校教学，提醒我们的教师：我们是否具有标准意识、课标意识，我们的教学是否是基于课程标准的教学。

我所理解的课程标准的制定与实施，至少有两个不同于以往教学大纲的制定与实施的含义：其一是怎么教需要社会化、标准化，其二是教什么需要校本化、生本化。

一、怎么教需要社会化、标准化

教师是一种个性化比较强的职业，我们应该充分鼓励教师学有所长、教有所长，在教学方法层面上不断创新，并形成自己的教学风格。教学是一门艺术，艺术的真谛在于创造、个性，这些都是我们必须坚持的。

但是在坚持艺术创造、个性风格的同时，我们还必须强化社会化、标准化，也就是说教师必须遵守课程标准。所谓社会化，就是课程标准体现国家意志、体现社会对当下学科教学的基本要求；所谓标准化，就是无论教师怎么教都必须按照课程标准来确定教学目标，教学结果必须达到国家标准，即标准意识、课标意识。课程标准就是国家设定的知识、技能、态度标准。如果说教学大纲重在对过程的规定，那么课程标准则重在加强对结果的监控。我赞同这样一种说法：传统的教学是根据教材确定教学内容，根据教学内容设计教学活动、实施教学、设计与实施评价、获得反馈。基于课程标准的教学，首先需要根据课程标准确定教学目标，根据教学目标确定内容主题及具体内容材料，设计评估，确定达成目标的学习机会，实施教学，评估并获得反馈。也就是说，基于课程标准的教学有三个显著特征，即教学目标源于课程标准，评估设计先于教学设计，指向学习质量。

学校教学的现状是课程标准的标准度逐层递减，专家们根据社会要求、学科要求精心设计了课程标准。理想的学校教学应该由课程标准来指导教学，但现状是由于高考压力越来越大，教师主要是凭高考考纲、高考试卷来指导教学，他们把最终评价指标作为教学指导标准，因为衡量教师教学绩效的主要是高考成绩。虽然高考考纲也是根据课程标准制定的，但无论怎么制定，高考考纲都是对课程标准的缩减和转换，课程标准所涉及的要求有些是精确的，有些是模糊的，有些是可检查的，有些是不可检查的。而高考考卷对高考考纲的理解和解释也是会发生转换甚至误差的，高考考纲的要点有些是可实现的，有些是难以实现的。所以，如果教师凭高考考纲、高考试卷来指导教学，显然课程标准的标准度就被层层削减了。

因此，校长的第一要务就是保证课程标准的执行度。这是体现国家意志的，不容忽视。带领老师重读课程标准，领会课程标准的精神，对照自己的教学进行反思，以课程标准的价值取向、质量要求来指导教学，这是很有必要的。校长应该从课程、教学、课堂三个层面设计培训内容，指导教师实现基于课程标准的教学。

二、教什么需要校本化、生本化

过去由教学大纲指导教学的时代，强调的是怎么教，因此人们在尊重教材的基础上研讨教学方法，学习教学技术，探究教学规律。

在现在由课程标准指导教学的时代，人们一方面仍然需要研讨教学方法，学习教学技术，探究教学规律；另一方面还需要研究如何开发课程资源，如何在开发课程资源的基础上组织编写校本教材，进而实现教材的校本化、生本化。每一所学校的情况都是不同的，有不同的教学条件、不同的教师、不同的学生、不同的培养目标，用一种教材包打天下的做法已经无法满足学校、学生的个性化需求。因此新一轮课程改革，在教什么的问题上赋予了学校更多的自主权，学校可以从实际出发，在尊重国家课程、地方课程的前提下，开发学校课程，教师获得了更大的自主权。

在这样的背景之下，建平中学建立了八大领域的学校课程，全面服务于学校个性化的培养目标，同时每个领域的课程在主观上又各自有所侧重。

心理健康和主体发展学习领域……侧重于自立精神的培养；

艺术审美和休闲健身学习领域……侧重于自立精神的培养；

人与自然和人与社会学习领域……侧重于共生意识的培养；

科学知识和科学技能学习领域……侧重于科学态度的培养；

中华文化和民族思想学习领域……侧重于人文情怀的培养（民族精神）；

西方文化和国际交流学习领域……侧重于人文情怀的培养（世界眼光）；

社会实践和社团活动学习领域……侧重于领袖气质的培养；

活动评比和学科竞赛学习领域……侧重于兴趣特长的培养。

课程结构分成领域、学科、模块：

心理健康和主体发展学习领域——心理、校会、班会——主题活动、学习心理、人格心理……

艺术审美和休闲健身学习领域——音体美——双周音乐会、国庆通宵、健美操、电脑绘画……

人与自然和人与社会学习领域——理化生、政史地——环境保护、社区活动、南京行、长江行……

科学知识和科学技能学习领域——数理化生、信息科技、劳技——网络技术、电脑组装、机器人……

中华文化和民族思想学习领域——语文、政史地——诸子百家选读、《史记》选读、西部行……

西方文化和国际交流学习领域——外语、政史地——莎士比亚选读、欧洲行、美国行、澳洲行……

社会实践和社团活动学习领域——各学科——学农、学军、航模社团、跆拳道社团

活动评比和学科竞赛学习领域——各学科——作文比赛、英特尔创新大赛、数学竞赛、化学竞赛……

学校课程系统需要校本化，每一个学校的课程建设也需要校本化。以语文、数学为例，建平中学构造了自己的课程。

1. 语文

成长系列：自我·自然·社会——选文内容与学生自己的成长要素"关联"起来，进行真实常态的阅读，汲取养料，促进自己健康成长。

文学系列：诗歌、小说、戏剧、散文（体裁）——以讨论、鉴赏为主，培养审美情趣。

文言系列：先秦、两汉、唐宋、元明清（史纲）——史纲线为纵，文体线为横，形成关于中国传统文化系统而完整的知识序列。

"大家"系列：《论语》、《史记》、《红楼梦》、鲁迅、莎士比亚——从文化角度选取文学史上最重要的大家的代表作品，采用多种形式，下大力气作充分的研读，着眼于学生基本文化素养的培育。

知识系列：字、词、句、段、篇，语法、修辞、逻辑、文化

2. 数学

"数学大师"系列：了解数学大师——选择部分中外著名的数学大师，让学生在大师的成长经历中，学习数学大师的科学精神；接触数学大师——在学生现有的知识平台上，了解一部分数学大师的重要成果，以及这些成果对人类的贡献；感悟数学大师——感受数学大师发现问题的情景，思考问题的角度，探究问题的精神和解决问题的方法，尤其是在当时没有计算机（器）的情况下，是怎样保证其成果的精确度的；追踪数学大师——现代人如何追踪数学大师的足迹，探究未知的科学领域，为人类文明的发展作出贡献。

涉及诸多数学大师：毕达哥拉斯的勾股定理，欧几里得的逻辑推理《几何原本》，笛卡儿的笛卡儿坐标与笛卡儿曲线，牛顿的微积分与经典力学，莱布尼兹的行列式与函数、常数，哥德巴赫的哥德巴赫猜想，欧拉的欧拉常数、欧拉公式、欧拉定理，高斯的等差数列，罗巴切夫斯基的罗巴切夫斯基几何学，阿贝尔的椭圆函数论、交换群、二项级数、级数求和，康托尔的集合论、维数理论、拓扑空间理论，希尔伯特的格廷根学派等。

数学实践与探究系列：游戏中的数学——从游戏出发，提炼出游戏中所蕴涵的数学原理，以此指导学生揭示游戏中的奥秘，激发学生学习数学的兴趣；生活中的数学——培养学生观察问题、发现问题、提出问题和解决问题的能力，逐步形成"带着眼睛观察问题，带着脑袋思考问题"的习惯；形态中的数学——通过对各种物体形态的研

究，培养学生从定量分析上升到理性思考，从而提高学生的实践能力和创新能力；设计中的数学——设计是人们生存的必然需求，如建筑设计、商业网点设计、密码设计、军事基地设计等，所有的设计都蕴涵着"最优化"的问题，用数学的方法诠释设计的玄机，促进学生更新理念，使之成为创新人才。

数学文化系列：数学与文学；数学与音乐；数学与美术；数学与体育。

学校课程是国家三级课程体系中的重要一环，是学校立足校情，充分利用各种课程资源自主开发实施富有个性的课程类别。学校课程是基础教育课程体系的重要组成部分，它着眼于发展学生的兴趣、需要和特长，彰显学生的个性，充分体现师生的自主性、能动性和创造性，能形成鲜明的学校特色。值得一提的是，我们的语文学校课程给学生留下了很大的空间，在教材里留白，让学生自己去填充，根据自己的阅读理解、个性爱好去填空。这样，每个学生的语文教材都是不完全一样的，都是充满自己的个性特征的。从这个意义上说，教材又出现了生本化。

校长自觉的课程改革与自觉的课程文化

一名优秀的校长必然要自觉地进行课程改革，自觉的课程改革必然伴随着自觉的课程文化，因为课程改革的问题归根结底是文化的再造问题。课程本质上不可能是一种纯粹的知识活动，不是一种简单的知识选择和知识排列组合，教育也不是简单的知识位移和知识交接。课程是一种价值判断，教育是一种文化现象。校长领导的一系列课程改革以及所做的一切都有一个文化问题，课程本质上不是"价值中立"或"文化无涉"的纯粹知识活动，它必须是具有价值参与的生存环境。因为课程过程的本质体现为一种价值赋予，一种文化主体的自觉。否则，流行什么做什么，我们就要失去自我。课程改革的具体措施背后都体现了一个价值取向的问题，你改什么、不改什么，做什么、不做什么，其中都存在一个价值问题。你认为有价值的你才改革，你认为有必要的你才去做，这就是价值取向。接下来就是你为什么认为有价值、有必要，这里又有一个哲学观的问题。这就是文化，价值取向、哲学观点就是文化，没有文化的课程改革不是改革，充其量是模仿、是完成任务，进而言之是东施效颦、鹦鹉学舌。

从现实课程改革的层面上看，课程的文化性缺失导致课程改革在技术层面、工具层面、模式层面上徘徊，只停留在内容、方法、技术的更新上，依然遵循技术的逻辑、工具的逻辑、形式的逻辑，没有从根本上解决问题。课程的文化性缺失是阻碍现在学校教育与课程改革发展的最主要障碍，教育与课程发展的瓶颈也在这里，课程改革的困境、教育的异化现象无不缘于此；课程的文化性缺失导致课程改革的表面化、浅表化、简单化、形式化。

校长自觉的课程改革必须伴随着自觉的课程文化，学校课程改革必须深入到文化层面、思想层面、精神层面。这将意味着反对那种将课程改革简单化、表面化，把课程改革简单地化解成追逐时尚、呼喊口号的做法，反对那种在脱离学校办学实际的情况下生搬硬套抽象理念的行为，反对那种脱离本校现实基础、不被学校师生员工所认可的空谈，反对那种只起一时的包装功效的"花瓶"式的装饰。同时，还意味着反对那种将学校课程建设纯粹技术化的做法，即单纯地当作教材的编写和课程内容的增减，反对那种单纯地就新课程改革的具体政策进行形式上的、现象化的分析与解释。一言以蔽之，反对使课程改革流于形式。

所谓深入文化层面、思想层面、精神层面，就是要有持之以恒的教育信仰、价值追求，并在此基础上做出正确的价值判断，庄重地做出教育承诺，始终如一地去实践、去探索、去兑现，使之体现在学校课程之中、教育行为之中、教育细节之中，成为学校的课程文化传统。课程改革不仅要发生外在形式的改变，而且要生成新的内在价值。所谓课程文化内在价值的生成，就是课程文化要素的变革，是课程文化要素获得新的特质——文化的"新的内容和独特形式"。

建平中学的课程改革一开始就定位在学校文化建设的大背景下，将课程改革与课程文化紧密结合起来。学校课程改革，首先基于学校自身的优秀文化，因为它反映的是已经沉淀在学校中的那些约定俗成的行为规范和价值导向。其次结合未来社会、未来教育的价值导向，凝练成建平中学课程文化的核心精神，引领学校课程文化建设的发展方向，也就是说，建平中学的课程文化建设就存在于学校方方面面的课程建设中，体现学校整体的文化精神，体现学校文化的价值取向。

我们是将课程建设与建平中学的培养目标联系起来的，建平中学的哲学观念、教育理想集中体现在建平中学的培养目标上。我们认为，未来人才国际竞争力的核心素质是自立精神、共生意识、科学态度、人文情怀和领袖气质，这应该注入学校的培养目标体系之中。我们是站在课程文化的高度来领导建平中学课程建设的，而领导学校课程文化的关键是领导课程文化的核心价值观。我们与全校师生一起达成共识，确立符合建平特色和学生发展内在需求的课程文化核心价值——为了学生终身可持续地发展，为了学生健康快乐地成长，这就是我们的办学目的、课改目的。我们的期望目标是：让每一个建平学生的名字变得神圣和庄严，让每一个建平人拥有归属感和幸福感。这就是我们的共同价值观、理想信念，我们将这种理想信念主动付诸实践，在文化上表现为一种自觉践行和主动追求的理性态度。

我们激发有理想、有锐气、有追求的建平教师投身于建设富有建平文化特色的品牌课程，课程开发建设的过程其实就是建平人的积极性和创造性不断被唤醒和激发的过程。我们正在建设具有建平个性特色、符合建平理念、承载建平文化的学校课程，这些课程全面服务于培养目标，在主观上又各有侧重。

围绕培养目标，在学校课程整体框架下，我们努力建构建平自己的课程系列，体现自己的文化追求。以语文为例，我们组织建平中学的语文教师自编语文必修模块教材。它有两个显著的特点：其一是经典性。课程的"大师系列"是其他教材所没有的，精选文学史上著名的大家作品让学生重点研读。我们一直认为人的培养重要的是气质的培养，而气质的养成则需要大师作品的熏陶。所谓大师，其灵魂超凡脱俗，思想深刻悠远，作品大气磅礴，文字蕴涵无限张力，比如孔子的《论语》，司马迁的《史记》，曹雪芹的《红楼梦》，鲁迅的小说、散文、杂文，莎士比亚的戏剧，托尔斯泰的小说，自有一种气质魅力启人心智、摄人心魄。当下社会有一种文化思潮值得我们警惕，即消解崇高、消解伟大、消解深刻，平庸化、低俗化、娱乐化，视低俗为人情、视无聊为有趣，津津乐道于一地鸡毛的琐屑，流连忘返于家长里短的空虚，灵魂深处空洞而干瘪。学校教育应该培育学生对真、善、美、伟大与深刻事物的欣赏，对假、恶、丑、渺小与平庸事物的厌恶。建平中学要培育具有"领袖气质"的一代新人，就应该有大志向、有大境界、有大胸怀，就应该重点研读大师的杰作，大师就是一座座矗立在学生心中的文化丰碑。事实上，我们这样的价值取向也体现在我们的数学改革上，比如设置数学大师系列的模块，体现的就是这种思想。其二是自主性。这本教材给同学大量留白，留给学生旁批，留给学生点评，留给学生剪贴自己喜欢的作品，留给学生总结模块学习后的体验。此外，我们还专设自主学习模块，自然情怀、人文修养、科学教育、社会文化这四个模块都是在教师的引导示范之下让学生自主学习。这样一来，教材在一定程度上实现了生本化，每个学生的语文教材都是不尽相同的，都带有个人的兴趣爱好、理解体验，教师和学生共同建构语文课程，实现让教材满足不同学生的不同需求的美好愿望，实现教材的个性化。这也是其他教材所没有的，它体现了我们自身对语文教育的理解，对建平中学语文课程的理解，也体现了建平中学的课程文化和价值追求。

我们深知：从文化变迁的角度来说，课程文化是课程中最为稳定的领域，课程文化是复杂的，其变革也将是非常艰巨的，课程改革与课程文化任重道远，需要我们持之以恒地自觉践行。

校务公开：一个充满智慧的文化行为

建平中学正在进行着一场"新文化运动"，努力构建以"开放、民主、和谐、进取"为精神内核的现代学校文化。我们所构建的现代学校文化包括课程文化、组织文化、管理文化、环境文化，将学校发展的方方面面与现代学校文化建设紧密结合起来。校务公开是建平中学文化立校的一个重要途径，是一种充满智慧的文化行为。

一、我们的初衷

（一）建平校务公开的哲学思考

我们认同这样一种看法，即现行的学校管理，存在四大弊端：一是封闭性——学校管理缺少一种开放机制。按照现代组织学的观点，学校管理的结构应该是开放的，学校组织的边际不断扩大，原来狭隘封闭的学校藩篱应当被打破。"破墙办学"不仅仅是推倒物理意义上的围墙，还要推倒办学者心理上和学校管理制度上的围墙，建立一种开放办学的有效机制。二是单主体。学校管理只看重校长与主要行政人员的作用，而忽视或无视学生、教师、家长的主体作用。学校管理要建立一种有效机制，将教师、学生、家长和社区成员作为学校管理的主体，纳入学校管理的大框架之中。三是单向度。许多校长过度依赖"自上而下"的科层式或层级管理，然而这种管理方式体现了校长的意志和权威，教师们往往处于听命执行的被动状态，缺乏创造的热情、动力和思路。"自下而上"的民主管理是一种有效的管理方式，它应体现在课堂教学、师生交往、有组织的师生活动、学校管理决策的过程中。四是低效能。上述三个方面的弊端，必然带来学校管理的低效能。

基于这种状况，我们认为校务公开将封闭变为开放，将单主体变为多主体，将单向度变为多向度，从而有助于提高管理效能。

（二）建平校务公开的价值取向

建平校务公开的价值取向就是建平管理文化的基本特性，即民主性、科学性、人文性，这也是民本思想、民权意识、民主精神的集中反映。

所谓民主性，是指民主决策，民主监督，倡导教育民主，是提升学校文化品质的一个重要保证，也是学校育人目标以及办学模式的本质体现。作为教育民主的重要内容，学校的组织管理应该充分体现学校文化这一方面的价值取向。

所谓科学性，是指科学管理，坚持依法行政，建立公平、公正、公开的学校管理机制，讲究科学规律，实事求是，照章办事，遵循管理流程，不断提高管理效益。

所谓人文性，是指人文关怀，学校管理是一项面对人、面对人的发展的工作。科学管理、民主决策、民主监督实际上都是为了最大限度地调动每一个人的内在生命激情，要想使学校真正成为每一个师生的精神家园，就需要在精神、情感以及个人发展方面对每一个师生予以关怀。

（三）建平校务公开的目标指向

尊重每一位员工的权利，尊重每一位学生的人格，让每一位教师员工拥有归属感和荣誉感，让每一个学生的名字变得神圣和光荣。

在学校新文化的平台上，培植建平中学的管理文化，增强师生员工对于学校共同价值取向的认同感；培育师生员工的民主意识，增强管理层的服务意识，使学校管理能够更加高效地服务于学校的育人目标。

促进学校建立一个能够自我激励、自行规划、自主建设、自律约束的自主发展机制，使学校成为自主发展的文化主体，实现学校办学效益的最大化。

二、我们的做法

（一）建平校务公开的历程

建平中学在学校改革和发展的过程中一直十分重视民主管理。作为浦东新区的试点单位，建平中学较早开始试行校务公开，取得了一定的成果。2001 年上半年，浦东新区社会发展局在我校召开了"浦东新区校（院）务公开现场会"，会上我校介绍了校务公开的经验，并得到好评。2005 年 9 月，浦东新区总工会和监察局等领导在检查社发局系统校（院）务公开工作的会议上，对我校所汇报的校务公开工作和取得的经验予以高度肯定。

（二）建平校务公开的对象

学校主体（校内）：班子成员、教师员工、学生。

服务对象（校外）：家长、社区、社会。

各级领导（政府）：市教委、区社会发展局。

作家陆星儿曾写过一篇题为"建平的魅力"的文章。文章认为："建平的魅力在于始终把发展学生的个性、开发学生的潜能、尊重学生的合理需求放在首位；建平的魅力在于它能够使学生在这里见到一般学校很难见到的人，听到一般学校很难听到的声音，经历一般学校很难经历的生活；建平的魅力在于作为学校服务对象的学生在积极参与学校民主管理和建设的过程中确实成为校园生活的主人。"

（三）建平校务公开的重点

我们根据学校实际，在校务公开中突出以下三个重点：一是围绕学校改革决策抓公开，使校务公开和民主决策融为一体，建平中学的发展离不开广大教职工，有了群众基础，才能有学校的发展。二是围绕教职工切身利益的热点问题抓公开，如工资奖金、各类保险、聘任制度、财务收支等，增强凝聚力，调动教职工的积极性。三是围绕领导干部廉洁自律抓公开，使校务公开成为学校的一道防腐堤坝。

（四）建平校务公开的内容

学校的重大改革决策公开，包括学校发展规划、重大改革方案、年度工作计划、重大决策、重要决定等公开。

学校的重要政务公开，如招生事务公开，包括本市和外省市招生的政策依据、指标、录取分数线、录取结果、录取学生名单等公开。

学生的管理事务公开，包括学生推优、评先、奖惩等公开。

收费公开，包括收费政策依据、项目、标准、范围、代收代办的收费项目等公开。

财务、审计事务公开，包括财务预决算、财政拨款、学杂费、招待费、各种创收支出、各种专项资金的使用和管理、教学与科研经费的划拨和使用情况等公开。

干部人事工作公开，包括部门改革方案，干部选任，党员发展工作，教师、干部、职工的聘任与公派出国进修访问，职称评审，学科带头人和业务骨干的选拔等公开。

教职工奖惩公开，包括各级各类先进评选奖励的条件、名额、程序，确定上报的人选和评选结果，教职工年度工作考核办法和结果等公开。

大宗物品的采购、维修和工程建设项目公开，包括教师手提电脑、教师和学生的校服，教师和学生的旅游，基建工程项目，大宗办公用品、教学仪器、教材、图书资料的采购或维修等均采用招投标的方式。

涉及教职工切身利益的事项公开，包括教职工结构工资调整，奖金分配方案、标准、依据，购房贴息，住房公积金、养老金、医疗保险和其他社会保障基金缴纳情况等公开。

领导干部的个人重要事项公开，包括处级以上干部的工资、奖金和其他收入，校领导每年的述职报告，党风廉政建设责任制执行情况等公开。

在实行校务公开的过程中，不搞不切实际的"一刀切"、"一步到位"，不是什么都公开，公开的形式也不是千篇一律，而是坚持政治性、合法性、实践性、渐进性的原则，突出重点、实事求是、及时全面、方便群众。

（五）建平校务公开的途径

会议形式——教代会、听证会、评议会、校务会、行政例会、党员大会、教育沙龙、家长委员会、家长会、教职工大会、学代会、团代会、学生自治管理委员会、青年教师座谈会、征求群众意见座谈会、民主党派议政会、离退休教师座谈会等。

访谈形式——设立校长信箱和校长访谈，教师和校长之间可以约定时间当面进行访谈。教师可以找校长，校长也可以找教师，大家坦诚相对、推心置腹，增加彼此的情感交流。

媒介形式——通过校报、校刊、校园网络平台、电子大屏幕、校务公开公告栏、大项目的招投标制度等形式。

我们通过了《学校校务公开实施办法》，建立了教职工提案制度、投诉反馈制度等一系列操作性文件。

让学校每一个成员以及家长及时了解学校的工作重点，同时按照校务公开的内容和性质，事前公开与事后公开相结合的，以事前公开为主；固定公开与灵活公开相结合的，以固定公开为主；文字公开与口头公开相结合的，以文字公开为主。还有多次公开与一次性公开相结合、常规性公开与临时性公开相结合等，以方便群众监督、增强工作透明度为原则。

三、我们的反思

（一）建平校务公开的特色

思想理念——校务公开与学校文化建设有机结合起来。将校务公开放在学校"新文化运动"的背景下进行，使校务公开作为一种学校文化行为改善学校的管理文化，提升学校文化主体的品位，促进学校文化的上升。

实施策略——"ISO9001"与校务公开的有效结合，实现科学化与民主化的有效结合。没有严格意义上的科学化，就不可能有真正意义上的民主化。科学化是民主化的前提条件、基本保障，而民主化是科学化的最后指归，两者相辅相成。有了科学化管理的保证，我们才能积极营造学校的民主文化环境。

学校建立了"ISO9001"现代学校质量管理体系，建立了学校的质量方针和质量目标，制定了一系列工作程序，如《招生策划管理程序》、《学籍管理程序》、《教学管理程序》、《教学实验管理程序》、《考试管理程序》、《毕业生管理程序》等，使学校教学管理规范化、系统化，保证并不断改进对学生、家长以及社会的服务，注重管理流程成为学校的工作重点，对学校教育、教学、科研、行政、人事、后勤等各项工作全面进行质量设计，并全部进行质量控制，特别强调全员参与和团队精神，做到凡事有准则、凡事有程序、凡事有监督、凡事有负责，保证学校各项工作能紧紧围绕着教育质量目标和谐、高效地开展。

行为方式——教职工代表大会成为我校推行校务公开的主要载体，将重大事项交付教代会讨论表决已经成为建平人的文化习惯。我校教代会每学期至少召开两次，学校的发展规划、重大决定、重大改革举措等都通过教代会进行讨论、修改、表决（无记名投票），从而使学校的发展得到广泛的参与和支持，民主管理和民主监督得以充分体现。工会在每次教代会召开之前，提前向教职工预报教代会的议案，并把文件发放到每一位代表的手里，以保证教代会代表有充足的时间在全校范围内广泛地征求群众的意见和建议，切实保障教职工知情、参政、议政、监事，更方便了教职工向教代会提交提案表。提案征集已成为我校征求教职工意见的长效机制。

学校教代会每年还举行两次部门工作听证会和一次干部民主评议会。在听证会上，各职能部门就一学期的工作计划进行交流。评议会则对学校领导干部的办学指导思想，贯彻的方针政策，教育教学工作及尽职程度、实绩和德才素质进行评议并填写考评表。教职工在评议会上采用面对面的方法，真诚地、直言不讳地评议干部，对干部提出自己的意见和看法，了解今后的工作打算等。通过听政和评议，做到上情下达、下情上达，彼此沟通、相互理解，增进团结，促进干部工作作风和德才素质的提高。

（二）建平校务公开的实质与意义

回归阳光下——公开、公平、公正。将学校管理放到阳光下，实现更有效的监督。

提高执政力——扩大参与度，加深透明度，提高公信度，最终提高执政力。

提升民主化——尊重民主权利。校务公开就是要让教职工拥有知情权、参与权、决策权、监督权、评议权等，让教职工民主参与、民主管理、民主监督。这是学校加强民主管理的重要渠道，是实践"三个代表"重要思想的具体体现，有利于教职工主人翁意识的强化和学生民主意识的培养，从而更好地推动和促进现代教育事业的发展。

（三）建平校务公开的成效

校务公开的实施促进了学校的党风廉政建设，得到了群众的理解和反馈，我们又从反馈中重新审视和完善自己的工作；加强了学校的民主管理，推进了学校的改革和发展，提高了整体教育教学质量。校务公开的实施促进了学校的文化建设，营造了一个和谐进取的文化氛围，促进学校回归文化本体，促进师生员工成为学校文化的主人。

学校自实施校务公开以来，在提高民主管理水平、完善校内管理制度和推动教育教学改革等方面都取得了出色的成绩。学校连续获得上海市文明单位称号，首批被评为上海市实验性、示范性高级中学，语文组获得上海市文明班组称号，政治组获得上海市新长征突击队称号，外语组获得上海市三八红旗集体称号，我校还被评为上海市先进教工之家和上海市先进退休教工之家等，2005、2009 年我校两次被光荣地评为全国精神文明创建工作先进单位。

学校个性就是学校的文化个性

笔者曾在《中国教育报》（2005 年 10 月 18 日）上发表《千校一面万人同语——当下基础教育同质化现象批判》一文，对当下学校办学过程中出现的学校主体弱化、校长创造力钝化、办学形式雷同、话语雷同的现象提出尖锐的批判，我以为这从根本上反映了我们校长、教师思想力的弱化，而思想力的弱化是思想深度缺席的表征。2007 年我在《中国教育学刊》（2007 年 10 月）上发表《当下学校办学中的伪现代化现象批判》一文，对基础教育办学过程中盲目从众、背离教育本真、追逐时尚的伪现代化的现象予以批判，主张学校应该个性化办学，坚持内涵发展的方向。本文在上述批判的基础上，以建平中学为典型案例，论述建平中学个性化办学的实践与思考。

一、从学校历史寻找学校的文化核心

学校不应该是完成各种任务的"工具存在"，而应该回归"本体存在"，即文化存在，学校是自主、自为、自律的文化主体。学校的个性不是这所学校出色的学科竞赛成绩、优异的高考成绩，也不是这所学校提出的办学口号，而是这所学校的文化个性、文化内涵、办学特色以及该校的精神积淀。学校文化是学校的生命所在，是一棵生命树。学校中具体的物质、行为、制度、精神的状态是生命之树的叶子，学校中大多数人对待物质、行为、制度、精神的态度和方式是生命之树的主干，学校所在地的本土文化是生命之树赖以生存的土壤。

学校的核心优势是学校文化，它体现为一种学校品牌。品牌是一种象征、归属感、认同感，是一种文化标志、办学模式，是学校最重要的"资产"。所以，我们要打造学校的品牌。建平中学被授予上海市最具服务特色商标，商标是品牌的一个载体，是品牌的一种表达形式，在商标背后是给学生、家长和社会的承诺，这是至关重要的。品牌 = 品质 + 标志 + 信誉。品牌学校需要准确地给自身定位，因而必须首先发现和科学定位自己的核心价值，即为谁办学，我们的教育哲学思想、价值取向是什么，培养什么样的人，如何培养。价值思想是学校文化的根本所在，是学校办学的灵魂。

从哪里寻找价值思想？向谁索要教育哲学？我们应该在建立广阔背景视野的前提下寻根。无论是一个民族，还是一个企业，或是一所学校，在它发展的关键时期，总是要追寻自身的历史，要寻根，要在它的历史深处找寻文化生存与发展的内核。学校不能忘记自己的文化身份，文化身份来自历史、来自经历、来自土地。忘记身份，等于没了"魂"、丢了"根"。寻根就是聆听，聆听学校在其发展历程中留下的声音。历史不仅是一种知识，而且是一种智慧。历史是会说话的。能够听见历史说话需要一种智慧，能够听懂历史说话更需要自身具有巨大的才智，这就要懂得历史、懂得当下、懂得历史与当下的文化血脉关联，在静静的聆听中谨记历史的教诲。

以建平中学为例，追寻建平的办学历史，寻找建平的根性文化。建平中学始建于 1944 年，当时的建平人是在与汪伪政权的斗争中生存并发展起来的，建平人的文化细胞里从一开始就有爱国主义精神内核。1978 年，建平人以自己严谨求实的教风和学风、以优秀的教学质量，被上海市评定为市重点中学。1985 年，随着冯恩洪校长走进建平中学，他从校园文化开始进行了一系列教育教学改革，让每一堵墙都能"说话"，开展丰富多彩的学生社团活动，建平校园呈现出一派生机。以 1993 年《人民教育》发表的自创刊以来最长篇幅的报道"跨世纪的教育工程"为标志，建平中学达到鼎盛时期，在全国基础教育领域产生了非常大的影响，"崇尚一流，追求卓越"的文化性格初见端倪。自 1993 年开始，建平中学借助浦东开发开放的大好时机，从全国各地引进一批又一批优秀教师，集团化办学的思路客观上为建平中学人员调整、引进优秀人才提供了较大的空间。这既为建平中学的第二次腾飞打下了良好的基础，同时也铸成了开放相融的学校文化。自 1999 年开始的上海市实验性示范性高级中学的评审，从外部对建平中学产生了强有力的影响，使建平办学逐渐走向科学化、规范化。

自 1985 年以来，建平中学经历了两个阶段：一是"洋务运动"——学校环境建设与教学工具的革新；二是"维新运动"——教育理念的更新与管理制度建设。接下来，建平中学应该进入第三个阶段，即"新文化运动"——现代学校文化建设。在历史与现代融合中完善办学特色，建设学校文化，使学校文化建设既要继承学校传统但又不为传统所束缚，强调传统但不固步自封。学校文化本身就是一个发展的概念，学校必须思考如何使传统得到创新。学校之名在于文化传统的进步，在于不断开拓创新，在于校长、教师、学生活跃的思维品质和无限的潜能，在于不断把握历史未来的进程。精神形态或观念形态的学校文化具有独特的感染力、凝聚力和震撼力，是学校整体精神风貌的体现，直接影响到学校的办学方向和教育教学的活动方式，是整个学校最基本的文化内涵和文化背景。

深入研究建平中学的发展历史，认真总结建平传统、建平精神、建平学风，大力发掘建平的文化内涵，培育建平的文化个性和特色。要把建平文化植根于浦东文化、海派文化的沃土，广泛吸收海派文化的精髓，继承和发扬海派文化海纳百川的精神，丰富建平文化的深厚底蕴；要积极培育和大力弘扬中华民族以爱国主义为核心的团结统一、爱好和平、勤劳勇敢、自强不息的伟大民族精神，继承和发扬建平教师以天下为己任，追求真理、忧国忧民的优良传统，凸显建平文化的民族特色和历史厚重感；要拓宽视野，敞开胸襟，放眼世界，大胆借鉴世界著名学校的成功经验，拓展建平文化的内涵，增强建平文化的包容性和开放性；要立足现在，面向未来，大胆创新，敢于突破旧的习惯，探索新的思路，既要有继承前人的态度，更要有超越前人的气魄，从而不断培育建平文化新的增长点，充分展示建平文化与时俱进的时代风采。

战略比策略更重要，建设学校文化就必须从人的价值思想、哲学观念着手。建平中学 60 多年的办学历史告诉我们，建平的办学目的就是为了使学生健康快乐地成长，使学生终生可持续发展；让每一个建平学生的名字充满神圣和庄严，让每一个建平人都拥有归属感和幸福感。这就是建平人的价值思想。

二、学校个性首先表现在培养目标上

学校的个性首先体现在学校的培养目标上，一所学校应该拥有个性化的培养目标，培养出来的学生是能够适应未来社会人才需求的。

学校的办学质量体现在学校培养的学生是否具有普适性与个性化。所谓普适性，是指学校培养的人才普遍适合社会各类人才的基本素质需求；所谓个性化，是指学校培养的人才具有十分鲜明的个性特征。普适性重在质量，质量越高越适合社会的需求；个性化重在鲜明，人无我有，个性越鲜明越受社会的青睐。这就需要学校的办学要有个性。个性化办学应该从培养目标入手，现在所有的学校都拥有一个共同的目标，就是党的教育方针所规定的：德智体美全面发展，培养社会主义的建设者和接班人。这是政府从整个国家的宏观层面所确定的普适性目标，是每所学校都应该遵守的，但这并不排斥每一所学校应该有其自己的个性化培养目标。每一所学校中的学生素质是不一样的，教师和教学条件不尽相同，学校文化也各有差异。只有实事求是，从各自学校的实际情况出发，准确定位，才有可能实现个性化的办学。

定位的一个重要内涵就是确定学校个性化的培养目标。20 世纪 90 年代，建平中学提出了"合格加特长"的培养目标，以此引领学校的个性化办学。这是一个生成性的、发展性的目标模式，追寻它的当代意义，我认为未来人才的核心素质是自立精神、共生意识、科学态度、人文情怀和领袖气质，这应该注入"合格加特长"的培养目标体系中。

时代的发展提出新的人才标准，新的时代、新的人才标准需要我们确立新的培养目标，需要我们根据这样的人才要求和时代发展的背景提供新的教育服务。这充分体现出与时代发展、个体生命价值实现相协调的价值取向。

三、目标实现在于构建学校特色课程

品牌学校需要稳定的培养模式。品牌之所以值得信赖，是因为其受制于严格的过程约束和规范限定。培养模式是先进的教育理念的客观化，学校培养模式主要体现在学校课程及其课程文化上。

建平中学实施课程重构，统整德育与教学活动，重构学校课程，即将学校的德育活动、学科教学、课外活动、社区活动、体育锻炼等一系列有计划、有组织的活动统一纳入课程管理范畴内，构建以课程

为中心，以教师、学生为课程主体，以活动为载体，以学分制评价为纽带，以"开放性、选择性、综合性"为课程文化内涵，适合学生发展的课程系统。

我们的宗旨是创造适合并服务于学生发展的课程。确立课程的服务意识，充分认识到学校教育的产品是服务，学校应该创造适合学生发展的课程，而不是去创造适应课程的学生。学校课程必须主动服务于学生个性发展的需求，主动服务于学生良好品德的养成、创新精神和实践能力的形成，这样才能有利于学生的成长，才能满足社会的需要，才能充分发挥学校教育在社会发展中的能动作用。

我们的课程观念是：课程不能仅仅被视为学科，课程是教师、学生、教材、环境四因素的整合，课程本质上是一种教育进程，是一种实践状态的教育。课程的主体是教师和学生，他们是课程的开发者、知识的建构者，在师生平等对话、合作学习的过程中，教师有效地指导、热情地鼓励，学生积极地探究、自主地建构。

强化课程管理与评价。在课程实施中关注过程，在过程中关注评价，在评价中关注价值。成立学校课程规划小组，负责学校课程设置整体规划的设计。指导学校课程设置与开发，指导教师编制学科教学纲要。对课程影响绩效做出评价，提出改进意见。完善学分制管理，通过师生共同研讨，设立学分标准。完善学分认定机制，继续研发学校学分制管理的网络数据平台。通过师生共同讨论，形成课程合同，每个学生建立一个学习计划，使学生明确自己参与的各种活动、学习目标、要领、评价方式。建立导师制，使学生能够得到符合其个性发展需求的个别化指导，同时教师在指导学生的过程中，也使自身的人格与个性得以完善和发展。增强诊断性评价，加强激励性评价。以学生成果奖、奖励学分以及课程学习诊断及建议书等为载体，构建学校尊重差异、张扬个性、发挥强势、体验成功的课程评价体系。

我们的课程改革从最微观的结构——模块切入，来构建我们自己的课程系统。每一科目由若干模块组成；模块之间既相对独立，又体现了学科内在的逻辑联系；每一个模块都是德育与教学的综合体，有明确的教育目标，并围绕某一特定内容，整合学生经验和相关内容，构成相对完整的学习单元。从这个意义上说，模块课程是独立的生命体。模块间的衔接关系也不是简单的线性递进关系，而是有不同的结构，包括传统的单向递进结构、横向并列结构以及交叉结构，拓展了课程内容覆盖的范围，显得更有弹性。这有利于学校选择适合本校教与学特点的模块，进行课程模块的整合，建设真正意义上的具有建平特色的校本课程。模块课程有利于形成学生个性化学习课程，学生可以根据自己的爱好特长，选择不同的模块，切合自己的需求与期望。学生作为课程主体，享有课程的主动权，学生主体意识得以强化。模块课程有利于组织学生进行自主的探究式学习，模块可以相对集中地对某一个专题进行学习，便于学生进行自主探究活动。比如，我们开设的"鲁迅选读"可以相对集中地对鲁迅作品进行研究，"诸子百家选读"可以集中探究中华思想文化之源。模块课程可以根据现实生活和实际问题进行设计，不必拘泥于学科界限，比如《史记》选读，既是历史方面的，也是文学方面的，还是政治方面的。

我们可以达到的标志性外显形式包括：每个学生人手一张课表；每个学生都有一位导师；每个学生加入一个社团；每个学生至少参加一次学校管理；每个学生拥有一本动态的成长记录手册。

我们在课程重构过程中生成具有开放性、选择性、综合性的建平课程文化。

所谓开放性，是指课程内容、学习方式、评价标准的多元开放。凡是古今中外的人类文明财富都可以被选作课程内容，不受时间、地域的限制；凡是有利于知识建构的学习方式、学习手段都可以为我所用，无论是接受式的还是探究式的，无论是文本的还是网络的。承认个体智能是多元的，因而评价学生的标准也是多元的。否定划一、僵化的评价标准，强调评价标准的多元性，倡导量化评价与质性评价的统一；否定"选拔为本"的评价体系，力主"发展为本"，让每一个学生的个性得到健康发展。学校的僵化是因为学校的封闭，学校要开放，要走出以教师、课本为中心的传统模式，走出围墙，进而拆除围墙，走向人类思想的海洋，走向实际生活。思想开放，向书本开放，走向经典文化；教师开放，向大学开放，走向学科前沿；工具开放，向网络开放，走向信息海洋；区域开放，向社区、农村开放，走向社会；地域开放，向国外开放，走向异域舞台。

所谓选择性，是基于开放性而形成的。除了课程内容与学习方式的选择，还有课程进程中的选择，教材的选择，教师的选择，基础型必修课不同层次的选择，拓展型选修课科目、模块的选择，研究型课程课题的选择，活动课程社团的选择，是否参与某次考试的选择，考试层次的选择，考试科目的选择。给学生充分选择的自由，就是给学生自主学习的自由，给学生发展特长的自由。

所谓综合性，是基于未来对全面发展的复合型人才的需要而形成的。全面发展是德智体美的全面发展，所以课程的每一个模块都是德育与教学的综合，课程的每一次活动都是德智体美诸因素的综合，如南京行、国庆通宵、自主管理等都是如此。综合的另一层含义是指改变学科自立门户、互不相干的现状，加强学科之间的沟通，建立学科联系，组织综合性的社会实践活动，培养学生解决问题的能力，提高学生的综合素养。

四、支撑课程改革和文化建设的是教师队伍及其组织文化

构成学校文化主体的是学校的师资队伍，锻造一支发展力强劲的师资队伍是校长的首要职责。学校中涉及教师培训的历来有三匹马，一是专家报告或专题培训，二是课题研究，三是教学改革，这三匹马各跑各的道。其实仔细想想，这三者的内在联系非常紧密，为什么不能把"三马"并"一车"，那不是更有力量、跑得更快吗？我们不妨来认真探讨一下。

建平中学的教师队伍是支撑建平中学课程改革和课程文化建设的主要力量，他们的素质水平直接关系到课程改革成功与否以及成功的绩效。过去的培训，我们往往侧重于通识培训，更多的是请一些专家、教授来学校给教师作报告，试图更新教师的思想观念。这

种做法当然是有作用的，但是仅仅停留在这一步是远远不够的。没有和教学工作直接联系起来的培训，不可能从根本上改变教师的观念和工作习惯。习惯是由一连串的工作行为建立起来的，习惯也是由不断反复的行为改变的。教师培训新理念应该是既重视通识培训，又重视行为培训，即以研究和改变工作方式为主要标志的培训。因为通识培训是教师培训的首要任务，而以校为本的教研是行为培训的关键，应该建立"学校即研究中心，教室即研究室，教师即研究者"的观念，教师能力的显著提高是在教学实践中，形成在研究状态下的工作方式。教师行为培训的新模式是个人反思、同伴交流、专业引领。教师的学习、教学研究具有同源性，即在具体情境中通过对具体问题的思考、研究来提高教学实践水平。建平中学的教师培训应该由外部培训转化为外部培训与校本培训相结合，由学科中心转化为学科与主题模式、问题模式相结合，使行为培训在教师队伍中掀起"头脑风暴"。

学校教科研的根本目的是为了提高教育教学质量，课题研究必须从教育教学面临的突出问题中选题，从日常的教育教学中选题，从成功的教育教学经验中选题，从教师自身课堂实践的矛盾冲突中选题。在教科研的动机上，要克服"功利"，注重"内需"；在教科研的选题上，要避免"跟从"，注重"创新"；在教科研的实施上，要减少"形式"，注重"过程"；在教科研的评价上，要力戒"浮华"，注重"实效"。

我们的基本思考是教研、课改、师训相互结合，三位一体。课改引发教研，教研推动课改；教研带动师训，师训提升教研；师训启发课改，课改激励师训。教育科研、课程改革、师资培训本身就有着天然的密切联系，将三者融为一体能够相互推动、提高效率。

在实际推进的过程中，我们坚持理念先行，政策导向，集体规划，合作推进。我们的策略是分步实施，自主改革，逐科推进，成熟一科，推进一科，先语文，后数学，然后外语……强化以备课组（课题组）为单位的集体研究，这也是一种积极有效的校本研修、教师培训方式。

基于上述认识，我们开始了将"三马"并"一车"的工作，以此来整合我们的校本培训。我们的目标是：统整教育科研、课程改革、师资培训，构建以学校为基地、以问题为中心、以课程改革为舞台、以"共同性、进取性"为组织文化内涵、以教师发展为目的的校本培训系统。我们这样做的宗旨是：推动课程改革，提升教研水平，促进教师发展，培育特色学科。通过校本培训，培养一批在省市乃至全国各学科领域中有较大知名度的教师，培育若干在省市乃至全国有较大影响力的特色学科，形成一支人格魅力足、专业水平高、综合能力强的教师队伍，实现教师专业化发展。

我们试图培育的这支教师队伍的组织文化具有共同性、进取性。所谓共同性，是指学校是师生学习、发展的共同体，在尊重教师个性需求的前提下，建立共同的哲学观和价值取向。学校组织文化的核心是学校哲学观和价值取向，它是一所学校全体教职员工所共有的对事物最一般的看法和判断是非、决定取舍的价值准则；它决定了学校文化的其他内容，成为学校全体教职员工为实现学校目标在整个教育、管理活动中的基本信念，常常对学校的教育行为产生重大影响；它决定了学校精神的基本格调和整体面貌，左右着学校教育活动的方向，同时还决定了学校道德的内容，调整教师之间、学生之间、教师与学生之间的关系。韦尔奇认为，团队代表了一系列鼓励倾听、积极回应他人观点、对他人提供支持并尊重他人兴趣和成就的价值观念。

所谓进取性，是指在尊重教师个人愿景的同时，建立学校的共同愿景，激励教师追求卓越，崇尚一流，不断进取。学校在鼓励教师发展个人愿景的同时，沟通汇聚，培育共同的理想愿景。共同愿景就是组织内大家共同期望的景象，即大家想要创造的。它有强大的驱动力，自然而然地激发教职员工的勇气，强化他们的责任感和使命感，学校将会因此而获得强大的原动力，力争上游，勇攀高峰。

实现目标的基本途径：开阔视野—大家报告。请教育界的大家来学校作报告，开阔老师们的眼界。名师导航—拜师求艺。聘请教育界的名家担任中青年骨干教师的导师，言传身教，迅速提高教师的教学水平和个人修养。走近经典—读书活动。组织教师阅读文化名著和教育经典，汲取精神养料，陶冶情操，提升思想水平。案例课题—教研活动。通过记述课堂教学案例和教育案例以及在此基础之上的课题研究，反思教育行为，改进课程教学。思想碰撞—学校沙龙。每月组织一次教育沙龙，鼓励老师们就教育热点问题和学校发展问题展开讨论，思想交锋，激情碰撞，互相启迪。情感交融—导师制度。所有教师都将担任学生导师，与学生进行关于知识、学习、家庭、人生、社会等方面的对话，在贴近学生、真情对话中，让老师们找到心动的感觉，焕发育人的热情。搭台引荐—讲坛论坛。通过开展学术研讨会，让老师们在同行面前交流自己的教学心得和研究成果，通过推荐教师参加教学展示、登上大学讲坛、参加校际论坛，让优秀教师传播自己的经验，激起思想的火花。催生成果—论文著作。通过推荐教师发表论文，帮助教师出版个人著作和校本教材，让老师们找到学术创作的感觉，产生创作的动力。

开发师训课程，加强师训的绩效管理，切实提高教师的教育水平。教师培训课程结构与学生课程结构相配套，同样实行三级课程体系、学分制管理以及课程合同管理，使学校真正成为一个学习型组织。

通过校本培训，希望我们学校的教师队伍中出现这样一种理想的趋向：第一境界——思想升华。以提高自己的师德修养、提升自己的教育理念为第一追求，以师德高尚、教育理念先进为第一境界。第一待遇——学习进修。以不断进修、终身学习为乐，以提供高层次的学习机会、高质量的进修机会为学校第一待遇。第一要务——激发内力。以追求卓越、不断进取自勉，以通过各种方式激发自己的内在驱动力为第一要务。

五、管理文化是学校各项工作的纽带

建平中学管理改革与管理文化建设的基本目标是：建立一个能够自我激励、自行规划、自主建设、自律约束的自主发展机制。学校是办学的主体，最有效的管理就是使学校成为自主发展的文化主体。我们的宗旨是：实现学校资源的最优配置和学校办学效益的最大化。

我们以为，学校应该建立基于民本的、问题的、发展的学校管理，在学校新文化的平台上，建立先进的管理制度，根据学校办学思想和目标重新梳理学校管理流程，完善质量标准和评价体系。增强管理层对于学校共同价值取向的认同感，增强管理层的服务意识，使学校管理层能够更高效地服务于学校的育人目标。学校管理应该尊重每一位员工、每一位学生，让每一位教职员工拥有归属感和荣誉感，让每一个学生的名字充满神圣和光荣。

我们试图建设的管理文化的基本特性是科学性、民主性、人文性。我们采取了以下基本措施，来实现我们的管理建设目标。

科学管理、民主决策、人文关怀是学校今后发展的依托。构建质量管理体系，优化管理结构，充分利用校内外的资源和条件，提高教育质量和办学效益，使学校管理与教育发展和经济发展需要相适应。学校大问题的决策必须通过教代会，学校重大问题除交教代会讨论外，还必须交学代会、家长委员会讨论通过，逐步完善校务公开制度、民主监督制度。实行听证会制度。每学期初学校各部门的工作计划要经过学校教代会、学校民主党派代表以及其他方面的代表听证会质询，并且监督校务公开工作的顺利实施。学校党组织坚持重大问题向党外人士通报制度。推行干部考核制度，每年年终，所有中层干部向教代会作述职报告，由教代会全体代表对中层干部打分考核。与学生密切相关的学校问题交由学生讨论通过，进一步完善学生自管会参与学校的行政管理的制度。

实现"他律"向"自律"的转变，促进自主发展机制的建立。提高教职员工的思想水准，结合相应的管理措施，实现"他律"向"自律"的转变，积极促进每一个人的自主发展机制的建立与完善。促使每一个人能够在自觉的层面上不断完善自己、超越自己，创造学校管理文化的新亮点。自主发展机制包括四个方面：一是自行规划——在对于学校共同价值观认同的基础上，通过多层次交流与研讨，结合自身发展的特点，为自己做出既切合自身发展条件又符合学校发展方向的发展规划，学校为教师的发展提供相应的物质与制度保障。二是自我激励——通过档案袋制度，帮助教师完成阶段目标评估与调整，让每一个教师都能够体会进步、感受发展、激发热情。三是自我约束——通过教育沙龙、备课组活动以及其他途径的相互交流，促进教师的反思能力的提高，形成自我反思、自律自主的发展态势。四是自主建设——在共同价值取向一致的基础上，年级组、教研组以及教师个体能够发扬个性，自主建设与发展，形成百花争艳的发展格局。

我们通过规范流程，逐步建立能够自我激励、自行规划、自主建设、自律约束的学校自主发展机制。

如今，中国基础教育正面临着前所未有的机遇和历史性的严峻挑战，我们有责任、义务迎接这个挑战，有信心、能力抓住历史机遇，孜孜以求、不断探索，走一条具有建平特色的中学改革之路，将建平中学办成具有"开放、民主、和谐、进取"文化内涵的现代学校。

第11章 | 反思教师发展

新课程改革与教师专业化发展

一、新课程改革取得的成绩

自新中国成立以来，改革力度最大、范围最广、最艰巨、最复杂的新一轮课程改革已经轰轰烈烈地进行了一段时间，这轮课程改革到目前为止已经取得了令人瞩目的成绩。

（一）普及了新的课程理念

"以人为本，以学生发展为本"的理念，成为广大教师耳熟能详的一句话；"以德育为核心，以创新精神、实践能力培养为重点"的素质教育思想，进一步深入人心。新的课程理念已经在广大教师中基本形成，课程不再是学科教材的代名词，课程是学校组织的一系列教育教学活动，是学生和教师共同建构的，是学生的体验；教师与学生既是课程计划的执行者、实施者，也是课程的开发者、建设者，师生都是课程主体。知识与技能、过程与方法、情感态度与价值观三维课堂教学目标已经成为广大教师的基本共识。

（二）建立了新的课程体系

国家课程、地方课程、学校课程三级课程管理体系已经基本建立，上海市基础型课程、拓展型课程、研究型课程三个方面的课程系统已经建立，以领域、学科、模块为基本层级的课程结构已经形成，新的课程标准已经颁布，按照新理念、新课标所编制的新教材也已经全面使用。

（三）实施了新的课程改革

建构主义、多元智能等先进的课程理论和教育教学理论引导着广大教师的课程改革，从关注教师的教，走向关注学生的学；从接受型学习方式，走向接受型学习、研究型学习、合作式学习、体验式学习多种学习方式并存；从关注结果的评价方式，走向关注过程的评价方式；从一张考卷定终身，走向中考、高考的多元化改革，成长记录手册、多省市单独命卷、推优、自主招生、名额均分等多项改革举措相继出台。从小学到高中，全方位的课程改革已经全面启动，并不断推向深入，不可逆转。

（四）拓展了新的师训渠道

教师与新课程一起成长，已经成为普遍的目标指向。建立学习型组织，建立校本研训机制。个人反思、同伴互助、专家引领三维立体的师训模式已经初步形成。从政府部门、教研部门到学校，从领导、专家到教师，或非常重视，或积极努力，或直接参与。教师培训已经成为当前学校工作中不可或缺的重要环节。

二、新课程改革存在的问题

由于新课程改革的难度、广度、复杂度是前所未有的，所以仍然存在许多问题。

（一）虽然普及了新的课程理念，但是并没有改变教师的教学习惯

虽然新的课程理念已经为广大教师所接受，但是在具体的教育教学行为中，却常有偏差，教师并没有真正养成与新课程理念相一致的教育教学习惯，多数情况下仍然沿用过去已经习惯了的教学做法。因此也可以说，新的课程理念并没有真正转化为教师的教育教学行为，虽然思想是新的，但常态的教学行为仍然是陈旧的、传统的，是与新课程理念不一致的。说得更严重一点，教师人格被人为地分裂为两个

部分。从这个意义上说，教师接受的只是新课程的口号，而不是渗透在教育行为、教育细节中的新思想。

（二）虽然建立了新的课程体系，但是并没有建成完善的实践系统

新课程的理论体系虽然已经建成，但是在实践操作层面还远没有形成体系，国家课程一统天下的局面仍然存在，最有活力、最有价值、最需要建构的学校课程仍然举步维艰。在一些学校中或许有星星点点的校本课程，但大都有点无线、有线无面，更谈不上构建符合时代要求的、科学的、切合学校实际的、适合学生发展需要的学校课程系统。继续沿用重视"双基"的观念，基础型课程仍然独霸中小学教坛，拓展型课程、研究型课程处于点缀状态，课程的选择性、综合性远远没有达到要求，这都无法令人满意。依据新课标编写的新教材有诸多版本，但教材的创新性、科学性、准确性仍有待加强，尤其是在适合教师教学、学生学习的操作层面上，更需要加大力度进一步打磨。可以说，许多教材仍然停留在有限范围内的实验状态。

（三）虽然实施了新的课程改革，但是并没有培育主体的课程文化

课程改革虽然使许多教师在技术层面上做了一些有益的尝试，在方法层面上做了有益的探索，在模式层面上做了有益的改进，但多数情况下仅此而已。一些学校的新课程改革有形无神，貌合神离，有形式无灵魂，有模仿无创造，有口号无个性，有技术无文化，不能建设符合自己学校学生实际的个性化课程。学校缺乏个性的主要原因是课程的个性化、校本化程度过低。现在许多学校只是一味地追风逐浪，流行什么就追逐什么，没有自己的价值取向，没有自己独立的教育哲学思想，这样的课程改革没有灵魂，自然不能培育主体的课程文化。

（四）虽然拓展了新的师训渠道，但是并没有成为教师的内在需求

教师培训虽然搞得如火如荼，并拓宽了渠道，涵盖教育理念、教育思想、教育伦理、教学资源、课程教材、教育方法、教育模式、教育技术、教育评价等方面，但唯独忽略了教师个体的内在动力，这是当下中小学教师培训共同面临的问题。教师培训是领导的需要，是有

识之士的见解，并没有成为教师的内在需求，教师接受培训是为了完成任务，是不得已而为之。结果自然会影响教师个体的文化素养，影响学校团队的文化精神以及教师个体的发展，从而弱化学校的核心发展力。

其实，上述问题的核心是文化问题。就学习方式而言，新课程所倡导的自主、合作、探究的学习方式都是人在社会中生存所固有的、内在的需要。自主是人的独立性和能动性的体现，合作是对个人有限性的弥补以及基于人在社会中生存的需要，而探究则是人的本能。只有对此做出深刻的文化解读，才算真正理解了新课程所倡导的学习方式，才不会在不需要合作的时候让学生合作，在学生能够自主学习的时候却不让他们自主学习，在学生有探究欲望的时候却直接告诉他们结论。倡导自主、合作、探究等学习方式的前提是教师尊重学生作为独立的生命个体的人的存在。若没有这个观念前提，所有的自主、合作、探究学习就只能是"有形无神"的模仿。

又如新课程倡导多鼓励学生，这是从给学生宽容和安全的心理氛围的角度提出的，其本质也体现了对人的个性的尊重、多样化的宽容。在学校教学中，滥用表扬恰恰是以另一种形式忽视学生的个性，违背了新课程的本意。由此可见，新课程理念有着深厚的哲学基础和文化前提，这种哲学基础和文化前提在我们过去的生活中都不曾凸显，因而对教师来说是外在的、陌生的，难以真正理解和内化，更难以真实地变化教学行为。所以，作为文化深厚的固着物和存在形式之一，观念表现为每一个人的行为方式。观念的形成不是一日之功，其转变也不可能一蹴而就。

教师内在动力的缺失其实是教师文化素养不高的表现，教师没有自己的价值思想，没有自己的教育哲学观念，更是文化思想缺失的根本表征，几乎所有的问题都能够在教师个人的观念文化中找到根源。

学校文化具体包括教师文化、课程文化、学生文化等，其核心思想是关于教育的价值取向、教育的哲学思想，它体现在教师的言语、行为、思维方式当中，体现在教育的所有环节、所有细节当中。

在实践过程中，我们坚持两个"同步进行"：课程改革与教师专业化发展同步进行，课程改革与课程文化建设同步进行。

课程改革与教师专业化发展、教师文化提升相互依赖、相互促进，课程改革依赖于教师专业化发展、教师文化素养，课程改革又促进教师专业化发展、教师文化提升；教师专业化发展的目的是促进课程改革、提高教育教学质量，教师专业化发展又离不开课程改革。

课程文化的再造不能离开课程改革，否则课程文化就如同空中楼阁，变得虚无缥缈；课程改革不能离开课程文化再造，否则课程改革无法深入，流于形式。

我们通过课程改革和课程建设唤醒了广大教师的主体发展意识，让他们真正认识到专业发展不是一项外在的任务或者工作，而是一种职业生存方式与生活习惯，是一种自觉、自为、自立的文化行为。教师们在课程改革与建设中构建了八大课程领域，构建了多达110个课程模块的建平学校课程。

建平中学在课改中生成了具有开放性、选择性、综合性的课程文化；生成了建平教师专业化发展的途径，教研、课改、师训相互结合，三位一体；生成了建平教师的团队组织文化；生成了独具魅力的建平文化，形成了具有建平特色的"学校教师文化"、"学校组织文化"。

建平中学先后十次被评为上海市文明单位，经过全体建平人的努力，学校于2005年、2009年两次被中央文明委命名为"全国精神文明建设先进单位"。

总结我们的实践经验，建平中学是将课程改革与文化再造、教师专业化发展与教师文化提升作为学校的核心发展力要素来看待的。学校的核心发展力要素首先是人，学校发展需要有理想、高素质的文化人。既包括教师个体，也包括学校团队；既包括教师个体的文化素养，也包括学校团队的文化精神。其次是课程。就学校目标的实现途径看，学校是通过课程来实现自我价值的，所以课程里面凝聚了学校主体的文化素养和文化精神，课程品质直接反映了学校的核心发展力。同样，要想提升教师个体的文化素养、学校团队的文化精神，课程改革当然是必由之路。

用文化培育文化人

2009 年 9 月、2011 年 9 月，建平中学分别有 4 位教师被上海市人民政府评为"上海市特级教师"。在所有的基层学校当中，这算是最多的，名列榜首，这是建平中学多年来教师培训结出的硕果，可喜可贺。建平中学何以取得如此好的成绩，在教师队伍以及干部队伍的建设过程当中，我们的观念是什么，我们的标准是什么，今后如何进一步发扬光大，并开发新的生长点，值得我们认真反思总结、探索研究。

教育的问题主要是学校的问题，学校的问题主要是教师团队的问题，教师团队的问题主要是干部和教师的问题，干部和教师的问题又主要是文化的问题。学校发展的核心是教师的发展。学校的核心发展力集中体现在学校教师队伍的文化素养方面，体现在教师的精神面貌方面，体现在教师的专业发展动力方面。文化素养不是一朝一夕就能改变的，要用文化的方式来改变或解决文化问题。文化赋予一切活动以生命与意义，文化的缺失就意味着生命的贬值与枯萎，这就需要有个"润物细无声"的过程，有个持之以恒的过程。建平中学坚持学校发展与现代学校文化建设相结合的战略举措，很显然就是坚持把文化放在首位，贯彻"教师发展的第一要义是文化素养的提升"的指导思想，主张构建一种以人为本，以学生发展为本，以开放、民主、和谐、进取为精神内核的现代学校文化，突出文化育人的核心。教育就是文化的传承，课程改革就是要更好地实现文化的传承。真正意义上的教育，实际上就是一个文化过程。教育一旦失去文化，所剩下的只是知识的位移、技能的训练和应试的准备。我们的价值取向是：不在乎学生是否有高分，但一定在乎学生是否有教养；不在乎教师是否有高学历，但一定在乎教师是否有高学养；不在乎学校是否有现代化的设备，但一定在乎学校是否有文化。

学者托马斯·古斯基认为：教师获得真正的专业发展，特别是在观念上发生改变的前提一定是因为实施了某项改革，使得课堂教学有了明显的改善。而不是传统的教师发展理论所认为的，先通过"洗脑"改变教师观念，然后才有教学效果的改善。建平中学教师培训的主要策略就是行动培训，在课程改革与学校课程建设的过程中，使教师成为有文化的教师，使干部成为有文化的干部，使整个团队成为有文化的团队。

一、用文化培养有文化的教师

现在的教师都是大学毕业生，我们经常讲大学毕业生就是知识分子，就是有文化的人，教师应该是文化人。试问：我们的教师都是文化人吗？现实情况是很多教师都是有爱心、有责任感的优秀教师，他们在自己的岗位上表现出很高的文化素养。但是我们也十分遗憾地看到，有些教师由于各种各样的原因受到家长的投诉，而且很多投诉所反映的问题的核心就是教师文化素养出了问题，这些人有知识没有文化，有文凭没有学品，有学历没有动力。

有文化的教师应该做到以下几点：

（一）有品，即有高尚的人品

20 世纪最伟大的大提琴家卡萨尔斯在回答如何成为一名优秀的大提琴家时说：先成为一名优秀的、大写的人，然后成为一名优秀的、大写的音乐人，再然后就成为一名优秀的大提琴家。按照这个逻辑我们可以推出：教师先要成为一名大写的人，必须具有高尚的人品，然后才能成为一名优秀的教师。

（二）有课，即把课上好，让学生满意

不仅是上好一节课，而且是上好一个学期的课、一年的课、三年的课。现在我们有些教师能上高一的课却不能上高三的课，有些从高三下来的教师却不能上好高一的课。这里所说的"有课"可能不仅仅是上好一个"课"的问题，更重要的是要建设我们的学校课程。学校应该给教师提出更高的要求，让教师开出几门有较高文化品位的、体现学校理想追求的课程。

（三）有人，即心中装有孩子，始终用童心拥抱校园

凡是有学生在的时候就要有教师在，凡是学生的活动我们教师就要负责任；对学生的终身发展负责，不以牺牲学生的身心健康来换取高分，给孩子带来快乐和幸福。我们现在有很多教师，心中只有教学质量，没有孩子。坦率地讲，我们提高教育质量千万不能以摧残孩子的身心健康为代价。我们要考虑孩子的成长、心理特征、情感需求，我们的教育行为必须符合学生的人格心理，这才叫做文化。北京大学任职最长的校长蒋梦麟说："教育如果不能启发一个人的理想、希望和意志，单单强调学生的兴趣，那是舍本逐末的办法。"

（四）有梦，即建平人应该是追梦的人

有文化的教师的一个很重要的标志就是心中有梦想，心中有追求。梦想是我们不懈追求的一个动力。

二、用文化造就有文化的干部

我们要用文化来造就有文化的干部。什么叫做有文化？什么叫做有文化的干部？有文化的干部需要具备什么样的品质？

（一）有开阔的视野，有高远的立意

开阔的视野、开阔的眼界能决定我们的作为。读书学习、交流研讨就是开拓视野的一种方式，我们可以从多方面、多角度获得我们需要的信息。此外，要有高远的立意，因为我们所从事的工作不是普通的教育教学，不是今天教书，明天搞一个什么改革，后天举办一个什么活动。我们是站在推进中国基础教育现代化、提升中华民族文化素养的意义和层面上来办学的。没有高远的立意，也就没有较高的品位，也就没有文化含量。在立意高远的同时还要重心向下，着眼点要低，做到低重心操作，低重心实施，这样才能保证所有的工作真正落

实到位，才能真正保证我们的文化行为润物细无声。

（二）有领袖的气质

干部就是领袖，每一个干部所领导的人可能有多有少，但是在你领导的范围内你就是领袖。领袖就应该有领袖的气质。气质就是文化，人不能识之我则识之，这是一种见识；人不敢为之我敢为之，这是一种魄力；人不能为之我能为之，这是一种智慧；人不肯为之我肯为之，这是一种信念；人不能忍之我能忍之，这是一种气度。

（三）有垂范的意识

干部应该有率先垂范的意识，敢于并能够说"向我看齐"这句话。无论事情多么繁杂都要带头去落实，做到无声地号令，以自己的行动去带动、影响大家。

三、用文化建设有文化的团队

建平中学是师生学习、发展的共同体，在尊重教师个性需求的前提下，建立共同的哲学观和价值取向。建平中学有共享的空间和条件、制度和规范、理念和情操、愿景和使命、传统和文化，这些把大家联系在一起，形成了学习共同体。

（一）有共同的价值取向

一支有文化的团队应该有共同的价值观，我们的价值观是为学生的终身发展负责，为学生一生的幸福、快乐负责。我们以什么为重，以什么为轻；把什么摆在第一位，把什么摆在第二位；除了追求中考、高考的高质量之外，我们还要什么——这就是我们的价值取向所在。我们希望孩子能够持续不断地发展，希望我们的学生在建平中学是优秀的，希望学生能考上优秀的大学，在优秀的大学里继续优秀；同时，还希望孩子能够终生幸福、快乐！在建平中学有许许多多让孩子难以忘怀的快乐活动、快乐课堂，这都是为了让学生幸福、快乐。

（二）有共同的理想愿景

建平人共同描绘了一个理想的蓝图，即从文化层面上来打造我们的学校，把建平中学建设成为具有开放、民主、和谐、进取精神内核的现代学校。

（三）有共同的执著奋斗

一支很好的团队必然有其共同的执著奋斗。努力首先来自干部，干部起率先垂范的作用，其他教师紧随其后，忘我工作，相互协作，相互补充，你不能做的我来做，我不能做的你来做。这是一个团队能够取得成功的原因所在。

（四）有共同的文化精神

一个团队要有共同的文化精神，这是一个团队形成的标志。建平中学的团队精神首先是和谐，教师和学生幸福、快乐的基本源泉就是和谐；其次是进取，建平中学追求卓越、崇尚一流的进取精神已经深深印刻在学校文化之中。和谐、进取使建平中学取得了辉煌的成绩，对学校发展产生了很大的影响，是创造建平品牌的根本要素。

用文化的标准培养教师、造就干部、建设团队，在课程改革与学校课程建设过程中锻造出了一支有较高文化素养的教师队伍，生成了团队的文化。因为有自由，所以思想活跃；因为有民主，所以积极参与；因为有倾听，所以善于表达；因为有宽容，所以敢于挑战；因为有责任，所以乐于奉献；因为有归属，所以形成合力；因为有文化，所以有成绩。

建平教师曾在全国中学学科教师教学大奖赛中获得一等奖，在沪、港、澳、台教学比赛中获得第一名，在上海市比赛中获得一等奖，发表了很多课程改革、教学研究的专题论文，出版了不少课程建设方面的专著。

当然，学校在发展过程中也会受到来自外界各方面的干扰，内部也会产生各种矛盾，也会存在一些问题。面对这些问题，建平中学沉着应对、坚持理性、振奋精神、鼓足干劲，始终保持强劲的发展势头，支持改革、催生成果、鼓励成功，调动更多教师的积极性、主动性、创造性，使他们积极投入到课程改革、提升教育质量中来，这是一支队伍成熟的表现、具有文化素养的表现。

领导力：教研组建设的核心要素

一、领导、课程领导、课程领导力

所谓领导，是一种过程，指在一个组织中引导团队成员、使他人尽力去完成组织目标的一种行为过程。美国前国务卿亨利·基辛格（Henry Kissinger）博士说："领导就是要让他的人们，从他们现在的地方，带领他们去还没有去过的地方。"① 所以，领导的实质就是影响力，领导力就是影响力，是影响人们心甘情愿地、满怀热情地为实现群体目标而努力的能力。

伦敦学习领导力研究中心主任简·罗伯森教授告诉记者："领导力不是传统意义上的在组织当中的地位，而是一种推动发展的力量，从你现在所处的位置到你想要达到的位置，带领组织去变革。领导力是一种关系，在一个组织中，人与人之间应该建立很强的信任关系，是一种双向的、相互的、建立在参与和民主基础上的关系。领导力可能以一种分散的形式存在，与学校密切相关的人都可能具有领导力，因此应该吸引学生、家长、社区参与学校管理。"②

课程领导是指学校以校长为代表的行政首长在学校课程开发建设过程中，对教师的引领、导向和重要指导，首先体现为对课程建设的价值思想的引导，体现为率领学校教师朝着有利于学生可持续发展的方向进行课程改革和课程建设。

课程领导力是指校长在引导和率领教师进行课程改革和课程建设过程中所体现的能力。这是校长的专业修养和人格魅力之所在，它体现为校长的思想力（具备"有主见、有远见、有创见"的"领导的

---

① 《领导力管理工具》，职业经理人培训网，www.cmc.org.cn
② 高靓：《领导力，国外学校管理新概念》，《中国教育报》2009 年 2 月 17 日第 4 版

素质"），即对教育的价值及其取向、教育的本质特征及其哲学意义、实现教育目标的现实走向等的思考判断力，它体现为校长的课程知识修养（包括教学方法、课程设计、课程实施和课程评价），它体现为校长调动、激发教师的内驱力，从而使之积极投身于课程建设的能力。

多尔认为，影响校长课程领导的因素主要有：人们对课程领导的知觉、课程领导角色的界定和期望、领导者的风格、领导者的作为和取向、领导者权力和责任一致的程度、领导者本身的态度和能力。①

课程领导、课程领导力的内涵决定了校长领导课程应该做什么。台湾教育界人士高新建认为，校长在课程领导方面扮演以下几种角色："理念的追寻及实践者；系统的建置及营运者；知能的建构及散布者；成员的领航及合作者；创意的推动及支持者；资源的整合及经营者；人际的沟通及协调者；成效的回馈及监督者。"② 高新建的这个说法虽然全面，但普遍适用于各类各级组织的领导者，没有体现作为学校领导者的个性特色。中国教育学会副会长、上海市教育学会会长张民生同志的观点比较全面，也反映出学校校长的个性特色。他认为："校长课程领导的主要内涵有：第一，规划学校的发展愿景和课改方案；第二，建立和健全学校的课程开发组织；第三，引发教师内在动机，组织合作的教师团队，促进教师专业发展；第四，促进学生全面而有个性的发展；第五，与家长和社会沟通以取得支持；第六，把有效的经验积淀下来形成制度，同时建设制度文化。"③ 与之相类似，《上海教育》评论员的观点也非常全面，且合乎学校特征。该评论员认为："课程领导力，主要是指校长领导教师团队创造性实施新课程，全面提升教育质量的能力，是一个校级团队决策、引领、组织

---

① Doll，R. C. . Curriculum improvement：Decision making and process（9th）. Boston，NY：Allyu&Bacon，1996. 505 – 506.

② 高新建：《学校课程领导的任务和角色探析》，《台北市师范学院学报》第 113 – 128 页

③ 张民生：《课程领导：校长的一项修炼》，《中国教育报》2007 年 1 月 16 日第 6 版

学校的课程实践的控制能力。校长加强课程领导力的关键在于把握教学本质，指引教学理念，建设共同研究的团队，善于在实践中发现问题、研究问题和解决问题，不断实现教学质量和团队专业能力的提高和升华。"① 在此基础上，我们要继续追问：课程领导的重点是什么？校长的首要任务是什么？

我以为，首要的是价值思想的引领。教育的真谛在于培植真心、培育爱心、培养美感、牵引灵魂。这就是我们的价值思想。作为校长，我们首先应该关注课程改革的价值思想。对于我们所进行的课程改革，我们应该扪心自问：第一，为谁而改？是为教师而改，为学生而改，还是为学校而改？是为知识而改，还是为改而改？第二，改的意义、价值何在？

二、教研组建设的核心要素——领导力

要提升学校教研组的活动品质，提高研训员的专业素养，最终实现教师群体专业发展目标，其中最为关键的是要抓住教研组建设的核心要素——领导力。

我们首先应该明确教研组的含义及其功能定位。顾名思义，教研组就是为研究教学而成立的小组，教学既是一门科学，也是一门艺术，需要研究其中的规律，以此提高教学水平。"组"是教师合作体，人数不多，只有一二十个人，方式以群体研究为主，它是学校的基层实体，是校本教研的主阵地。

教研组是一个特殊的团队，需要承担以下任务：学校课程资源开发，教学活动组织落实，学校教学质量保障，学科教学经验积累，教师专业素养提升。

教研组建设的具体目标可以考虑以下因素：从学科特点定目标，从教师需求定目标，从教研主题定目标，从学生特点定目标。

---

①《课程领导力是校长的核心能力——论如何进一步加强与改进中小学教学质量》，《上海教育》第 2007 –09A 期

上海市闵行区教师进修学院更加强调教师群体专业发展的功能："教研组才是教师群体专业发展的主阵地，它既是教师群体教学交流的场所，也是教师群体教学研究的平台。"这无疑也是正确的。说到底，教研组的目的就是促进教学过程效益提高，促进学生学习效率提高，促进教师专业水平提高。

如何实现上述目标？关键要看这个团队的领导力。教研组存在多年，为什么效率一直不高？上海市闵行区教师进修学院认为：教研组的功能越来越弱，教研组的活动离教学研究越来越远。专业引领水平低、同伴互助效果差、教研活动实效少，原因关键在于：它既需要学校管理者对教研活动的理解与保障，也需要外在教育环境对教研活动的培育与支持，更需要教育专业人员对教研活动的引领和推动。正是基于这样的认识，他们提出了"教研组建设伙伴合作计划"，力求整合有利于教研组建设的多方力量，以此来提高教研组的专业水平和组织管理水平，从而达到教师群体专业发展的目的。

应该说，他们对问题的判断是十分准确的，抓住了问题的要害所在。

解决这个问题的方法是强化领导者的态度和水平。教研组的领导者包括以下人员：业务领导——教研员、师训员；行政领导——校长及其相关人员；行政业务领导——教研组组长，兼有行政管理功能与业务引领作用，教研组组长必须有一定的领导力和执行力，执行力包括计划、协调、筹措、掌控等。

闵行区的做法如下。

（一）充分调动三方面的积极性

1. 业务领导

其中的重要因素是业务引领。"对于学校来说，最缺少的是能对教研活动进行专业引领的教师，有些优秀教师限于在学校中的专业视野，又难以起到教研活动引领功能。但与此相应，区教师进修学院研训员（身兼教研和师训两职）的本职工作就是帮助学校开展教学研究活动，并通过教学研究活动引领学校教学发展方向，为学校教师群体的专业发展提供帮助。因此研训员与学校教研组建设伙伴合作的构思由此产生。"（摘自《闵行区教师进修学院的报告》）

2. 行政领导

校长作为校本教研的第一责任人，要充分发挥行政领导的职能。闵行区对校长所应承担的任务给予了明确规定，就是充分利用校长的行政资源为教研组服务。

3. 行政业务领导

教研组组长既是老师们直接的业务领导，也是具体的执行官。教研组组长的定位是学科教研的引领者、教研活动的策划者、教研活动的组织者，是策划和组织教研活动的直接责任人。对他们一要选拔使用，二要精心培养。

(二) 充分开发两种方法优势

1. 组合优势

如何最大限度地开发教研组的优势效益？闵行区采取了组合的方式，让研训员组成小组强化业务领导力。两个或多个跨校教研组在自愿的基础上结成项目共同体、校际联盟，进行交流碰撞，效果会更好。

2. 制度优势

学院层面有《教研组建设伙伴合作项目管理办法》、《项目管理手册》，建立了评估制度、奖励机制，明确了校长、教研组长、研训员、教师、专家组各自的职责任务。

那么，下一步应该做什么呢？

关注内容。闵行区的报告提到了这一点。教研组是研究单位，研究内容与研究方法相比应该说是第一位的。

关注领导力。在更大范围内组成专家组，不遗余力地提升研训员的水平和教研组组长的水平，因为他们是教研组成长的关键。有了狮子做领导，羊群就有可能变成狮群。

在进一步完善制度的基础上，有意识地建设教研组的教研文化，形成开放、民主、和谐、进取的教研文化。实际上，领导力会影响教研组的风格和教研组的文化。

教研组文化是教研组成员共有的行为规范体系，是教研组成员自觉的精神和价值观念体系，是他们的生活方式，即教研组成员在日常的各种形式的教研组活动中是怎样思考和行动的。教研组文化是教研组成员在长期活动中自觉或不自觉地积淀凝结的结果。

教研组文化包括精神文化、物质文化、制度文化和行为（备课行为、听课行为、评课行为）文化。

教研组文化不是静态的，而是动态的过程。

理想的教研组：在这个团队中，创造性地研究和改进教育活动成为大家的共同目的；结合具体场景中的人和教育内容进行策划、反思和改进，成为教研活动的主要内容；主动设计教研活动、激发和利用团队成员的创造性，成为团队领导——教研组组长的主要职责。

约翰·加德纳说："领导力只是实现团队目标的一个因素，团队目标的实现不仅取决于卓有成效的领导者，同时也取决于改革者、开拓者、思考者，取决于可利用的资源、民心所向和社会合力等因素"，"除了那些在不同层次被称为领导的人外，在每个重要组织或社团中都有许许多多的成员，他们为了团体利益，本能地分担着领导者的职责。实际上被领导力研究领域忽视了的这些人，对其领导者和团体是至关重要的"。[1] 他提醒我们应该关注团队的所有成员，这无疑是十分正确的。

美国前国务卿鲍威尔（Colin Powell）将军认为："领导力是一门艺术，它会完成更多管理科学认为不可能的东西。"[2] 作为校长，在课程改革不断深化的今天，我们应该学会并掌握这门艺术。

---

[1]［美］约翰·加德纳：《论领导力》，李养龙译，导言ⅩⅥ、ⅩⅦ，中信出版社 2007 年 7 月

[2]《领导力管理工具》，职业经理人培训网，www.cmc.org.cn

南辕北辙：教育家渐行渐远

改革开放以来，伴随着经济建设、社会发展的步伐，教育也在发展进步，从教育理念到学校建设，从课程改革到课堂变革，教育产生了巨大的变化。

教育分享了经济发展的红利，进入了一个"不差钱"的时代。GDP 的 4% 作为教育经费，即将成为现实。富裕起来的中国人，无论政府官员，还是普通百姓，都愿意把钱花在办学上，都愿意把钱投在子女的教育上。大部分学校告别了寒酸简陋的时代，学校盖起了高楼，拓展了校园，有了塑胶跑道，有了比较现代的实验室。即使是乡村学校，也有很大的改观，"再苦不能苦孩子，再穷不能穷教育"，在这种思想的支配下，乡村学校也成了当地最好的建筑之一。

教育分享了社会开放的红利，进入了一个告别封闭走向开放的时代。请进来，把大学教授请到中小学来，大学教授们把发达国家的教育思想、教育理论请到中国来，请到中小学来，培训校长，培训教师。走出去，走出校门，到县城去，到省城去，到沿海发达地区去，学习新思想，学习新经验；走出去，走出国门，到英国去，到德国去，到欧美发达国家去，学习新理念，学习新思路。我们的中小学校长、教师大大开阔了自己的眼界。

毋庸讳言，教育在分享经济发展成果的同时，也染上了经济这只"动物"身上所固有的不顾一切、不择手段、唯利是图的病症。一度甚嚣尘上的教育产业化虽然被强行压制，但教育界诸多顽症都或多或少地与急功近利的价值取向有着直接或间接的关系，更有许多问题产生的根本原因就是唯利是图的拜金主义。

毋庸讳言，教育在分享社会开放成果的同时，也沾上了社会浮夸、躁动不安、虚假繁荣等多种病症。今天的中国教育正处于一个理念爆炸的时代，几乎所有的校长、绝大多数教师都能说出许多新的理念，都能喊出一两句代表性的口号，但应试教育等教育异化现象并没有消除，反而愈演愈烈。课程改革无以深入，一味停留在形式变革、表面文章、热闹的口号上，教育的表面化、形式化、浅层化造就了教育的虚假繁荣。

这是一个缺少教育家的时代，这是一个急需教育家的时代，这是一个应该而且能够产生教育家的时代，但是当下促产教育家的方式却是南辕北辙的。

教育家应该产生于相对自由、宽松的文化土壤里。1924 年，鲁迅在北京师范大学附属中学作"未有天才之前"演讲时说道："天才并不是自生自长在深林荒野里的怪物，是由可使天才生长的民众产生"，"在要求天才的产生之前，应该先要求可以使天才生长的民众"。鲁迅看出了天才赖以产生的"土壤"、"气候"的重要作用。教育应该允许教育工作者有一定的自由办学权力，可以按照自己对教育的正确理解，对教育的价值判断，对教育的哲学思考，来进行独立自主的自由办学。没有强大的外部力量强制性地压迫你按照一种模式办学，没有一种无形的枷锁粗暴地限制学校，没有一种或者来自社会，或者来自教育内部的力量强力阻挠教师自由地按照教育的基本规律教学。

但是眼下我们恰好缺乏这样的土壤。其一，我们的社会文化环境里弥漫的是急功近利的价值思想。升学第一，分数第一，分数是教育的 GDP，GDP 是官员的分数。这强大的文化气场压抑着校长，压抑着教师，没有升学率就没有学校基本的生存条件。其二，政府的强势介入也是导致校长无法自主办学的另一重要原因。今天，学校在享受政府所提供的政策和经费支持的同时，必须接受政府事无巨细的领导和管理，统一的标准，统一的体制机制，统一的规程，统一的要求，统一的评估考核。一所学校要接受来自政府或政府派出机构的考核、检查、督导、评比、评审、审计，从教学到德育，从安全到卫生，从实验室到食堂，从消防到垃圾，从音乐到美术，从教师专业发展到课程领导力，从校本教研到校本课程，任何一样工作都要接受官方的督察，校长哪里还有什么自主办学的自由权力？其三，有些教育的专业结构，借助政府的力量强力推进一种所谓的教学经验，有些校长为了树立政绩强行推行统一的教学模式，用一种十分机械的标准衡量教师、约束教师的教学行为，教师哪里还有个性教学的自由空间？这样下去教育家又如何产生？

教育家的产生往往是因人而异的，个性色彩很浓。校长在自己的学校，利用自己的办学条件，创造性地解决自己学校的办学问题，推动学校的发展；教师在自己的课堂上，针对自己的学生，创造性地引导学生、教育学生，让学生自由愉快地成长。对于教师来说，发现儿童就是发现自己，在学校发展、学生成长的过程中，校长、教师自身也发展成长了，最终他们当中取得巨大成就的佼佼者便水到渠成地成为社会公认的教育家。

但是我们眼下却用工业化的模式来培养、造就教育家，以工厂生产标准器件的方式来批量生产教育家。经济上的唯 GDP 主义"生产—消费"逻辑不可避免地被复制和移栽到教育家的生成逻辑之中，这种"工业化"模式背后的依据正是一种如同商品批量化流水线般生产加工的逻辑，从我们经常听到的"打造"一词即可看出，像打造一个物件一样打造教育家，教育家是可以人工或机器打造的吗？我们各个师范大学、各级培训机构，响应政府的号召，举办教育家高级研修班，举办教育家论坛，实行未来教育家成长计划，实施教育家培养工程。一问：教育家是培训师培训出来的，还是通过长时间的教育实践产生出来的？今天，大量的培训导致我们有些校长、教师成了受训专业户，校长当中有的连续几年，每年都有 3 个月以上的培训，最多的甚至一年都不在学校；教师当中有人每个星期有三个下午都在外面接受培训。这样下去，我们是否想过：如此培训是不是表明我们需要不在学校的教育家、不在课堂的教育家？二问：教育家是论坛论出来的，还是在办学实践、教学实践中历练摔打出来的？今天，大量的教育家高峰论坛、尖峰论坛，导致我们不少校长、教师整天热衷于参加论坛、发表高见，进而养成了满嘴跑理念、时时喊口号的教育生活习惯。他们不再深入课堂，不再深入学生，不再研究真问题，只是研究时尚的教育理念、时髦的教育口号，我们是否想过：我们需要的是不是口号教育家、理念教育家？

教育好比农业，需要精耕细作，需要日积月累。教育家的诞生一定是在马拉松长跑过程之中，需要持之以恒，需要坚持不懈；教育家的诞生是自然而然的，是水到渠成的；教育家的成长就像倾听花开的声音，需要慢慢的等待。教育是阳光的事业，普照大地，并不在乎任何回报。钱理群先生说得好："教育的急功近利、粗糙、急迫背后，仍然是教育本质的失落：人们不愿承认，教育是一个'慢活'、'细活'，是生命的潜移默化的过程，所谓'润物细无声'，教育的变化是极其缓慢、细微的，它需要生命的沉潜，需要'深耕细作式的关注与规范'。"

但我们眼下却用商业化的模式培养、包装教育家，这种模式是以通过投入试图赚取回报为主要特征，以追逐实际功利为主要目的。通过政府的大量投入以求教育家的批量产生，我们看到教育界使用的"投入"、"产出"概念，所反映出的正是这种模式的典型话语表征。商业化的培养模式特别注重包装和炒作：像娱乐圈包装歌星、影星一样，包装名牌教师、校长；像炒作歌星、影星一样，炒作名牌教师、校长；为明星教师提供舞台，上观摩课、示范课、公开课；为名牌校长造势，开某某校长教育思想研讨会、办学经验交流会；为名师提供阵地，发表论文，出版著作；为名牌校长做宣传，购买报纸版面加以介绍，购买期刊专集加以宣传。教师只要有名就是名师，校长只要有名就是名校长，名师、名校长进一步包装、炒作就是教育家，这就是我们的工作思路，这就是我们荒诞的逻辑。这样做的结果是什么？我们的一些大牌教师，基本不在自己班级上课，而是跑到各种各样的"舞台"上去上课，在聚光灯下上课。这样的课是公开课，更是表演课；这样的课是示范课，更是作秀课；这样的课不乏漂亮，但却是没有灵魂着落的课！我们的一些大牌校长，基本不在自己学校呆着，而是到处传经送宝、参观考察，在报告厅演讲，在大会堂演讲，在体育馆演讲，他们的眼里只有台下的听众，却唯独没有学生！他们的耳朵只享受听众一次次的掌声，却唯独听不到孩子们朗朗的读书声和沙沙的书写声！而那些千篇一律、剪刀加浆糊似的论文、著作，那些除了自己看，其他人基本不看的报纸宣称、期刊专集，最大的功能就是制造华而不实的泡沫，聊以自慰的虚假繁荣！这些文字当中并不缺乏理念，但唯独缺乏自己的思想。真正的教育家绝不会把别人现成的理论、现成的口号、现成的概念搬过来就用，那充其量只是鹦鹉学舌。教育家的思想应该是对当下教育所面临的种种问题的深入的思考和批判，在批判的基础上建构属于自己的教育价值观、教育哲学观，并在自己的一亩三分地孜孜以求、实践探索。

对照一下美国杰出教师雷夫·艾斯奎斯即可知道。作为一名教师，他倾其所有精力、美德、创造力，做出了令人震撼与惊叹的工作——他在同一所学校的同一间教室，年复一年地教同一个年龄段的学生长达 20 多年，获得的荣誉不计其数，给他提供捐助的人也不计其数。他的事迹轰动整个美国，而且还被拍成纪录片，他的著作《第 56 号教室的奇迹》成为美国最热门的教育畅销书之一，但他仍然坚守在他的 56 号教室，以他的坚守证明着一个人能够在最小的空间里创造出最大的奇迹……56 号教室是雷夫永远的课堂，是雷夫永远的精神家园，是雷夫安放自己灵魂的殿堂，是雷夫和他的学生共同营造的精神家园。

教育家身上不应该有匠气，不应该整天蝇营苟苟地计较分数，计较升学率高出几个百分点，重点大学多了几个人，这样充其量也就是匠人而已！

教育家身上不应该有明星气，不应该以"作秀"为基本状态，即使表演得再老练，说到底就是一个"秀"而已！

教育家身上应该有几分傻气，不唯利是图，不热衷于赶时髦，而是执著地在自己的园地里静静地耕耘，痴迷于教学始终不变，痴心于教育永远不改。

教育家身上应该有几分豪气，关心眼下的现实，关心人类的命运，关心教育的整体现状，有一种强烈的责任担当，如此潇洒、豁达、大气。

教育家身上应该有哲学家的气质，教育家的事业应该是教育哲学的事业，教育哲学的事业应该是思想的事业。教育哲学思想和思维不是一回事，我们有些校长、教师的思维也许真的很发达，这种思维是用在如何应对上级要求，如何应对高考分数提高，如何应对各级各类的评比考核上，但他们的思想却是极为匮乏。面对教育日益深重的危机，人们还是在用一些早已被证明存在许多问题的教条来应对和回答，用空洞无物的时髦话语来回答，却很少有深入的思想。

不知为何，教育不缺乏知识，而是缺乏常识！我们许多人不知不觉地把常识丢弃在一边，而丢弃的结果是南辕北辙：教育家渐行渐远。

第12章 | 反思中国德育

如何避免礼仪教育的审美疲劳

礼仪是一个人文化修养的外在表现形式，是做人的基本要求；礼仪教育是学生养成教育的一个重要方面，从事德育工作的教师，都会组织礼仪教育活动。礼仪教育曾经给我们的德育工作带来了很好的经验，但是一段时间之后，我们发现礼仪教育活动也会让我们感到尴尬。这个尴尬来自于，礼仪教育活动不能说没有成效，也不能说没有作用，但大家分明感到不再像当初那样让学生兴奋了，不再让人感到效果明显了，甚至有些学校的教师觉得礼仪教育活动好像是鸡肋，弃之可惜，食之无味。

其中的主要原因是什么呢？我觉得重点是必须站在学生的角度思考。礼仪教育是一项很重要但又很平常的工作，它需要学生在平常的生活中自觉地讲究礼仪，它是一种常态的表现，因此不同学段、不同年级的教师都要搞并且都在搞礼仪教育。这样一来，学生就会产生"审美疲劳"，就会对这种活动产生排斥心理，就会应付教师组织的礼仪教育活动。于是，礼仪教育活动就尴尬起来，做还是不做，这是一个问题。若不做，礼仪教育很重要，学生的礼仪素质表现并不尽如人意；若做，效果如何保证？

要做好礼仪教育活动，我认为应该做到以下几点。首先，一定要研究学生的需求特点、行为特点和心理特点。对于小学生来说，低年段与高年段不同；对于中学生来说，初中生与高中生不同。其次，针对学生的特征，应当把这种礼仪教育纳入学校课程系统中来建设，成为学校的一个课程模块，其含义主要有：它必须有课程目标、课程内容、课程实施、课程评价，也就是必须完全规范起来，重点考虑什么学段、什么年级应该有哪种具体的礼仪教育目标。不同学段、不同年级既有相同之处，更要有明显不同，有各自的侧重，避免让学生感到"年年搞礼仪教育，年年都差不多"。目标的不同决定了礼仪教育课程内容在不同年级的侧重点不同以及礼仪教育课程实施方法的不同，针对不同年龄段的学生采取不同的方法，使之愿意接受、能够接受，从而避免让学生产生似曾相识、年年重复的感觉。课程评价是保证礼仪教育取得较好效果的必不可少的手段，对不同学段的学生应该有不同的评价方式，但也有共同之处，关键在于关注学生的过程呈现，即关注学生在日常行为中是否表现出应有的礼仪素养，以此为标准评价学生，督促学生，促进学生养成习惯。如果学生在日常行为过程中形成了一种自觉的习惯，那就是这门课程取得的最佳成效。

礼仪教育是一门课程，但也是一门特殊的课程。其特殊之处在于：它不是知识体系非常完备的理论性很强的课程，而是一门实践意义很强的课程，是一门人生修养课程，没有什么艰深的知识难点，学不难，但是行难，也就是说让学生自觉讲究礼仪很难。因此，课程实施不在于传授系统理论知识，而在于让学生从内心深处认同礼仪文化，这是关键点，也是难点所在。学生只有在内心深处真正认同了礼仪文化，才能在行为过程中真正掌握具体礼仪规范，并表现出应有的礼仪规范。

还应该看到，当前社会还存在不利于学生健康成长的环境。学生在校内接受礼仪教育的同时，在社会上也在接受不讲礼仪的现象的负面影响，这在一定程度上会削弱学校教育的成效。我们不难发现家庭的影响至关重要，学生讲究礼仪的，其家庭主要成员常常也是很讲究礼仪的，如父亲、母亲、爷爷、奶奶言传身教，久而久之，学生就养成了自觉的习惯。因此，家校联动就成为我们必须采用的有效方法。所谓的"小手牵大手"就是办法之一，利用小朋友的力量，适当改变家长不讲礼仪的行为，反过来又强化了学生的礼仪习惯。家长、学校的主要议题必须有礼仪行为规范，这样才能够强化学校礼仪教育的实效。

艺术化地设计组织班级活动

班级文化是一个很熟悉的话题，大家谈论的已经很多，比如班级的环境布置要有诗意，要制定相关的规章制度，要实行学生民主管理，要创造浓郁的学习氛围，诸如此类，不一而足，很难再说出很有新意的话题。

回想一下近二三十年在全国产生影响的一些优秀的班主任，他们个个都善于建设自己的班级文化，冯恩洪、魏书生、任小艾、李镇西、万玮莫不如此。他们使用的方式、方法各不相同，但是有一个非常重要的共同特征，那就是很善于把握学生的心理需求，针对学生的心理需求艺术化地组织开展活动，用活动来凝聚人心，从而逐渐培育班级精神、构建班级文化。

班级文化建设的最大难点就是真切体会学生的心理需求。有些老班主任积累了很多班级管理的经验，这些经验会帮助他们处理相关的学生事务，有些经验也的确管用，能起到实效，但是很多以前管用的经验，现在未必管用，原因就在于学生变了，今天的学生不同于以往的学生了。我从高三下来，接收高一年级一个新的班级，发现他们和上一届高三学生有很多不同。就此我和学生交流过，学生很不屑地"教育"我："现在的学生三年就是一代，我们跟上一届高三的学生有代沟了。"仔细想想，确有道理，今天的社会变化很快，知识信息、思想观念、技术网络、歌星影星等等，变化实在太大，这些都必然影响到学生的身心。学生在变，但我们的教师却没有多大变化，基本上还是沿用以往的经验，这必然会和学生产生隔膜。学生想什么，要什么，反感什么，主张什么，反对什么，我们教师常常是不甚了了，虽不能说完全不知道，但的确是知之甚少。所谓真切地体会学生的心理需求，不是那种泛泛而知，也不是那种写在书本上的所谓学生心理，而是能够和学生真正对上话，能够感知他们的困惑、烦恼，能够知道他们的期盼。这样，我们的班级文化建设才能有坚实的基点，因为班级文化建设首先要基于学生，以学生为出发点，最终才能有效地服务于学生。

针对学生的心理需求，艺术化地组织开展活动。所谓艺术化，就是要精心构思、精心设计，不断推陈出新、变化形式，以求效果最大化。班级文化建设离不开活动，要开展各种体育的、艺术的、学习的活动，这些活动能否收效以及效率高低都主要依赖于前期的设计。活动设计当然可以交由学生来操作，但是教师，特别是班主任不能不闻不问，要参与、过问、点拨，力求产生出其不意的效果。组织者的金点子则显得尤为重要，建平中学在开展学生活动的过程中常常有许多教师、校长出了很多金点子，一下子就把活动的意义和价值凸显了出来。比如将上海市社会福利院的残疾孤儿领到学校，让学生在日常活动中懂得如何关心身边的人，树立起自己的责任意识。再如1998年组织的国庆节活动，把参加江西九江抗洪抢险的部队官兵请到学校里来，他们凭亲身经历向同学们讲述了在抗洪抢险第一线的动人故事。再如2008年汶川地震发生后的第二天就立刻召开学生大会，以慷慨激昂的语言激发学生的内在热情，燃起学生的人文情怀，燃起学生的关爱之情，全校师生一天之内共捐款41万元人民币。再如让学生坐上热气球，体验一下从空中看校园的感觉。组织学生活动，要特别讲究时间、地点、形式、同伴。上面提到的捐款救灾，可以说是在第一时间进行的，让学生留下刻骨铭心的记忆；把残疾孤儿领到学校、把参加抗洪的官兵请到学校，是选择最佳的伙伴；从空中俯瞰校园，则是选择最佳的空间。用合适的方式，取最佳的时间，定最佳的空间，选最佳的同伴，方能取得最佳的效果。

用心经营，用心谋划，艺术化地组织活动能使学生耳目一新，使学生积极参与，积极体验。一次次的活动——无论是班规制定，还是体育竞赛；无论是艺术节庆，还是模拟法庭；无论是社区服务，还是远足郊游，每一次活动都尽可能让学生难以忘怀。这样，活动的作用就能充分显示出来，班级的文化就能慢慢形成，班级的精神就能逐渐凝聚，班级的灵魂就能由此产生。

"风" 即文化

校风、教风、学风好像已经是很老的话题了，可以基本确定是过去时了。当前人们更加热衷于谈论时尚的教育话题，如建构主义、多元智能、合作式学习、体验式学习、探究式学习、学习型组织、学校文化等。其实校风就是文化，就是学校文化一个极为重要的内容，教风就是教师文化一个极为重要的内容，学风就是学生文化一个极为重要的内容。

何谓校风？简单来说，就是一个学校的风气，是学校在长期的教育教学实践过程中形成的，是一种虽看不见、摸不着，但又能实实在在感受到的风尚。这种风尚像雨雾般弥漫在学校，体现在工作、学习、生活中，体现在校园的每一个处所，影响着学校里的教师、员工、学生。

再往深处想，其实这种风气就是学校里的人身上所具有的价值思想，他们的人生态度，他们对教育的认识与热爱程度，他们对彼此的理解与认同。核心是什么？核心就是价值思想，即把什么看得最重，把什么看得最轻，把什么摆在第一位，把什么摆在第二位，把什么摆在最后一位，捡起什么，放下什么。这种价值思想取向直接决定了人的情感态度、工作和学习动力，最终也决定了人的工作成效和学习质量。学校文化是什么？就是学校里的师生员工关于教育的哲学思考，关于教育的价值取向，他们的行为方式、思维方式、话语方式，他们长期以来养成的一种人生习惯，核心也就是价值取向。由此看出，"风"即文化。

校风、教风、学风既为文化，必然抽象；但既为文化，也必然外化出来，必然具象。体现在以校长为代表的管理者身上，体现在教师的教育言语、教育行为、教育细节上，这就是教风；体现在学生的课堂表现、课题研究、每次考试、每次体育艺术活动、每次社区工作等方面，这就是学风。

认识到"风"的这些特征之后，我们就可以找到有关建设校风、端正教风、培育学风的路径了。过去谈及校风、教风、学风建设，一般来说，我们总是采取"演绎法"，即由一般到个别、从抽象到具象。说校风，我们总是从制度建设开始，强调科学管理、规范治校；说教风，我们总是从师德教育开始，强调严谨治学、精心施教；说学风，我们总是从端正学习态度开始，强调勤奋学习、积极向上。这些做法不能说是错误的，但若一贯如此，就会有收效甚微的问题产生。演绎法的最大特点就是总在讲一般性道理，停留在一般层面上的时间过长就会导致问题空泛化，因此收效当然甚微。

于是在长期的演绎法之后，我提出是否考虑应该使用"归纳法"，即由个别到一般、从具象到抽象。

说校风，我们就要关注学校的一点一滴、一花一草、一枝一叶，关注食堂的饭菜是否可口，关注住宿生洗澡的问题能否得到解决，关注学校图书馆的座位是否够坐，关注教师是否热爱教学、学生是否健康成长，关注每一届学生对母校的反馈，关注社区百姓对这所学校的口碑，关注家长对这所学校的兴趣度。

说教风，我们就要关注教师课堂上的笑脸。西方有一句教育谚语：教师就是面带微笑的知识。许多学生在评价教师时曾经说过：老师，你微笑时最美。著名作家魏巍在《我的老师》一文中，以儿童的眼光和心理回忆了他的小学老师蔡芸芝的温柔、美丽、慈爱、伟大。"仅仅有一次，她的教鞭好像要落下来，我用石板一迎，教鞭轻轻敲在石板边上，大伙笑了，她也笑了。"这就是教师教风的体现。有学生在评价教师时也说过这样的话语："好教师就是在课堂上显得比平时更漂亮的人。"无论多么辛苦，无论多么疲惫，当上课铃声响起，教师就开始精神抖擞地上课，教师的脸上就开始放光，这就是教风。

说学风，就是我们在课堂上可以看到教师和学生为同学的精彩发言、绝妙的解题思路自发响起热烈的掌声，就是学生们在课堂内外兴趣很浓的激烈辩论声，就是学生们在文艺体育活动中爆发出的一阵阵笑声和喝彩声。

一句话，归纳法重视细节，或者说非常重视细节。或许这就是重要的路径。

幸福的德育是审美的德育

"幸福与德育"这个命题很好，好就好在提醒教育工作者别忘了我们教育的原初目的，别忘了我们行为的初衷。

德育即人的品德教育，德育的终极指向就是要发展人，促进人形成健康的精神品质和心理品质，帮助人形成良好的品德，最终使人过上幸福的生活。德育是指向人的幸福生活的，所以从这个意义上说，幸福是德育的初衷。

当今时代是快速发展的时代，是充满竞争的时代，是一个你追我赶的紧张时代。毋庸置疑，在这样的时代里，人们在你追我赶的过程中一不小心就会把暂时的目标作为唯一的选择，把目标当做目的，忘记了我们的行为初衷。在这样的社会背景环境之下，教育工作者一不留神也会忘记我们的出发点，忘记我们的目的指向。我们一旦忘记了德育的初衷，就会使我们的德育工作变形，使我们的德育活动变色，使我们的德育成效变味。我们在报纸杂志上看到过很多机械辩证法的德育论文，简单二元论的德育总结，有点庸俗的德育成功学，唯求即刻变现的德育公关术，而最终导致德育的低效、无效甚或反效。

既然幸福是我们德育工作的目的指向，那么我们的德育工作就应该实现审美化。

审美化的第一个含义是慢跑德育。德育是观察嫩芽破土、枝儿拔节，是倾听花开的声音的过程。德育活动应该是创造幸福的过程，德育过程应该是漫长的心灵发育成长的过程。以此为标准，我们来看当前的德育工作，就能发现不少问题。其中，最大的问题就是德育工作太过于功利化，太急功近利。无论是社会还是家长，无论是校长还是班主任，我们都有一个非常急切的心态，都有一个立竿见影的效率观。作为社会精英阶层，我们总希望尽快通过一个德育理念、德育思想的传播，通过各级领导的号召，层层发动、层层组织，形成一个全民重视德育的大好局面。作为家长，我们总希望自己的孩子努力学习，快速纠正身上的不良习惯，成为好学生，今后成为社会精英人士。作为校长，我们总希望通过学校的德育课程，通过全员德育，通过政教主任、年级长、班主任的努力，迅速改变面貌，形成良好的校风、班风、学风。作为班主任，我们总希望自己的每一次谈话都能产生良好的改变，每一次批评都能起到应有的作用，每一次班会都会产生正面效应，每一次德育活动都能即刻产生效果。

不能说这些举措没有丝毫作用，但是德育绝对与一次性无关，它永远不可能一次性解决问题，它不是一劳永逸的；德育与立竿见影无关，它永远不可能产生即时即刻的突变效果，它不是一蹴而就的；德育与生产式活动无关，学校不是工厂，班级不是车间，学生不是产品。德育是育德、育心的，是春夏秋冬般的漫长过程，有和风细雨也有急风暴雨，有冰雪严寒也有阳光灿烂。德育是慢跑也是长跑，它需要的是永不懈怠、永不放弃，它需要的是永远追求、矢志不移，它需要的是始终如一、习惯如常。

审美化的第二个含义是家园德育。德育是为学生创造审美的精神家园，这是学校为学生创造的，是教师为学生创造的，也是师生一起创造的。创造审美家园的过程就是创造幸福的德育过程。幸福是心灵的体验，每一个学生创造精神家园的过程就是体验幸福、不断成长的过程。所谓精神家园，就是人的心灵获得慰藉的地方，就是人的精神寄托之所在。到哪里去寻找精神家园？去文学的海洋里寻找，去自然界中寻找，去广阔的社会天地里寻找。在我担任语文教师的时候，我和我的学生们一起读文学作品，读文化名著。我们一起读泰戈尔的诗，读普希金的诗，读托尔斯泰的小说，读雨果的小说，读罗曼·罗兰的小说，也读《人类的群星闪耀时》，读《宽容》，读《万历十五年》，读《梵高自传》，读《老人与海》，读《经典常谈》，读《培根论人生》，读《人类的故事》，读《别闹了，费曼先生》……三年的高中生活中，孩子们读了几十本文学、文化名著，每周交一次书摘笔记，我和学生交流对名著的看法，每月举办一次研讨名著的沙龙，孩子们畅所欲言。这是同学们与大师进行的心灵交流，是思想与思想的碰撞，是智慧对智慧的启迪。读书对学生的一生都能产生良好的影响，许多孩子因此养成了阅读人文名著的习惯。在我担任校长的时候，我们每年都组织高一学生到南京进行社会考察，去雨花台、去江东门南京大屠杀所在地、去中山陵，这是我们建平中学学生的必修课，这是让孩子们的灵魂受到震颤的地方，这是使孩子们的精神受到洗礼的地方。在我担任校长的时候，我曾组织长江之行、西部之行的选修课。长江之行时我们组织了 300 多名师生乘船到重庆，一路风景一路歌，把长江当做课堂，我们到了渣滓洞，到了奉节县的天坑地缝，我们考察山里的小学。当我们的学生亲眼看到当地学生的实际生活和学习状况时，内心深处受到一种强烈的震撼，纷纷慷慨解囊，帮助当地的弟弟妹妹们。德育不仅需要道德知识的灌输，还需要一种道德情境的创设。孩子们在这种道德情境中，灵魂受到洗礼，情感获得升华。西部之行，我们组织 600 多名师生乘火车到西安、到嘉峪关、到敦煌、到天山天池，"丝绸之路"是建平学子成长的新思路，这是学生们审美的过程，是寻找和建构精神家园的过程，也是他们体验幸福的过程。

德育过程原本就应该是审美体验的幸福过程。

红色教育：着重于理想信仰

读红色书籍，唱红色歌曲，讲红色故事，看红色电影，访红色根据地，走红色之旅，这是我们通常所说的红色教育。现实中，许多学校开展红色教育的主要活动形式就是红色之旅。如何开展好红色之旅活动？关键在于我们对红色教育的认识。我以为，无论是读红书、唱红歌，还是走红色之旅，这些都是一种手段。红色教育最根本的宗旨还在于传承一种精神，这是中华民族的一种伟大精神，一种为了信仰的、高昂的、积极向上的、永不屈服的、斗争到底的、捍卫人的自由幸福的精神。

红色教育是为了培育学生理想信仰的教育，这是红色教育魂之所在。如果没有这个魂，我们的红色教育很可能就是组织一次简单的活动而已。毋庸讳言，今天的社会功利化倾向越来越严重，反映在学校教育中就是应试教育愈演愈烈，人们更加重视学生的分数、升学，并不在乎学生是否有信仰，学校、家庭乃至一些社会生活环境中普遍存在着学生信仰教育的缺失，不少学校的课程改革也是更加关注课程的技术调整、教学方法的改进。教育的真谛首先在于培植学生的理想、信仰，中华民族的伟大复兴是离不开一代代有理想信仰、有价值追求的青年的，学校不应只在乎学生是否有高分，更应该在乎学生是否有理想信仰，在乎学生是否有责任精神，在乎学生是否有文化。在信仰普遍缺失的时代，我们尤其需要信仰教育。从歌曲、故事、电影中我们都能真切地看到中华英雄身上所表现出来的英勇顽强的精神，这种精神来源于信仰———一种坚定不移的信仰。

建平中学有一个传统的红色教育活动，就是南京综合性社会实践考察活动，这是建平中学高一学生人人参加的必修课程，至今已进行了 16 年。南京不但是六朝古都，有着丰厚的文化底蕴、丰富的旅游资源，更重要的是这里留下了许多革命者的遗迹，许多革命烈士为了中华民族之崛起，为了人民解放事业抛头颅、洒热血。南京这样一个浸润红色鲜血的地方，是开展理想、信仰教育的绝佳场所。活动设计始终以理想信仰为主旨精神，以"追溯历史，缅怀先烈，明确社会责任，提高综合素质"为主题。

南京之行首先举行"南京雨花台革命烈士悼念仪式"，学生着校服正装。这是有声的教育，在《国际歌》的烘托下，学生代表向纪念碑献花圈，主持人开场白，学生发言，领导讲话，凝重深沉、慷慨激昂，最后全体师生在挽联上签名，场面壮观，震撼学生的心灵，紧接着各班在周边围起来召开主题班会，着重讨论革命烈士的理想信仰、斗争精神，加深对烈士的理解，加深对自身责任的认识。

参观"侵华日军南京大屠杀遇难同胞纪念馆"则是"无声"的教育。学生静静排队进入，表情是悲痛的、愤怒的、凝重的，很多学生抑制不住心中的难过，流下悲伤的眼泪，他们的内心久久不能平静。

瞻仰中山陵，循中山陵宽阔的台阶而上，面对孙中山先生大理石的塑像，回想孙中山当年的革命事迹，同学们更加真切地感受到了孙中山先生的理想抱负、广阔胸怀，更加真切地明确了建平学子应有的"博爱"胸襟和"天下为公"的思想。

考察活动结束后，学校组织班级以电子班刊、摄影展、课题汇报等多种形式进行交流评比和表彰活动，这是一次再学习和再教育。尤其是课题汇报成为活动的精彩压轴，如《南京城墙——探究南京城墙中压缩的历史凝重感》等课题研究以独特的视角，体现了学生强烈的历史责任感和民族精神。

此外，建平中学还有"长江行"的选修课，重庆渣滓洞里的红色教育，奉节县的山村访学，捐款、捐物，无一不是精心设计，无一不是体现理想、信仰、责任教育。

红色教育是培育学生理想、信仰的教育。

可爱、可信的"80后"和"90后"

看到这个题目，我的眼前就会出现我的学生，他们给我的整体感觉就是可爱、可信的一代人。

也许可以从我到上海任教的第一批学生开始说起。1994年我接受冯恩洪校长的邀请，来到建平中学担任高二一个班的班主任和两个班的语文教师。那时我刚来到上海，到了一个全新的环境，接触的都是陌生的人。是我班上的学生，更具体地说是我们班的班干部成为我可以信赖的人，我更多的是依赖他们。从他们的介绍中我了解了上海、了解了浦东、了解了建平，从他们的为人与表现中我理解了这群孩子，他们有着浦东人所特有的勤奋朴实，那种高度的责任心，那种不计较个人得失的付出，那种沉稳与谦和，那种真实而透明的性格。17年过去了，我已经想不起当时的具体细节以及许多故事，但是他们一直保存在我的内心深处，他们就是我所认识的上海人或者说是上海浦东人的模板。

班长陆张婷是女子长跑运动员，她改变了我长期以来对运动员的看法。一个运动员可以同时是一个成绩非常优秀的学生，一个非常负责任的学生干部。她将那种保持持久耐力的长跑精神用在学习、工作上，几乎赢得了所有任课教师和同学的信赖，她会不知疲倦地把班里的事情打理得非常细致妥帖，把工作交给她，你只管放心。遇到这样的学生是班主任的荣幸，当然也是非常难得的，以至于在我担任建平中学校长之后，我还想起我的班长，把那时已经复旦大学本科毕业、硕士毕业在中欧工商学院任职的陆张婷，挖到建平中学担任团委书记。她爱她的母校，她爱那种非常单纯的与学生打交道的工作，这份纯净的职业好像就是为她所准备的。她为建平学生工作做出了卓有成效的贡献，一批批好的学生干部带出来了，一次次深受学生喜欢的活动组织起来了，一个个品牌德育项目在建平中学扎下了根基。

学习委员顾维勇、劳动委员杨伟荣，都是我当年的得力干部，也是陆张婷的得力助手。这两位优秀学生于 1996 年同时考取了同济大学，毕业以后，顾维勇自己成立了一家监理公司，稳扎稳打，渡过了开业之后的困难期。我相信以他一贯忠厚的秉性，在未来的商场竞争中将会有所作为。当年次次劳动总是抢在前面的、敦实的杨伟荣，据说更加敦实了，我没有想到的是那个毫无浪漫形象的杨伟荣却有着非常浪漫的举动，他大江南北到处走，把自己的建筑工作放在广阔天地当中，内蒙古、陕西、甘肃，留下了他的汗水，留下了他的足印，也留下了他的智慧。

1998 年我担任了建平中学党总支副书记，但仍然愿意上课，和孩子们在一起能找到无限的快乐，虽然我不再担任班主任，只是任教一个班级的语文课，但语文课的最大好处始终是在教人，这批学生给我留下了更加深刻的印象。他们聪明、好学，特别愿意读书。我是从高一开始任教这个班的，我有一个野心：在这个班级实现我关于语文教学的所有梦想。语文教学到底应该做什么？无非是教会孩子如何读书，而且热爱读书；教会孩子独立思考，而且勤于思考；教会孩子用语言表情达意，而且善于表达。我想，一个愿意广泛阅读名著、关心社会、勤于思考的人应该是一个好人，一个有益于社会的好人。

在接手这个班级的第一节语文课上，我就开始为我的语文梦想布道，并干脆地、不容置疑地要求孩子们按照我的要求去做："从明天开始，每课一诗，每节语文课的第一个环节就是按照学号轮流由一个学生介绍一首诗歌，全班同学把它背诵下来；每周收看一次中央电视台的'焦点访谈'，并作点评；每月一书，每个月读一本文化名著，并作书摘，写作书评或读后感。"我的语气斩钉截铁，毫不含糊！

从第二节课开始，果断执行！学生当中有理解的，当然也有不理解的，记得当初还有学生跟我辩论：为什么要这样？其他班级都不需要，为什么我们班级的语文要这样？我从学语文的根本意义说起，从人生成长的基本要义说起，和他们讲道理，他们似懂非懂，但在我的强迫之下，也只好无奈地去做。没过多久，这个班级的孩子们都"上钩"了。所以有时我也会这样想：教育有时需要必要的强迫。学生们读了我推荐的很多书，如《傅雷家书》、《别闹了，费曼先生》、《万历十五年》、《宽容》、《人类的故事》、《培根论人生》、《歌德谈话录》、《老人与海》、《泰戈尔诗选》等，后来我让他们相互之间推荐书阅读，最后让他们自选书籍阅读。每周交一次书摘笔记，养成读书的习惯。给我印象很深的是李佳梁同学，他是一个高高大大但皮肤白净的学生，是一个典型的书生形象，他是全班读书笔记做得最多的同学，加起来起码有三本《现代汉语词典》那么厚。李佳梁也是全班书评写得最多、最好的同学，当我最后总结他们的成果结集出版的时候，李佳梁的作品是入选最多的，2001年他考取了复旦大学。李佳梁同学这样对我说："是您大胆创新的教育理念和实践，让我有幸领略到了'大语文'的独特魅力。感谢您，程老师！您与您的课已经成为我生命中最难忘的一个组成部分。"

让我感动并感慨不已的是，这个班级的许多学生大学毕业好多年了，还会找我推荐书籍。当初那个嫌我语文课任务繁多和我辩论的张亦默同学，从复旦大学生命科学院本科、硕士毕业后从事动物、植物保护工作，他仍然会问我在看什么书、有什么好书推荐给他。连我的女儿也是这样，她就是这个班级里的一个学生，高中三年的语文课就是我上的，在复旦大学学的也是生命科学，到美国硕博连读，也常常要我推荐书："老爸，快给我书单，我要好看的书！"阅读人文名著已经成为这些学生的人生必需，不可或缺。这一方面让我感到教育是有作用的，另一方面更让我感觉到这批孩子的可爱之处。

后来我在这个班级做了更加大胆的尝试——语文课让学生轮流上，让孩子们过把当老师的瘾。学生们为了把一节课上好，要做非常充分的准备，毫不亚于排练一场大戏，这个过程让学生收获到许多东西。一次，语文界的老前辈、老专家刘国正、于漪等人带着全国许多同行来听课，我就是让同学们上的，只是在上课之前应学生要求给予帮助，在学生上完课之后给予点评。

童佩峰同学写信说道——

程老师：

回想起来，两年中能完完整整地听您上一堂课的机会并不多，您总是让我们成为课堂的主角，自己则在一旁当着一个有心的听众，在看似不经意间给我们一些必要的点拨。虽然只是寥寥数语，但却在我的心中如一个个光环，累积，累积……渐渐地，在某种意义上您的形象似乎变成了一个"神"。

您总是大胆尝试，让语文课堂面貌一新。在我们共处的时候，没有令人厌烦的应试习题，与众不同的作业让我走近了语文，爱上了语文。每每想起，总是暗自庆幸遇上了您这位老师，因为是您让我养成了读书的习惯，是您带我走进了文学这个百花园。

"不鸣则已，一鸣惊人"，用这句话来形容您真是再恰当不过的了。每次的点评和总结，总会"一语点破梦中人"，令人钦佩不已，有种恍然大悟之感。有时，说到动情处，您会变得慷慨激昂，全班同学都是那么全神贯注地听得津津有味，颇有渐入佳境之感，似乎跟着您的思想在任意东西，也不禁振奋起来，这种奇妙的感觉真是难以形容。还有您的坦率，您的风趣……太多太多的难以忘怀，都成了记忆中的珍宝。

每每浏览书架上一本本熟悉的书时，总会不禁想起您。

所以我知道，您是那种将影响我一生的老师，心中永远的恩师！（这应该是教育者真正的成功吧！）

看到学生这样的信件，作为教师，我是无比欣慰的，学生读懂了教师，读懂了教师心底深处的那个心愿，有什么能比这个更让人幸福的呢？每每想起学生就有一种幸福感油然而生，尤其是想到这些可爱、可信的孩子们，这些"80后"、"90后"们。

教育家的德育是知行合一的德育
——陶行知诞辰120周年纪念

时下教育界一个热门话题就是教育家办学，因为温家宝总理提出了这个命题，于是一系列围绕教育家命题的活动应运而生，如教育家办学研讨会、教育家办学论坛、未来教育家讲习班、未来教育家培养工程等；更为离谱的是，有的地方将由政府出面评选教育家，由政府授予"教育家"光荣称号，在享受教育家称号的同时享受教育家待遇，包括津贴、住房、医疗、休养等，而且理由充分、言之凿凿，唱几首歌就是歌唱家，跳几支舞就是舞蹈家，为何教师、校长就不能评选教育家？理直气壮，让人无语。

以上种种自然让人想起了陶行知，这位现代教育史上被人们公认的教育家。现在恰逢陶行知先生诞辰 120 周年，说说陶行知，也许能让人们更加清醒地认识什么是教育家。大家都知道陶行知是杜威的学生，受杜威的影响很大。的确如此，从 1904 年到 1930 年，杜威在哥伦比亚大学哲学系和师范学院任教，陶行知 1915 年转入哥伦比亚大学师范学院学习，选听了杜威的"学校与社会"课程，陶行知后来也自称为杜威的"授业弟子"。杜威到中国讲学，在南京、上海讲学期间都是陶行知担任翻译。美国教育学者布朗指出："当杜威访问南京时，陶行知作为主人和翻译。这或许是陶行知同杜威理论最持久的一次正式接触……"陶行知在批判中国传统教育弊端的过程中受到杜威的影响很大，吸取了杜威实用主义的教育思想，并在长期的平民教育、农村教育、普及教育行动中加以改造，创造性地形成了自己"生活教育"理论。所以哈佛大学教授费正清曾经指出："杜威博士的最有创造力的学生是陶行知……陶行知是杜威的学生，但他正视中国的问题，则超越了杜威。"①

陶行知何以要改造老师的思想理论？根本原因又在哪里？这不能不说到陶行知的另一个导师王阳明。如果说杜威是陶行知的理论导师，那么王阳明则是陶行知的精神导师、精神领袖。陶行知是在金陵大学就读时服膺王阳明心学思想的。1912 年，陶行知 21 岁时研究王阳明"知行合一"思想，在学报上用英文发表作品，即以"知行"为笔名；1934 年，陶行知 43 岁时在《生活教育》上发表《行知行》一文，正式改名为"陶行知"。两次改名，其实可以看出陶行知对王阳明思想从信仰走向超越，如同他对杜威思想的态度一样。

王阳明提出了"知行合一"思想，具有一定的时代进步意义，他认为"真知即所以为行，不行不足以为知"。陶行知提出"教学做合一"，1927 年他在《教学做合一》一文中正式系统阐述了这一理论，

①以上引述均见张瑞璠、王承绪主编，吴式颖、阎国华担任分卷主编《中外教育比较史纲》（近代卷），山东教育出版社第 308－310 页

他认为"教"与"学"都必须以"做"为中心，实行"教学做合一"。

以陶行知的思想来衡量当前的德育，就能看出问题所在。当前的德育出现了一种"教学做"三者割裂的倾向，教是教、学是学、做是做。"教"就是道德知识的灌输；"学"就是道德知识的学习，以应对学科（政治课或公民课）考试之需；"做"则是另外一回事，并不是按照道德规范来进行的，而是按照功利的思想来进行的，即按照有利于自己的规则来进行。那么教则成了伪教，学则成了伪学，做则成了反做。这种割裂现状虽然也是以"做"为中心的，但它与"教"和"学"是完全脱节的，"教"和"学"制约不了"做"。究其原因，我们当然可以看出学校教育的问题，将德育学科化，将德育孤立起来进行，势必把德育变成一种与人生行为无关的知识教学。当然这不仅是学校的教育出了问题，而且是整个社会的文化氛围出了问题。当前社会极端实用主义盛行，演化成极端功利主义，缺乏道德信仰，缺乏从内心深处树立的坚定不移的道德守则，个人利益是唯一标准，一切唯利是求、唯利是图，只要是有利于自己的，就不顾任何道德规范、法律规范，任意践踏道德、践踏法律，"毒牛奶"、"毒豆芽"之类的事件一再发生，导致社会无公信可言。

社会的问题需要整个社会来整治，包括教育工作者也是责无旁贷。而教育的问题尤其需要教育工作者来解决，教育家的德育就是"知行合一"的德育，重温陶行知的教育思想，把德育的教、学、做完全统一起来，这是我们纪念陶行知先生的一个最切实际的行动。

我所追求的核心价值观教育

一个班级应该有一个班级的精神，一个学校应该有一个学校的精神，一个国家应该有一个国家的精神，这种精神换一种表述方式就是这个国家的国民核心价值观。核心价值观能够起到凝聚人心的作用，把一个团队聚合起来，形成一个有机的整体。

社会主义核心价值观是社会主义中国的精神旗帜，是引领社会思潮的强大思想武器，也是我国文化软实力的重要内容。大力弘扬社会主义核心价值观，有利于进一步凝聚民心、鼓舞斗志，有利于提高经济全球化条件下的民族凝聚力、国家向心力，在激烈的国际竞争中维护国家和民族的根本利益，永远立于不败之地。

这个核心价值观与人类的普世价值是息息相关的，最核心的就是学会如何做人。学会做一个符合国家繁荣富强与社会不断进步发展所需要的人格健全的人；学会做一个能正确处理人与人、人与社会、人与自然关系并使之能协调发展的人；学会做一个有理想、有道德、有高尚情操的人。一句话，学会做一个有利于社会、有利于人民、有利于国家的人。

学校核心价值观的教育不是单向的知识传输、道德灌输，而是顺应学生心理特点、引领学生精神成长的教育活动；核心价值观教育没有固定的教育模式，而是自然贯穿于教育教学的活动过程中，因而也是多姿多彩的，它与学校课程紧密相关。

我们曾经在语文课程建设中开设"诸子百家选读"的学校课程，我们之所以开设诸子百家，就是因为诸子百家是中华文化的思想源头所在，中国最早的思想家、哲学家、教育家都在诸子百家之列，我们的目的就是要给学生树立一种民族之根的意识，即我是谁，我从哪里来。作为一个中国人，我们从诸子百家来，我们从唐诗宋词来，我们从悠久的五千年中华文明来。有位作家说得好："最关键的是我们首先要搞清楚自己是谁的儿子！"这就是一种民族精神的教育，我们的民族精神教育不是狭隘的民族精神教育，我们在开设诸子百家选读的同时，还开设普利策新闻获奖作品选。我们认为，应该培养孩子们具有世界眼光下的民族精神，普利策新闻获奖作品选是了解当下西方文化、了解西方人价值追求的一个重要的载体。

我们组织长江之行的暑期选修课活动，带领学生沿着长江逆流而上，沿途欣赏两岸秀美的风光。我们到达重庆，渣滓洞是必去的，让学生充分感受革命先烈为了民族解放、为了国家、为了百姓，抛头颅，洒热血的爱国情怀。我们还带着学生到奉节县，在游览当地著名景观天坑、地缝之后，还组织学生考察当地大山里的小学，当孩子们看到当地学生的学习条件、生活条件之后，一种关爱之心油然而生，纷纷慷慨解囊，把零花钱捐给当地的同学和学校。回到建平中学之后，学生把他们拍摄的照片配上文字解说，把他们拍摄的录像配上语言解说，向建平集团学校的老师、同学、家长以及社会各界人士募捐，最后筹集 50 万元人民币，在当地援建了一所小学，命名为建平希望小学，这就是一种价值观的教育。让孩子们懂得爱，懂得输出爱，懂得在别人需要的时候给别人以积极的、热情的支持和帮助，这就是一种人文情怀。我们还组织学生干部到奉节建平希望小学义务支教，高中生教小学生绰绰有余，但我们的目的不在于此，而在于培养我们学生干部的一种责任意识，一种以天下为己任的高尚追求。

2008 年汶川地震发生后的第二天正赶上建平中学高三毕业典礼，典礼的最后一项是校长讲话。我简单回顾了这一届学生的建平生活之后，话题一转，马上拉到汶川地震上来，"国家兴亡，匹夫有责，人民安危，建平人有责"。用动情的语言激发起学生的情感波澜，我带头捐款5 000元人民币，一天之内全校上下一共捐款 41 万元人民币。这是一个不失时机的微型课程，也是一个适时的核心价值观教育。

让我们的孩子爱我们的民族文化，爱我们的国家，爱我们的人民，不仅表现在言辞上，更重要的是表现在行动上，并成为一种自觉的文化行为，这就是我们所追求的核心价值观教育。

附 | 思想自由的力量

——程红兵教育研究评介

"一个能思想的人，才真是一个力量无边的人。"——巴尔扎克

一、思想自由是人类自由的重要组成部分和最高阶段

1. 思想自由的三个层次

自然人的自由和自由观是一种本能，这种本能接近于动物的本能。但作为一个社会人，自由可划分为三个方面，同时也是三个层次：

第一层次，即人身自由。这是最基本的自由，同时也是其他自由的基础和保障。

第二层次，即选择的自由。人每时每刻都面临着不同的选择，每个人的不同选择所形成的社会多样化从一个方面体现了社会的文明程度。

第三层次，即思想的自由，指个人的思想能够不受社会的、传统的、宗教的、民族的既成观念、思维方式和基本理念的束缚和左右，而是以自我的、独立的眼光去观察、审视和验证，并在此基础上进行探索和发现。

思想自由，对一个人非常重要，因为人要成为一个真正的人，其基本前提是成为一个思想自由的人。如果一个人思想不自由，从根本意义上来说，他早就丧失了作为一个独立个体存在的意义——一个没

有精神的人早就消亡了！

2. 思想自由与理性指导下的行动

思想自由虽然具有高度的内在独立性，但依然要有一个行为载体来依附和体现，这个载体便是理性的行为。用斯宾诺莎的话来说，就是自由的本质存在于根据人性的规律存在和活动的理性力量中，一个自由人一定是一个积极地在理性指导下行动、生活和保持自己存在的人，他可以对自身和事物有透彻的理解，明了自身的本性和事物的价值，思想处在自己的权利之下，能协调自己的行为方式，能按照事物本性的必然性活动，在此基础上，他会更好地寻求自己的利益、自由。正因为思想自由更多的产生于思想者内在的理性力量，所以一个人在多大程度上为外界原因所决定，就在多大程度上受到强制、奴役，同样他在多大程度上受理性的指导，认识事物的必然性，就在多大程度上获得自由。

3. 思想自由需要条件

从这个理解来说，程红兵当然不可能是一个完全的"思想自由者"，因为他不但和我们大家一样，必然受着社会的、传统的既成观念、思维方式和基本理念的束缚和左右，而且由于教育官员的身份，在某种程度上，甚至可能比普通人受到的束缚更多——这使得他要成为思想自由者，就需要克服更多的困难和突破更多的障碍。

然而在现实中，我们却观测到，程红兵成为一个思想自由者其实比我们想象得要轻松许多，这当然有赖于他的生活智慧，不过这仅仅是事情的一个方面。更主要的原因是，他很自然地具备了成为一个思想自由者的基本条件。准确地说，是具备了很全面、很扎实、很强大的能量和力量以及必备的技术——这些东西全都具备并不容易。

二、思想自由者力量之一：身份的自由

1. 思想自由与"自我理解"的世界

当下的中国社会，由于互联网的介入，人们在思想上受到的限制

和约束减轻了许多，即使在公开场合的言论自由度还不是很充足。然而，这仅仅是成为一个思想自由者最外围的条件。思想自由，其实并不那么简单，不是你想自由就能够自由，就有自由；思想自由也不等于按照自己的利益所在，随心所欲地胡思乱想——那是阿 Q 的精神胜利法。思想自由，必须建立在自己认识世界和理解世界的基本世界观与思维方式上，只有对这个世界产生了真正属于自己的理解和认识（是自己对世界的发现，而非外在理解的灌输），并在思维方式和研究方法上，具有基本的分析策略和研究工具，才可能创造出进入思想自由境界的基本条件。换句话说，思想自由也是需要能量和力量的，甚至是更为强大的能量和力量。如果没有这种能量和力量，你就无法摆脱甚至挣脱那些有形或无形地束缚着你的东西，那么思想自由就只能是一个名词而已，并没有什么实际意义。

以这个条件为标准，程红兵具备了成为一个思想自由者必须具备的所有条件。

这种条件首先表现为他是一个有自己思想力量的人，有来自于自身观察眼光的属于自己的对世界的独特发现。

2. 《直面教育现场》的观察视角

本书所体现出来的观察教育现场的视角，是程红兵所独有的。

视角领域	内容	观察者的角色
教育价值观	第 2 章　反思教育价值观	教育家
教育现象分析和阐释	第 1 章　批评与自我批评 第 3 章　反思中学与大学 第 5 章　反思科学有序 第 7 章　同质化现象批判 第 8 章　核心竞争力批判 第 9 章　伪现代化批判	教育研究者

视角领域	内容	观察者的角色
教学	第4章　反思课堂教学 第6章　反思教学评价 第12章　反思中国德育	教师
学校发展和教师成长	第10章　反思校长领导 第11章　反思教师发展	校长和教育官员

3. 众多角色合一，造就思想自由者

我们从中大致可以看出，写这些文章的时候，作者的身份并非一个静态实体，而是处于不断变化之中，他是在用不同身份的不同眼光，从不同的视角来打量、观察所谓的"教育现场"，也在以不同的身份、角色对所看到的教育现场进行着不同标准和目的的判断与剖析。由于这本书涉及了大多中国教育现象，以及作者在研究这些问题时角色频繁变换——从教师到研究者到校长，到教育家到教育研究者，再到教育官员——几乎包括了中国教育现场的大部分角色，使得此书在众多研究中等教育的著作里面有很强的独特性，读者可以通过这本书，对中国教育现象进行多层面和多角度的立体观察与认识。

作者对中国教育现象的观察是多层次、多角度的，并形成了自己对中国教育现象的独特认识和理解——其中许多内容属于程红兵的独特个性认识，而非社会共性认识——这是程红兵思想自由的体现。而他思想自由的力量大小和身份变换的区分度大小是分不开的。作者从江西老区的一位普通语文教师到上海名牌高中的语文教师、建平中学校长、浦东教发院院长、浦东新区教育局副局长的角色转化——从一线教学的从业者到中学的管理者，到区域专业机构的管理者再到区域行政官员，使得他能够不断转换视角来打量和研究我们的中等教育，而学科专家研究者的角色又使他几乎走遍了中国大部分的县市，对不同区域、不同层级的教育现象有广泛的观测和了解。在新时期的教育改革发展过程中，作者具有了场内与场外的双重角色：在场内，他是在场者、体验者、参与者

（实践者）、建设者（发展者）；在场外，他是思考者、研究者、批判者、求证者、作证者与管理者。当然，场内与场外的角色往往是交叉在一起的。正是这些身份、角色的转换，使他具备了成为思想自由者的基本条件——长期待在一个位置、用一个视角进行观察的人，即使想自由也是心有余而力不足。

三、思想自由者力量之二：从"阱"中跳出来

1. 自由人的思想跑马场

一个思想自由者肯定不能是一个没有能量的无力者，他应该具备强大的能量和能力。

这种能量的首要表现，便是要形成对世界进行属于自我的独特观察之后的自由判断。这种自由判断应该摒弃一切可能会干扰自我理解的外界影响和负面羁绊，做到真正意义上的自由理解和自由判断，在自己的思想场地上，跑的是自己对世界的真正理解和认识之马，而不是跑满了别人的强行闯进来的马——用程红兵在若干次基地学习活动中的话说，就是一个人首先要做到能够"自说自话"，才能成为一个有自己思想的人。其实，能做到这一点比我们想象得要更难，现实社会的大部分人其实并非一个"自由人"，从本质上来说，更多的人可能早就失去了自由，不是一个自由人，而是加上了引号的"人"——"三奴"（奴隶、奴才、奴仆），更不可能是思想自由者！

2. 思想自由者的"双重意识"

程红兵的这种"自由"能量，首先表现为他所具备的一种"双重意识"。

我们在程红兵的一系列著作中，能够看到一种"双重意识"：一重是自己的自我意识，一重是基于他人（学生、其他教师、学校等不同的主体）的认识而产生的自我意识。这两种意识交织和冲撞，对人认识自我和认识他人的世界产生了极大的影响。

他在研究之中，始终保持着一种局内和局外不断进行交织的另一

种"双重意识"。这种"双重意识"首先是对内的，是一种作为语文教育"局"内人的自我拷问和自我觉醒，这个过程有时候是很剧烈、很深刻的。但他又深深地了解到，任何一个"局"，其实都不是世界的全部，而永远是相对的，永远只能是另一个大"局"中的一部分。"局"内固然有自己独特的运作规律，但这种运作其实常常是由它之外的另一个大"局"的发展和变化所掌控的。比如现在的教育意识，不可能不受到教育界之外的社会和家庭的影响，甚至教育界之所以能够存在，正是因为它对周围世界有作用、有意义。它只有随着周围世界的变化不断调整自己，才有继续存在的价值，如果固守一隅，不随外界的变化而调整，只会渐渐失去自己存在的价值。

3. 跳出来才有自由

如果说教育界是一个圈子，那当然要呆在圈子里，但也要常常跳出去，站在圈外看自己，这样才能看得更清楚。一个教育思想自由者，必须具备这种跳出来的意识。程红兵的诸多让我们眼前一亮、豁然开朗的思想，正是基于这种跳出来的思维方式而形成的。正当我们陷入自己的"阱"中而惬意甚至自我得意的时候，他总是能够悄悄地从圈内溜开，站在圈外的"阱"沿上，以另一种居高临下的局外人的眼光重新打量我们正在做的事情，并棒喝一声，让我们警醒过来。这个跳出来的过程，能够在前瞻性中认识事物的价值和作用。他对许多问题的理解和认识，都能够将其放到历史的坐标系中。如果没有一定的历史前瞻性，就不能真正理解你周围所发生的一切。除非你具有某种长远的观点，或者着眼于事物的本质功能，而非着眼于眼前的功利行为。

比如他在《语文教育价值观管窥》一文中，列举了一大堆教学模式，正当我们在思路上陷入教学模式的"阱"中，沿着这个方向，思考还可能有哪些新的教学模式的时候，他突然写道："模式多种多样，各有千秋，但从总体上看没有实质的不同，都是截取一堂课来设计的。"至此，作者的思维方式突然出现了一种巨大变化，从人们已经熟悉的一个思维发展的线路之中跳出来，从人们已经熟悉的环境之中跳出来，站在"阱"外的高沿上，居高临下，当头棒喝一声，让人在震颤之余，明白自己早已经落到了一个陷阱之中，只有爬出陷阱，才可能寻找到新的出路。

再比如他在《质疑公开课》一文中，一开头就旗帜鲜明地亮出观点，"觉得有必要反思一下观摩课、示范课和公开课"，接着谈对新教师来说示范课的必要性，然后视角一转："另一类则是已经工作好几年的教师，绝对不能采用上述形式，因为在掌握规范多年之后，再来表演规范，很明显会让人感到做作，是在演戏，而不是教学实验。在掌握规范之后，应该超越规范。"这句话背后的思想是，规范和创新都是需要的，但首先是要规范，然后是突破规范，超越规范。其实背后更是一种全面的思维，认识问题的时候，他能够把某个观察物放到一个更大的环境中，跳出来，站在其外，看它和周围其他事物之间，是上下位关系还是包容关系，是平等的并行关系还是对立关系，等等。程红兵诸多的创建，均来自于这种独特的思维方式。

或许只有从这个视角，才可能真正看清教育的本相。这种"双重意识"正是程红兵教育研究中非常可贵的一点，也是他能够成为思想自由者的一个重要条件。

这种能够跳出来的意识和做法，其实质根源，正是他具有一种思想自由的意识，能够不受其他已有思想意识的固化限制，能够有所突破，能够由内向外来认识教育，才获得了跳出来之后的自由。

四、思想自由者力量之三：自我反思与批判

1. 环境对自由的束缚

思想自由是我们认识世界本相的前提条件，正因为自由了，我们才可能摆脱各式各样的束缚。束缚大体上分为两类：一类是来自外界的强制，比如种种政策、制度、习俗，这里面有许多落后于时代的限制，是对我们解放思想、认识世界的阻隔；另一类是我们内心的种种"私有"观念，它们遮蔽我们对世界的客观认识，比如功利思想会干

扰我们对世界本相的客观理解和公正认识。如果我们的思想总是为来自外界的政策、习俗和来自内心的"小我"所禁锢，我们就不能期望自己可以自由地认识到这个世界的真实样态，也无法期望我们可以对世界有切实的真正的理解和认识。

在种种限制和约束之中，我们生活着，慢慢地，我们似乎已经习惯了被约束，被限制，被指导，被灌输想法，时间久了，我们已经习惯了对外在的约束无动于衷，甚至会"享受"这种约束，会在这种约束之中感受到一种惬意。这就是主动失去自由的代价。

2. 《直面教育现场》中的自我反思与批判

程红兵具有一种非常强烈的自我反思和批判的意识。本书共 12 章，其中第 2—6 章及第 10—12 章的中心动词是"反思"，第 1 章及第 7—9 章的中心动词是"批判"如下表所示。可见，他所具有的强烈的自我反思和批判意识，正是一个思想自由者突破束缚、求得自由而必须具备的前提条件。

本书各章中心动词归类

【反思】	【批判】
	第 1 章　批评与自我批评
第 2 章　反思教育价值观	
第 3 章　反思中学与大学	
第 4 章　反思课堂教学	
第 5 章　反思科学有序	
第 6 章　反思教学评价	
	第 7 章　同质化现象批判
	第 8 章　核心竞争力批判
	第 9 章　伪现代化批判
第 10 章　反思校长领导	
第 11 章　反思教师发展	
第 12 章　反思中国德育	

3. 批判与"证伪"

反思与批判，是对教育现象的质疑与辨析，更多的是一种否定的因素，落实到具体的研究方法上，便是一种"证伪"的研究行为。

本书第9章从"学校设备"、"校园环境"、"教育口号"三个方面进行"证伪"辨析，指出充斥教育界的所谓的"现代化"其实是一种"伪现代化"现象。这种"证伪"的研究，可以透过现象看本质，能够看到许多教育本相。

五、思想自由者力量之四：对自由精神发自内心的向往

1. 追求自由是人对自身生命价值的追求和捍卫

米尔顿·弗里德曼（Milton Friedman）是美国非常著名的伟大的自由经济倡导者，他的理论深刻地影响了世界经济，因此有人将他尊为20世纪最伟大的经济学家。他最为著名的著作是《自由选择》（*Free to Choose*）。对于他的自由主义经济学，可能不是人人都懂，但是对于自由的追求，却是人人渴望的。弗里德曼对于政治自由的思想主张，促使其自由经济理论得以成立并获得了伟大的成就。他去世后，美国前总统布什在悼念声明中说："美国失去了一个最了不起的公民，米尔顿·弗里德曼是一位革命性的思想家和非凡的经济学家，他的研究成果有助增进人类的尊严和自由。"这种对自由的追求，从更深层次上来讲，是人对自身生命价值的一种追求和捍卫。

2. 自由人与奴隶

为什么自由被抬到这样高的地位？

说到自由，就要说起和自由人相对立的概念——奴隶。什么是奴隶？政治家们自有定义，历史学家也自有定义。从内涵上来说，奴隶就是丧失了自由权利的人。从外延上来说，这种自由权利是随着历史的变迁而有所区别的：在古代，奴隶就是丧失了行为自由权利的人，就是那些只能在皮鞭与棍棒下劳作和生活的人；在现代，奴隶就是不能够自由思想的人，虽然他可能在物质生活上是自由的，并且是有保

障的，但是在精神上，他并没有属于自己的对世界的独特理解和认识，他脑子里的全部思想甚至情感，都是由外在社会灌输给他的，这样的人，虽然有着人身自由，但在思想上，也是一个奴隶。一个没有自己的思想创建的人，在精神上难道不是一无所有吗？那么他与物质上一无所有的奴隶有何本质区别呢？

如果我们同意这个定义——奴隶就是丧失了自我精神价值和思想自由权利的人，我们整个教育界，从上到下，从各种各样的专家教授到普通老师，再到大学生、中学生、小学生，都需要好好反思一下了。

思想自由是一个现代人最现实、最坚实的权利之一，假如我们的思想总是随波逐流，没有任何个人的见解，总是被裹挟在别人的思想里，没有任何个人的自由，那么我们就只是一具有着温度的躯壳，行走在这个冰冷的世界上，甚至连奴隶都不如。

3. 追求自由是思想自由者的动力源泉

程红兵诸多有见地的思想创建，正是源于他自身对自由的发自内心的向往。在《教育家一定是自由的教师》一文中，他用充满激情的笔调写出了自己对这种"自由"的追求和向往：

> 自由是这些教师身上的本质属性。我所说的自由，就是不受社会的各种诱惑所影响，不受各种功利的目的所左右，他们因为热爱教育本身，热爱学科教学本身，喜欢跟孩子们在一起，喜欢按照教育教学的基本规律，按照孩子们自身成长的规律，尽自己所能，帮着孩子们学习知识、掌握技能、热爱学习。他们喜欢静静地看着孩子们慢慢长大，成长为一个好人、一个有益于社会的人。除此之外，别无想法，更无其他追求。为了这样单纯的目的，他们几乎把自己的一切都投入其中，几乎将所有的时间、精力以及可支配的财力、物力倾情付出。他们享受这个过程，喜欢看着孩子们开心的样子，喜欢看着同行们开心的样子，自己因此而开心，这是一种由衷的快乐。
>
> 我所说的自由，就是在教育的田野里，他们超越了许多羁

绊、许多诱惑、许多束缚、许多误导，尽享教育本身的乐趣。这种趣味是一种文化能力和审美品质，它诉诸判断和决定，它对世界的兴趣是"超越功利的"，它凝聚为有教养的个人的精神气质，他们的心是安静的，目光是向内的，目标是单纯的，他们知道要做好教师的工作，就得最大限度地发掘自己的潜能，保持对教育的虔诚。

六、思想自由者力量之五：关注人的价值实现

1. 价值思想

我们每个人其实都有一个思想字库。存在里面的一些关键词成为我们一生认识事物、理解事物、判断事物、做出决定的最基本的依据。作为一个思想自由者，程红兵的思想字库中，有两个词非常突出：一个是"价值"，另一个是"思想"。

为什么思想自由者必须在教育价值观上对人的价值的实现加以关注呢？因为我们的教育现实已经完全功利化了，应试教育成为教育的主体，人的自由和情感被淹没在强化考试功能的训练之中。思想自由者应该对这种残酷的教育现实提出自己"关注人的价值"的思想。

所谓"直面教育现场"，"直面"仅仅是表层的感觉行为，它受更深层的教育理念、教育价值观的支配。教育价值观是一种对教育的认识和理解。教育是什么？教育的核心是什么？教育的目的是什么？教育的功用是什么？这是一种贯穿和支配人的行为的价值理念。

2. "所有的教育行为都应该有价值思想"

从本书中，我们能够很鲜明地感觉到，贯穿全部内容的一条主线是对人的价值实现的关注和肯定。书中写道："所有的教育行为都应该有价值思想。"

面对无比复杂的中国教育，针对让人眼花缭乱的如同天上云朵一般变化莫测的各种教育思潮和教育现象，作者总会在最关键的地方，亮出其价值判断的方向性指标：

外物为谁而存在？行为为谁而表现？为什么存在？为什么要表现？

任何一项教育教学活动，不仅要从事实层面（教什么）和技术层面（如何教）做出思考，更要从价值层面（为什么教）做出追问。

教育行为为谁服务？对谁有利？（课程改革）为何要改？为谁而改？改了怎样？不改又怎样？

这背后所隐藏的教育价值观，是对学生价值实现的关注。

这一系列连珠炮似的追问，是对学生成长与发展的关注。他在《关注价值思想》一文中，对一位教师的教学行为提出批评："这位老师的这堂课完全是功利性的价值取向，根本没有以学生发展为本的价值思想。"

在《语文教学科学化刍议——与魏书生老师商榷》中，作者也充分展示了对人的价值思想的实现的关注。这篇文章从一个层面来看，三个小标题"有序无序的对立统一"、"正极负极的双向思维"、"综合全面的整体观念"似乎是思维方式不同，但其实质是作者在文中说到的"语文教学的终极目的——培养为社会服务的、有健康人格的人才。语文教学的价值取向必须与人格培养的价值取向一致，必须服从于人的培养，必须综合起来考察"。作者的一系列观点和结论的得出，都来自于这种基本的教育价值观。

3. 理想教师

除了对学生的成长与发展之外，作者对教师自身的精神自由，对教师自我真价值的发现和自我教育理想的实现，也深深地予以关注。他在《教育家一定是自由的教师》一文中写道："教育事业是人的教育事业，是为人的发展服务的，也是靠人——主要是教师来实现目标的。今天的教育还存在诸多问题，所以我们寄希望于理想的教师。""我也坚信当功利主义走到极点的时候，人们更多地会反思我们到底需要什么样的教育，什么才能真正使人幸福快乐，教育究竟如何才能造就人才，教师应该成为怎样的教师。"

对于教育的社会功用和个人功用究竟哪个是主要功用，这些年来其实一直有一种错误认识，人们困惑于教育活动和学习活动究竟是组织化的社会行为，还是低社会化的个体行为，究竟是权力化的制约性活动，还是自发集合的对社会价值的孤独探求。由于对此一直存在着广泛的困惑，而这种困惑常会在不自觉中，混淆教育内容和形式的不同，模糊教育本质和载体的区别，从而影响到人们对教育的认识。当下的教育体制和国家制度，使得教育往往成为国家意志的工具。在中国这些年的教育行为中，更加强调集体，而相对忽略个人的自我价值实现。这本书并非按照这个路子在讲话，其中没有收入本书的《教育家一定是自由的教师》，更深入地体现了作者对教育功能的认识，这种声音几乎是主流教育之外，对教育本质的一声长啸。

在书里面，我们既听到社会功用的声音，也听到实现个人价值的声音，但更强烈的是实现个人价值的声音。

七、思想自由者力量之六："包"、"超"、"导"的思维方式

所谓思维方式，就是人们在认识和实践活动中形成的较为固定的理解、把握、评价和选择事物的某种习惯性思维框架、手段和途径，主要包括思维主体的知识及其结构、思维形式和方法等。思想自由者的思维方式，首先是能够超脱常规思维方式的羁绊和干扰，能够立足于事物的本相样态，按照事物的规律特征来认识世界和理解世界。

1. "包"的思维方式（亦 A 亦 B）

《弃学校核心竞争力，取学校核心发展力》一文，是对核心竞争力和核心发展力的辨析研究。在"竞争"已经成为这个时代的主流声音的时候，这个提法很是让人耳目一新。这是比较典型的程红兵式思维方式的结论。

核心竞争力是典型的对立性世界观和思维方式，是你死我活、非此即彼、非黑即白的基础世界观，是把世界"一分为二"的思维

方式。

而核心发展力，则立足于自我的内涵发展。自我和周围环境的关系不是对立性的关系，而是共同成长、相互促进与发展的关系。在自我和环境之间，存在着一个有助于大家共同发展的"缓冲地带"，具有"包容"的思想。这属于亦 A 亦 B 的思维方式。这种思维方式和价值观正是程红兵一系列掷地有声的思想产生的根源，也是他的观点能够为整个社会和教育界广泛接受的原因之一。

这种"包"的思维方式，很符合庞朴"一分为三"的哲学观：在拥护与打倒、歌颂与批判、圣人与败类、英明与昏乱等对立面之间，把互相对立的两方 A 和 B 以肯定的方式关联在一起，以"包"的方式组成一个亦 A 亦 B 式的统一物，A、B 及其肯定式的关联，三者为一。所以原本竞争的方式，如此被"包"起来，便构成了大家共同发展的局面。

2. "超"的思维方式（非 A 非 B）

这种思维方式最典型的代表，是作者对语文教育主客体关系的研究。此前，作者梳理了已有的观点：一是单主体说，又包括以教师为主体的教师中心说和以学生为主体的学生中心说两种情况；二是师生双主体说；第三种是三主体说，即钱梦龙的"教师为主导，学生为主体，训练为主线"。在这种背景下，程红兵提出了"师生相互主体渐变说"。

这种"师生相互主体渐变说"观点的形成，就产生于"超"的思维方式。所谓"超"的思维方式，是对对立着的两个方面 A 和 B，以否定的形式互相关联，构成一个非 A 非 B 式的统一体，超越于对立双方之上。譬如说，不卑不亢这种待人接物的态度，便是一种超越了卑亢而上之的态度。它由卑、亢及其否定式的关联这样三个要素统一而成。这种否定式的关联，也是一种关联，有时甚至是更重要的关联。

程红兵运用"超"的思维方式，即对教师和学生谁为主体的关系，以否定的形式相互关联，构成一个既非教师主体，也非学生主体，更非两者共同主体的统一体，以"相互渐变"的运动方式而存在（如下图所示）。

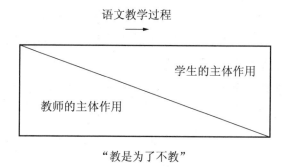

"教是为了不教"

3. "导"的思维方式（A 统 ab）

所谓"导"，是说由于对立面的性质特殊，其统一者以对立双方中的一方为主，来统摄对立的两个方面，形成 A 统 ab 的样式。

譬如善和恶，你不能用"包"的形式来统一它，亦为善亦为恶，也不能用"超"的形式来统一它，既不为善又不为恶，而只能根据价值判断，以至善来统摄善恶、主导善恶，形成一种亦包亦超式的统一样式。

程红兵在本书自序中写道："即使是批评、批判，也会有多种情况，我既反对那种媚评、俗评，即不加分辨地一味夸赞、一味讨好，也反对那种酷评、恶评，即不分青红皂白、一棍子打死的批评。我所主张的批评是直面现场的批评，是实事求是的批评，是始于论事终于说理的批评，不去恶意攻击他人的人格尊严以炒作自己，不去夸大事实、无中生有以哗众取宠，而是建设性地求真、求善、求美。"

其《校务公开：一个充满智慧的文化行为》一文，提到"建平校务公开的哲学思考"，采用的就是"导"的方式来理解校务公开的行为，把校务公开的技术行为引导至建平管理文化的价值取向：民主性、科学性、人文性，是"民本思想、民权意识、民主精神"的引导。

4. 思想自由者的生存之道

"导"的思维方式，从本质上来讲，是注重整体的系统科学思维的方式。在"导"的过程中，客观世界的普遍联系和演化的特征被逐步揭示出来，以此为契机，注重联系和发展、整体和层次、结构和功能的辩证系统思维方式也应运而生。一般来说，这种"导"的思维方式，会在平衡彼此利益的关联中，自然伸张自身的诉求并能够兼顾、包容他人的要求。

换个角度，这种"导"的思维方式，也是思想自由者在不自由的社会中存活下去的一种生存之道。

当下，社会的实际状况往往令思想自由的追求者碰得头破血流，思想自由和人的现实生存还有一定的冲突，有时候为了保证生存，不得不扼杀自己的思想自由。其实，除了这种"扼杀"之外，"导"就是另外一种化解冲突的思维策略。

八、思想自由者力量之七：逻辑

教育领域的许多研究，都以经验型总结为主，把逻辑推理作为主要研究方法的不是特别突出。而程红兵的许多文章，其基本分析方法，则是逻辑的层层推理与概念辨析。

本书第5章中的《批评与逻辑——致木易同志》一文，就显示出这样的特点。作者在此文中，把形式逻辑的研究方法用到了极致。文章从头至尾有很多这样的句子："这样的推断显然是不合逻辑的，结论是非必然性的。""回避了程文的主要观点，避开了程文的逻辑推理过程，甚至回避了程文中所提到的事实、论点、论据、论证，……""本文不合逻辑的另一个表现就是夸大其词，……"我们能够从这些语句中感受到作者对不讲逻辑的批评行为的强烈的愤怒与难以理解。当然，如果我们了解了作者"读大学时有位著名学者向我们极力推荐黑格尔的《小逻辑》，于是我想方设法买了一本，至今仍珍藏在身边"

的情况，就能够理解作者为什么对逻辑论证方法在批评中的作用如此重视："没有规矩，不成方圆，批评的一条重要规矩就是合乎逻辑；没有逻辑性，批评无法使人信服，当然也就无法起到其应有的或期待的效应。"

当然，此文除了在逻辑上的强烈顶真之外，作者在文中充满感性的语言和连珠炮似的设问、反问等修辞语言，也让我们明白，作为一篇要"俘获"读者的文章，你可以讨论逻辑问题，并且你肯定要努力确保你的探讨是有逻辑的。但是如果你一直在真空中或抽象地讨论逻辑问题，那么你并不会赢得读者。你只能在头脑里赢得他们，而不能赢得他们的心。如果你希望在情感层次感动读者，就需要在逻辑和情感两个方面都赢得他们。这篇文章给我们做出了一个示范。

结束语

美国经济学家米尔顿·弗里德曼说过：谁能正确解释中国改革和发展，谁就能获得诺贝尔经济学奖。在全世界经济学家当中，最有资格正确解释中国改革和发展的，是中国经济学家。套用这个说法，谁能对中国新时期以来基础教育的改革和发展的来龙去脉做出正确解释和分析，谁就有可能成为中国基础教育界的真正专家。对中国基础教育界著名的改革者、实践者和研究者，对他们在教育领域内所做出的贡献与创新，给予足够的研究、介绍和评价，有利于中国教育事业进一步发展。

张广录

上海市浦东教育发展研究院